本书获得中国社会科学院大学中央高校基本科研业务费优秀博士学位论文出版资助项目经费支持,谨以致谢!

中国社会科学院大学文库
优秀博士学位论文系列
UCASS Excellent
Doctoral Dissertation

❻

计算机实施发明的可专利性比较研究

郑悦迪 著

中国社会科学出版社

图书在版编目(CIP)数据

计算机实施发明的可专利性比较研究/郑悦迪著.—北京：中国社会科学出版社,2022.6

(中国社会科学院大学文库.优秀博士学位论文系列)

ISBN 978-7-5227-0280-3

Ⅰ.①计… Ⅱ.①郑… Ⅲ.①电子计算机—创造发明—专利法—研究—世界 Ⅳ.①D913.4

中国版本图书馆 CIP 数据核字(2022)第 091550 号

出 版 人	赵剑英
责任编辑	许 琳 周怡冰
责任校对	李 硕
责任印制	郝美娜

出　　版	中国社会科学出版社
社　　址	北京鼓楼西大街甲 158 号
邮　　编	100720
网　　址	http://www.csspw.cn
发 行 部	010-84083685
门 市 部	010-84029450
经　　销	新华书店及其他书店
印刷装订	北京君升印刷有限公司
版　　次	2022 年 6 月第 1 版
印　　次	2022 年 6 月第 1 次印刷
开　　本	710×1000　1/16
印　　张	22.75
字　　数	339 千字
定　　价	118.00 元

凡购买中国社会科学出版社图书，如有质量问题请与本社营销中心联系调换
电话：010-84083683
版权所有　侵权必究

中国社会科学院大学文库
优秀博士学位论文系列
编辑委员会

主　任	高文书
副主任	林　维　张　波　张　斌
编　委	（按姓氏笔画排序）

王　炜　向　征　刘　强　刘文瑞　杜智涛
李　俊　何庆仁　张　涛　张菀洺　陈洪波
罗自文　赵一红　赵　猛　皇　娟　柴宝勇
徐　明　高海龙　谭祖谊

中国社会科学院大学优秀博士学位论文系列

序　　言

　　呈现在读者面前的这套中国社会科学院大学（以下简称"中国社科大"）优秀博士学位论文集，是专门向社会推介中国社科大优秀博士学位论文而设立的一套文集，属于中国社会科学院大学文库的重要组成部分。

　　中国社科大的前身，是中国社会科学院研究生院。中国社会科学院研究生院成立于1978年，是新中国成立最早的研究生院之一。1981年11月3日，国务院批准中国社会科学院研究生院为首批博士和硕士学位授予单位，共批准了22个博士授权学科和29位博士生导师。截至2020年7月，中国社科大（中国社会科学院研究生院）学校拥有博士学位一级学科17个、硕士学位一级学科16个，博士学位二级学科108个、硕士学位二级学科114个，还有金融、税务、法律、社会工作、文物与博物馆、工商管理、公共管理、汉语国际教育等8个硕士专业学位授权点，现有博士生导师757名、硕士生导师1132名。40多年来共授予科学学位硕士7612人、博士6268人，专业硕士学位6714人。

　　为鼓励博士研究生潜心治学，作出优秀的科研成果，中国社会科学院研究生院自2004年开始评选优秀博士学位论文。学校为此专门制定了《优秀博士学位论文评选暂行办法》，设置了严格的评选程序。秉持"宁缺勿滥"的原则，从每年答辩的数百篇博士学位论文中,评选不超过10篇的论文予以表彰奖励。这些优秀博士学位论文有以下共同特点:一是选题为本学科前沿,有重要理论意义和实践价值;二是理论观点正确,理论或方法有创新,研究成果处于国内领先水平,具有较好的社会效益或应用价值与前景;三是资料翔实,逻辑严谨,文字流畅,表达确当,无学术不端行为。

《易·乾》曰:"君子学以聚之,问以辩之"。学术研究要"求真求实求新"。博士研究生已经跨入学术研究的殿堂,是学术研究的生力军,是高水平专家学者的"预备队",理应按照党和国家的要求,立志为人民做学问,为国家、社会的进步出成果,为建设中国特色社会主义的学术体系、学科体系和话语体系做贡献。

习近平总书记教导我们:学习和研究"要求真,求真学问,练真本领。'玉不琢,不成器;人不学,不知道。'学习就必须求真学问,求真理、悟道理、明事理,不能满足于碎片化的信息、快餐化的知识。"按照习近平总书记的要求,中国社科大研究生的学习和学术研究应该做到以下三点。第一,要实实在在地学习。这里的"学习"不仅是听课,读书,还包括"随时随地的思和想,随时随地的见习,随时随地的体验,随时随地的反省"(南怀瑾先生语)。第二,要读好书,学真知识。即所谓"有益身心书常读,无益成长事莫为"。现在社会上、网络上的"知识"鱼龙混杂,读书、学习一定要有辨别力,要读好书,学真知识。第三,研究问题要真,出成果要实在。不要说假话,说空话,说没用的话。

要想做出实实在在的学术成果,首先要选择真问题进行研究。这里的真问题是指那些为推动国家进步、社会发展、人类文明需要解决的问题,而不是没有理论意义和实践价值的问题,也不是别人已经解决了的问题。其次,论述问题的依据要实在。论证观点依靠的事例、数据、观点是客观存在的,是自己考据清楚的,不能是虚假的,也不能是自以为是的。再次,要作出新结论。这里说的新结论,是超越前人的。别人已经得出的结论,不能作为研究成果的结论;对解决问题没有意义的结论,也不必在成果中提出。要依靠自己的独立思考和研究,从"心"得出结论。做到"我书写我心,我说比人新,我论体现真"。

我希望中国社科大的研究生立志高远,脚踏实地,以优异的学习成绩和学术成果"为国争光、为民造福"。这也是出版本优秀博士学位论文集的初衷。

王新清

2021 年 12 月 9 日

摘 要

当前人工智能技术成为国际竞争的新焦点，我国为了加快建设创新型国家和世界科技强国，将人工智能的发展提升至国家战略层面。由于人工智能算法最终会转化为繁琐的程序代码，与传统软件一样，需要利用计算机作为技术手段读取程序代码，才能应用实施并产生预期的产业积极效果，因此人工智能相关发明也属于计算机实施的发明，适用基本相同的可专利性标准——客体要件和实质性授权要件。

科技进步与专利制度之间存在着天然的联系。一方面，新技术促使专利法律制度对市场主体的需求作出回应，授予发明人一段时期内的垄断权以鼓励创新，实现技术情报的交流与传播；另一方面，专利授权条件应与发明实际的技术贡献程度相当，过度降低可专利性标准将导致专利丛林危机和反公地悲剧，损害正常的竞争秩序。计算机领域发明创造的专利保护同样如此。受美国专利政策的影响，各主要国家和地区纷纷以逐渐包容的态度对待计算机实施的发明。但是，由于计算机实施的发明具有多学科交叉融合、以算法为中心、累积性软件创新以及过于宽泛的专利权利要求等不同于一般发明的特点，对于其可专利性的判定通常缺乏确定性和一致性。事实上，计算机实施的发明能否获得专利保护除了需要满足专利客体适格性外，还应当具备实用性、新颖性和创造性。这些要件作为一个整体，既相互联系又彼此独立，按照客体适格性→实用性→新颖性→创造性的逻辑顺序，它们在各自的功能范围内逐层过滤不应当被授予专利权的发明创造。基于可专利性要件的体系化解读，不宜采取以客体适格性审查部分取代其他专利实质性要件审查的方式。

在客体适格性方面，通过比较研究可知，我国与美国、欧洲和日本普遍认可能够获得专利保护的发明是一种技术方案，并且具体判定过程中无需检索和对比现有技术。各国或地区之间存在的主要分歧在于，确定计算机实施的发明专利客体适格性是否需要考虑技术贡献。我国分别从技术问题、技术手段和技术效果三个角度，结合本领域公知常识衡量发明的技术贡献以此作为可专利客体的判断标准；美国适用"两步测试法"区分抽象思想与其实际应用以及寻找发明性概念，主要以改进计算机内部功能或其他技术领域为基准，本质上也是对技术贡献的考量。鉴于技术贡献暗含着与现有技术比较的必要性，理应属于新颖性或创造性评价范畴。就没有新产品产生的计算机实施的发明而言，在客体适格性判断阶段凭借经验或者直觉确定发明解决的技术问题以及实现的技术效果并不十分可靠。欧洲和日本专利局以技术实施手段为重点的判断路径对于我国重构技术方案"三要素"标准带来一定的启示。计算机实施的发明即使没有有形产品产生，也会引起计算机内部电流、性能的改变，故而可以肯定其利用了自然规律。当然，仅在权利要求中将通用计算机作为唯一的技术特征并不足以判定其属于专利保护客体，还要看说明书中是否充分公开使技术方案得以实施的算法步骤和功能性数据，及其与硬件之间的相互关系。

现有技术和本领域普通技术人员是新颖性和创造性判断的参照系。随着信息网络技术的广泛应用，特别是对于以人工智能系统作为辅助工具的发明创造活动，在不同法域现有技术的检索范围不断扩大，本领域普通技术人员的一般技术水平也随之提升。但是，这种现有技术的扩张趋势应当限制在本领域技术人员可以预见的合理范围内。人工智能自动生成的技术方案是否构成破坏新颖性的现有技术，应根据其公开的时间和状态，描述是否完整、清楚、准确，以及是否达到可实施的程度作出个案判断。面向公众开放的同行评议项目或外包模式、行政机构建设和审查工具智能化有助于提高现有技术检索质量。计算机实施的发明所属领域技术人员是人类而非人工智能系统，并且具有普通的创造能力，美国判例法和日本专利审查指南就此例举的主要情形，对于我国有着重要的借鉴意义。考虑到计算机实施的发明具有跨学科性，本领域技术人员不仅掌握计算机领域的算法、系统化和编程等知识，还熟识金融、行政管理、生物、化学、机械等应用领域知识，面对较为复杂的技术问题时，可以认为本领域技术人员是由来自不同技术领域专家组成的团队。至于是否将本领域技术人员界定为配备人工智能系统的人，需要综合所属技术领域的常规做法和人工智能市场供应情况与使用成本等因素予以判断。

我国与欧洲专利局适用类似的"三步法"或称"问题解决法"判断发明的创造性；欧洲经验表明即使弱化"技术问题"和"技术效果"要素在客体适格性判断中所占权重，由于"第二道门槛"的存在，也不会造成低质量专利泛滥的后果。具体适用"三步法"判定计算机实施的发明创造性时，可以从技术应用和技术实施的双重视角确定纳入创造性评价范畴的与技术特征功能上彼此相互支持、存在相互作用关系的算法特征或商业规则和方法特征。技术问题的认定不能包含解决方案的指向性提示，但可以使用权利要求中的非技术目的特征限定发明实际解决的技术问题，它在技术启示寻找环节中也发挥着导向作用。

影响计算机实施的发明新颖性的关键因素是算法或逻辑结构，而不是输入或输出数据。在物联网背景下，计算机实施的发明可能属于组合已知技术要素的发明，这类发明的创造性主要取决于是否产生了超出预期的协同性技术效果，它通常得益于不同功能模块或装置之间的连接关系或整体架构。利用常规系统分析和设计手段，实现商业规则或方法系统化的发明落入本领域技术人员普通创造能力所及范围，因此说明书中充分披露有关具体技术实施手段或步骤的内容也关系着创造性判定结论。算法的公开不必拘泥于特定形式，美国判例确立的用于判断说明书公开是否达到本领域技术人员能够实现程度的多项因素，为我国提供了可资借鉴的范例。总体而言，产业政策在很大程度上是决定计算机实施的发明可专利性宽严尺度的主要因素。

关键词：计算机实施的发明；可专利性；客体适格性；新颖性；创造性

Abstract

Artificial Intelligence (AI) has become the new center of international competition. For accelerating the construction of innovative country and science & technology powerful nation throughout the world, China improves the development of AI to the level of national strategy. There is no difference between AI and traditional software in the need of computer as technical means to read program codes and to produce predictable positive effects since AI algorithms would eventually transfer to complex program codes. Therefore, AI-related inventions should be viewed as a subset of computer-implemented inventions (CIIs), applying the generally same patentability criteria: subject matter eligibility and substantive requirements.

Science and technology progress is naturally connected with patent regime. On one hand, new technology makes patent law response to the demands of market participants, granting inventors a monopoly with a certain period to encourage innovations and to promote technological information exchange and diffusion. On the other hand, the criteria for patent grant should match the actual technical contribution of invention. Underestimation of the criteria for patentability will result in the crisis of patent thicket and the tragedy of anti-commons, damaging the normal order of competition as well. Patent protection for inventions in computer-related field also follows this rule.

Major countries and regions have treated CIIs more tolerant with the influence of US patent policy. Compared with normal inventions, CIIs have four characteristics, namely interdisciplinary, focus on algorithms, cumulative innovationof software and overly broad claims. Hence, it is common that the determination of their patentability lacks certainty and consistency. In fact, CIIs shall satisfy the requirements of practical applicability, novelty, inventive step in addition to subject matter eligibility for obtaining patent protection. Those requirements are connected and independent with each other as a whole, in which they play distinct role in the sequence of patent eligibility→industrial applicability→novelty→inventive step to filter inventions that should not be patented. Based on the systematic interpretation of patentability, it is not appropriate to adopt such an approach that the examination of patent eligibility partially substitutes the examination of other substantive requirements.

It can be seen from the comparative study that there is a consensus on the essence of patentable inventions among China, US, Europe and Japan. A patentable invention is a technical solution which does not need the comparison with prior art. The divergence lies at whether the technical contributions should be considered when examiners determine the patent eligibility of CIIs. In China, the criteria for patentable inventions shall include three elements "technical problems", "technical means" and "technical effects", which actually measure the technical contributions in according to common general knowledge. The US applies a "two-step test" to distinguish an abstract idea from its practical application and to search an inventive concept subject to the standard that the functioning of a computer or other technology is improved. It is also a way of the estimation of technical contribution. While the meaning of technical contribution implies the necessity of the comparison with prior art so that it ought to fall into the function of novelty or inventive step assessment. At the stage of patent eligibility test, determination the "technical problem" to be solved and the "technical effect" to be achieved relying on personal experience and intuition is not reliable. The approach of Europe and Japan which emphasizes the importance of technical implementation means provides a reference for China to reconstitute the criteria for patentable inventions. CIIs can result in the change of electric currents which amounts to the application of natural rules, although they may not bring any tangible product. However, it does not mean that an invention stated in the claim is eligible as long as it includes the general-purpose computer as the sole technical means. Conversely, algorithms, functional data and their relationship with hardware that making such a technical solution enable should be sufficiently disclosed in the specification.

Prior art and person having ordinary skill in the art (PHOSITA) establish the frame of reference for the assessment of novelty and inventive step. As the technology of information and Internet wide application, the scope of search for prior art constantly expands, the general technical level of PHOSITA correspondingly lifting, especially for those AI-assisted creation activities. Yet it is necessary to limit this tendency to a reasonable extent that PHOSITA is able to anticipate. Whether the technical solutions automatic-generated by AI belong to prior art affecting the determination of novelty should be analyzed case by case on the basis temporal factors, degree of dissemination, the completeness, clarity and accuracy of the disclosure as well as the enablement requirement. Moreover, to carry out Peer-To-Patent program or Outsourcing model, to reform theinstitution of examination and to apply AI search and examination instruments might be useful to enhance the quality of prior search. It cannot be denied that PHOSITA refers to human with ordinary creativity rather than a machine or AI system. That is to say, a person having the common general knowledge in the field of computer technology, such as algorithms, systematization, programming, and the common general knowledge in that specific application field, for example finance, administration, biology, chemistry or mechanical engineering. PHOSITA may be defined as a team composed of experts from a plurality of technical with the consideration of the complexity of the technical problem asked to be solved. The issue whether PHOSITA should be defined as a person equipped with AI system relates to more than one factor, including the conventional practice, the dissemination of AI and the cost of use AI in the art.

Europe and China apply analogous "problem-solution approach" or "three-step approach" to assess inventive step. The experience of Europe shows that weakening the weights of "technical problem" and "technical effect" factors to patent subject matter eligibility would not lead to the floods of low-quality patents for the reason that the second threshold exits. The features of algorithms or business rules which mutually support and interact with technical features in function can be analyzed from both technical application and technical implementation aspects when the inventive step of CIIs is considered with the "three-step approach". What is more, the objective technical problem must be so formulated as not contain pointers to the technical solution. At the meantime, it is accepted that some features in the claim that direct to an aim to be achieved in a non-technical field would appear in the formulation of the problem. The guiding role of technical problem should not be neglected during the process of technical teaching too.

The key factor to novelty of CIIs is their algorithms or logical structure, but not the input or output. Under the background of Internet of Things, CIIs are likely to combination inventions whose inventive step mainly hinges on the relationship of linkage or integral architecture between different function module or apparatus. Generally speaking, inventions applying commonly used means of system analysis and design to bring about systematization of a rule or a method for doing business fall under exhibition of normal creation capabilities of PHOSITA. It appears that sufficient disclosure of technical means also has an impact on the determination of inventive step. To measure if the specification disclosed the algorithm in detail such that one of ordinary skill in the art was able to make and use the claimed invention without undue experimentation should build on the multi-factor test in In re Wands. It has a referential significance for China. Overall, industrial policy is the fundamental factor determining the scale of inventive step.

Key Words: computer-implemented inventions, patentability, subject matter eligibility, novelty, inventive step

目 录

绪 论 ……………………………………………………………（1）
  第一节　研究背景、目的与意义 …………………………（1）
    一　研究背景 ……………………………………………（1）
    二　研究目的与意义 ……………………………………（4）
  第二节　研究现状 …………………………………………（6）
    一　客体适格性标准的历史考察 ………………………（7）
    二　抽象思想与其实际应用的辨别 ……………………（11）
    三　软件与数学计算方法之间的联系 …………………（14）
    四　计算机实施的发明之创造性影响因素及其
       评判难点 ……………………………………………（17）
  第三节　研究方法和整体结构 ……………………………（21）
    一　研究方法 ……………………………………………（21）
    二　整体结构 ……………………………………………（23）
  第四节　创新点 ……………………………………………（26）

第一章　计算机实施的发明之可专利性概述 ………………（28）
  第一节　计算机实施的发明 ………………………………（30）
    一　计算机实施的发明定义 ……………………………（30）
    二　人工智能时代计算机实施的发明特点 ……………（32）
  第二节　计算机实施的发明专利权利要求类型 …………（43）
    一　方法类权利要求 ……………………………………（43）
    二　产品类权利要求 ……………………………………（45）

三　权利要求的撰写形式与本质…………………………（47）
　第三节　可专利性的界定………………………………………（48）
　　一　客体适格性…………………………………………………（49）
　　二　实用性………………………………………………………（50）
　　三　新颖性………………………………………………………（52）
　　四　创造性………………………………………………………（52）
　本章小结……………………………………………………………（53）

第二章　计算机实施的发明之专利客体适格性……………（55）
　第一节　受专利法保护的发明实质……………………………（55）
　　一　技术论………………………………………………………（56）
　　二　实用主义……………………………………………………（59）
　第二节　美国专利法视域下计算机实施的发明专利
　　　　　适格性……………………………………………………（61）
　　一　与产业发展状况相适应的专利适格性判断标准………（61）
　　二　"两步测试法"的适用问题与效果………………………（70）
　　三　计算机实施的发明中特殊元素的专利适格性…………（78）
　第三节　欧洲专利组织中计算机实施的发明专利适格性……（81）
　　一　"任何硬件"判断法的由来………………………………（82）
　　二　"任何硬件"标准的适用：相关概念与存在的
　　　　问题………………………………………………………（91）
　　三　典型不可专利的客体……………………………………（100）
　第四节　日本专利制度中计算机实施的发明专利适格性…（104）
　　一　法定发明的构成要件……………………………………（104）
　　二　客体适格性判断的双重视角……………………………（109）
　　三　特殊对象的专利适格性…………………………………（117）
　第五节　我国专利制度中计算机实施的发明专利
　　　　　适格性…………………………………………………（120）
　　一　可专利客体判断方法和标准在我国的演变…………（121）

二　我国计算机实施的发明专利保护现状 ………… (126)
　　三　待解决的问题 ……………………………………… (133)
　第六节　不同专利制度之间的共识与分歧 ……………… (142)
　　一　已达成的共识 ……………………………………… (143)
　　二　存在的主要分歧 …………………………………… (150)
　本章小结 …………………………………………………… (155)

第三章　计算机实施的发明之新颖性 ……………………… (158)
　第一节　新颖性一般原理 ………………………………… (159)
　　一　新颖性理论基础 …………………………………… (159)
　　二　新颖性判断的基本方法和标准 …………………… (159)
　　三　计算机实施的发明新颖性判断原则 ……………… (161)
　第二节　现有技术 ………………………………………… (163)
　　一　构成现有技术的一般条件 ………………………… (163)
　　二　现有技术认定的新挑战与法律应对 ……………… (164)
　　三　提高现有技术检索质量的域外经验 ……………… (177)
　本章小结 …………………………………………………… (179)

第四章　计算机实施的发明之创造性 ……………………… (181)
　第一节　创造性一般原理 ………………………………… (182)
　　一　创造性理论基础 …………………………………… (182)
　　二　创造性判断的基本方法和标准 …………………… (183)
　　三　创造性审查的整体论 ……………………………… (187)
　第二节　本领域普通技术人员 …………………………… (193)
　　一　普通技术人员所属技术领域的确定 ……………… (196)
　　二　相关技术领域内的一般技术水平 ………………… (198)
　　三　本领域技术人员具有的一般创造力 ……………… (211)
　第三节　创造性判断方法 ………………………………… (223)
　　一　发明实际解决的技术问题 ………………………… (223)

二　显而易见与否的认定 ·················· (229)
　第四节　影响计算机实施的发明创造性的其他因素 ········· (237)
　　一　组合发明获得超出预期的协同效果 ············ (237)
　　二　功能性描述材料 ···················· (245)
　　三　产业政策是决定创造性宽严尺度的根本因素 ········ (256)
　本章小结 ·························· (261)

第五章　我国计算机实施的发明之可专利性的思考与建议 ·························· (264)
　第一节　可专利性的体系化解读 ················ (268)
　　一　体系化解读可专利性要件的必然性 ············ (268)
　　二　不同可专利性要件的含义与功能 ············· (275)
　　三　意义与效果 ····················· (284)
　第二节　计算机实施的发明之可专利性完善建议 ········· (286)
　　一　重构专利客体适格性判断标准 ·············· (286)
　　二　界定"现有技术"和"本领域普通技术人员" ······ (292)
　　三　改进用于判断发明创造性的"三步法" ········· (298)
　　四　细化说明书充分公开要求 ················ (304)
　本章小结 ·························· (307)

结　论 ···························· (310)

参考文献 ··························· (313)

后　记 ···························· (339)

绪　　论

第一节　研究背景、目的与意义

一　研究背景

1946 年，世界上第一台能够重新编程的电子数字积分计算机"埃尼阿克"（ENIAC）在美国宾夕法尼亚大学问世。当时的计算机体积庞大，功耗高且运行速度缓慢，主要用于军事和科学研究领域，甚少为私人使用。所以，早期的软件产品由计算机硬件制造商个性化定制，不具备互通性，未经授权复制软件程序的现象也并不普遍，商业秘密法和合同法足以为软件产品提供充分的法律保护。[①] 直至20 世纪 70 年代，商业贸易活动的对象依然是计算机，而软件被视作计算机的附加品。[②] 20 世纪 80 年代初，发达国家经历了以计算机和信息技术为标志的"第三次工业革命"，计算机产业逐渐壮大，个人电子计算机日益普及，计算机软件可以不受任何硬件的约束而自由转移和传输，使信息财产具有高于土地、机器等有形财产的经济价

[①] Bradford L. Smith and Susan O. Mann, "Innovation and Intellectual Property Protection in Software Industry: An Emerging Role for Patents?", *University of Chicago Law Review*, Vol. 71, 2004, pp. 243 - 247.

[②] Arne Kolb, "Protection of Computer Software" in Lilian Edwards and Charlotte Waelde, *Law and the Internet*, Oxford: Hart Publishing, 2009, pp. 336 - 337.

值,法律不得不相应地对此加以保护。① 1978 年,世界知识产权组织(WIPO)公布了《保护计算机软件示范法条》②,它侧重于从版权法的角度保护计算机程序的表达。此后 20 多年的时间里,美国和欧盟等主要国家和地区采取以版权法为主的方式保护计算机软件。例如,美国于 1980 年制定《计算机软件版权保护法》③,1991 年欧盟委员会通过《计算机程序法律保护指令》④,同年我国也颁布了《计算机软件保护条例》⑤。在国际上,1994 年《与贸易有关的知识产权协定》(TRIPS 协定)和 1996 年 WIPO 版权公约,均要求将计算机程序的源代码和目标代码作为《伯尔尼公约》第二条规定的文字作品予以保护。然而,版权法只能保护软件的一个方面,即以代码形式作出的表达,不延及软件中蕴含的思想和原理,尤其是通过软件在计算机上运行生成的结果或产生的功能无法获得版权法保护。因此,自 20 世纪 90 年代起,美国开始将软件纳入专利保护范畴,State Street Bank 案以较为宽松的标准"产生有用、具体和有形的结果"对待软件相关发明,其他国家和地区迫于国际市场竞争压力也纷纷降低了软件专利的门槛。

进入到 21 世纪,人类社会正在经历以人工智能、基因工程、量子通信等技术为突破口的"第四次工业革命",传统的由计算机、网络和软件存储装置等硬件改进模式主导信息技术进步,转变为利用软件优化促使硬件功能提升,软件在信息社会技术革新中发挥着越来越重要的作用。据英国知识产权局局长介绍,2014 年已经有 15%

---

① 朱谢群编:《郑成思知识产权文集·基本理论卷》,知识产权出版社 2017 年版,第 166 页。

② WIPO, *Model Provisions on the Protection of Computer Software*, Geneva 1978.

③ Computer Software Copyright Act, 12 December 1989, Pub L No 96 – 517, 94 Stat 3015, 3028(1980).

④ Council Directive 91/250/EEC of May 14, 1991 on the Legal Protection of Computer Programs.

⑤ 2001 年 12 月 20 日,国务院发布《计算机软件保护条例》,同时废止 1991 年发布的《计算机软件保护条例》,并先后于 2011 年和 2013 年进行了两次修订。

以上的被授予专利权的发明包含软件要素。① 涉及软件的发明专利申请数量不断攀升，特别是美国 State Street Bank 案过度放宽可专利客体判断标准，导致低质量专利激增，专利侵权诉讼泛滥，专利流氓从中牟利，严重阻碍了美国软件产业的正常竞争秩序。② 随着软件编程技术的发展，可能出现采用 java、c++、c#等不同编程语言执行同一算法的计算机程序，它们能够实现相同的目标，此时，由于代码表达的不同而难以追究复制使用他人算法者版权侵权责任。笼统地讲，算法是程序运行计算步骤的一般顺序，可以被视作解决特定问题的方法步骤，与专利法所保护的技术方案存在相似之处。这说明授予软件相关发明专利权既具有必要性也具有可行性。但是，适用过于宽松的可专利性标准会导致个别主体垄断原本应属于公有领域内的基本科学技术工具，而标准过于严格又将无法有效保护技术创新成果。

鼓励创新是专利制度的立法目的之一，就软件产业而言，是否授予软件专利权，以及在何种程度上保护软件专利能够有助于软件创新成为理论界和实务界争论的焦点。专利权具有地域性，各国和地区根据各自的专利授权要件决定为一项软件相关发明提供专利保护与否。因可专利性判断方法和标准的差别，同一项软件相关发明在一国被授予专利权，在另一个国家或地区可能被驳回申请或者认定专利无效。如亚马逊公司持有的"一键购买"专利在美国被认定为有效，③ 在欧洲却以缺乏创造性为由驳回申请。此外，不同国家或地区所采用的软件相关发明可专利性判断方法和标准长期处于动态变化的不稳定状态，其中涉及国内外软件产业发展情况和本国专利政策的考量。无论是美国专利制度中采取"两步测试法"区分抽象

---

① Charlotte Waelde et al., *Contemporary Intellectual Property: Law and Policy*, 3rd edn, Oxford: Oxford University Press, 2014, p.515.

② Timothy R. Holbrook, "Method Patent Exceptionalism", *Iowa L. Rev.*, Vol.102, 2017, p.1028.

③ One-Click System, U.S. Patent No.5,960,411.

思想与抽象思想的实际应用，还是欧洲专利组织强调计算机实施的发明的"技术性"，或者日本专利法从"利用自然规律"出发判断软件相关发明的客体适格性，以及作为我国专利客体的"技术方案"必须具备"技术问题"、"技术手段"和"技术效果"三项构成要素，均在不同程度上存在概念模糊不清、可操作性不强等问题，或者企图引入新的抽象概念解释原有概念，形成恶性循环。除了专利客体适格性要求，专利实质授权条件——新颖性、创造性和实用性在专利审查过程中分别发挥何种作用和功能，以及它们彼此之间如何协调配合，确保专利权授予真正有价值的软件相关发明也是实践中留待解决的疑问。欧洲专利局（EPO）已经将计算机实施的发明的审查重点由可专利客体要件转向发明的创造性要件。上述这些原因加剧了这类发明专利授权标准和效力的不确定性，不仅造成专利授权、确权程序的拖沓，占用过多的司法资源，也不利于专利权人在侵权诉讼中维权，同时阻碍专利技术推广使用和本领域新技术研发，容易挫伤开发者从事软件产业应用创新的积极性。鉴于此，理论研究和实践亟需明确软件相关发明可专利性判断方法和具体标准。

二　研究目的与意义

（一）研究目的

第四次新技术革命的浪潮正在席卷而来，带着曾与前三次技术浪潮失之交臂的遗憾，我国第一次与发达国家站在了同一起跑线，有机会在通信、生物工程和人工智能等新兴技术领域实现弯道超车。2017 年，为了抢占人工智能发展的战略机遇与先发优势，国务院发布了《新一代人工智能发展规划》，其中明确建立人工智能技术标准和知识产权体系是战略实施的保障措施之一。人工智能算法最终以程序代码的形式呈现，需要通过软件的运行测试应用效果。计算机软件已经成为人们社会经济生活中不可或缺的工具，甚至有学者用

"软件社会"来描述其重要性。① 适当的专利保护能够推动计算机、软件和人工智能产业创新，增进良性的市场竞争，催生新业态和新模式，为我国经济发展注入新动能。

软件相关发明在我国以及美国、欧洲和日本等发达国家和地区的专利申请量逐年递增，然而可专利性判断一直是国内外行政审查和司法实践中的难点。尤其是没有与硬件设备相结合，也没有肉眼可见的实体产品产生，而是高度或完全依赖计算机运行软件程序获得新功效的方法发明，在国内外均未形成比较明确且达成一致的专利授权要件。② 尽管发达国家软件专利的客体适格性、创造性标准也处于不断调整变化的阶段，但是它们毕竟积累了更加丰富的专利审查经验，法院也相应地处理过更多有关这类专利有效性和专利侵权的纠纷。本书基于美国、欧洲和日本对于计算机实施的发明专利授权的历史演进，分析不同专利制度中客体适格性和新颖性、创造性判断方法和标准的利弊，针对我国目前实践中面临的困境，采取比较研究法，提出切实可行的完善建议，同时就国外软件专利过度开放或限制授权所带来的不利影响进行反思，警示我国涉及计算机程序的发明专利审查改革。研究立足于计算机实施的发明的基本特征以及我国国情，放眼国际专利保护新动向，遵循专利法基本理论，以期研究结论既满足国内软件产业发展需求，也符合全球软件相关发明专利化趋势。

（二）研究意义

在理论层面，针对在知识产权界引起广泛争议的可专利客体问题，本书从计算机实施的发明具有的特点，和专利保护客体的实质出发，提出衡量计算机实施的发明专利客体适格性的新思路。另外，

---

① William Meisel, *The Software Society: Cultural and Economic Impact*, Trafford Publishing, 2013.

② 参见管育鹰《软件相关方法专利多主体分别实施侵权的责任分析》，《知识产权》2020年第3期。

本书还探讨了与一般发明相比，评价计算机实施的发明的新颖性和创造性时，需要特别考虑之处，弥补当前关于计算机实施的发明可专利性研究中的不足与空白。客体要件与新颖性、创造性等专利实质要件相互配合，整体解决专利权有效与否的判定难题。

在实践层面，本书关注计算机实施的发明之专利适格性、新颖性和创造性判断中抽象性概念的解释和具化，将为我国专利审查部门和法院明确涉及计算机程序的发明之可专利性标准提供参考依据，提高本领域内专利确权侵权纠纷处理的可预期性。对于软件和人工智能产业而言，研究国内外立法和专利审查指南以及司法判例，可为专利申请人和权利人维护自身合法权益提供指导，竞争者则可以了解如何在不逾越专利权利界限的前提下，进一步开展算法研发以及软件深度应用。在此基础上，本书批判性研究当前国内外认定软件相关发明可专利性的宽严尺度，对于我国制定软件产业知识产权政策也有一定的启示作用。

第二节　研究现状

计算机软件在社会经济生活中的重要性，使其相关发明的可专利性问题在学界和产业界引起了热议。因为美国在全球范围内主导了软件相关发明的专利保护进程，其专利制度是研究和比较的首要对象。此外，欧洲专利局和日本特许厅（JPO）与美国专利商标局（USPTO）形成三足鼎立局势，它们受到美国判例法的影响改革自身立法、审查指南和司法实践，具有各自不同的可专利性理论基础和法律规则。但是，现有研究往往以其中一个国家或者地区的专利制度为背景，较少全面覆盖上述国家和地区软件专利授权情况并比较分析发展趋势。国内外对于计算机实施的发明之可专利性研究大多从客体适格性的角度展开讨论，然而专利实质授权条件，特别是其中的创造性要件也是此类发明获得专利权的主要阻碍之一，EPO的审查实践也印证了这一点。与一般发明相比,计算机实施的发明在创造性判断方法和标准上有无特别之处,甚少受到学界的关注。客体要件与专利实质性授权要件彼此独立的目标和功能,以及二者的协调适用,在涉及软件应用的领域尚未厘清。关于计算机实施的发明之可专利性既有研究包括以下几个方面:

一 客体适格性标准的历史考察

从历史发展的视角来看,美国判例法对专利法第 101 条关于可专利客体的解释呈现由限制到扩张,再逐渐回归的整体趋势,其中以计算机实施的商业方法专利最为典型。刘银良(2010)认为 *Bilski* 案后,美国联邦法院对于商业方法专利的态度,又回到了道富银行案之前的不确定状态。这十年间,并无充分证据证明为商业方法提供专利保护,有效激励了金融机构的研发活动,过度保护以及商业方法专利侵权诉讼的泛滥为社会经济带来的不良影响却是显而易见。因此,我国坚持以"技术特征"考察软件相关商业方法可专利性门槛,可以维系专利制度的合理性和社会效益最大化。[①] 相反观点认为美国不断调适商业方法专利客体适格性测试法,回应了信息时代的需求,如张玉敏和谢渊(2014)指出与美国商业方法专利去标准化的审查方式相比,我国放开商业方法专利具有必要性和紧迫性。[②] 宣顿(2019)认为美国联邦最高法院之所以一直没有就金融商业方法专利的客体适格性标准给出明确的答复,是为了使各级法院通过长期的事实密集型案件审判,实施利益平衡的政策考量,我国可以借鉴美国经验,构造弹性化的可专利客体标准。[③] 张平、石丹(2018)

---

① 刘银良:《美国商业方法专利的十年扩张与轮回:从道富案到 Bilski 案的历史考察》,《知识产权》2010 年第 6 期。
② 张玉敏、谢渊:《美国商业方法专利审查的去标准化及对我国的启示》,《知识产权》2014 年第 6 期。
③ 宣顿:《美国金融商业方法专利保护之动态平衡变迁与启示》,《知识产权》2019 年第 8 期。

持相对中立的观点，一方面认为美国商业方法专利保护进程，警示我国谨慎授权商业方法发明，降低专利客体门槛不等于放松专利质量审查。另一方面，他们指出美国与产业发展相适应的专利保护实践，对于我国制定商业模式创新专利保护政策有一定的参考价值。①

Alice 案是美国为计算机实施的发明提供专利保护的里程碑式案件，联邦最高法院在该案中明确专利申请案中公开的抽象思想或数学公式只有在进行创造性应用的情况下才可能获得专利权保护。② 美国信息技术产业界和学界对可专利客体范围明显限缩的趋势表现出不同的态度，以 Google 为代表的部分跨国软件企业和中小型企业表示支持这种转变，而 IBM 等另一部分高新技术企业对此强烈反对。③ 美国法院系统内部，尤其是联邦巡回上诉法院（CAFC）与联邦最高法院之间对于"两步测试法"涉及的"抽象思想"和"发明概念"的解释也存在分歧。由于联邦最高法院始终没有在客体适格性标准方面给予更加全面清晰的指导，相关利益团体将注意力转移至立法改革上，提出参照《欧洲专利公约》（EPC）第 52 条修改《美国专利法》第 101 条，从正反两个方面界定可专利客体。④ 美国本土就计算机实施的发明的可专利性尚且未达成比较一致的意见，无法对其未来走向作出准确的预测，国内在这一课题上的研究也不应一边倒地支持或者批判美国在计算机软件领域的专利政策和具体规则，结合我国现阶段产业特点和发展规划，着眼于全球软件专利授权的总

---

① 张平、石丹:《商业模式专利保护的历史演进与制度思考——以中美比较研究为基础》,《知识产权》2018 年第 9 期。

② Jeffrey A. Lefstin, Peter S. Menell, and David O. Taylor, "Final Report of the Berkeley Center for Law & Technology Section 101 Workshop: Addressing Patent Eligibility Challenges", *Berkeley Tech. L. J.*, Vol. 33, 2018, pp. 515-606.

③ USPTO, *Patent Eligibility Subject Matter: Report on Views and Recommendations from the Public*, 25 July 2017, https://www.ipintelligencereport.com/2017/07/26/uspto-report-on-patent-eligible-subject-matter/, accessed November 4, 2020.

④ David O. Taylor, "Amending Patent Eligibility", *U. C. Davis L. Rev.*, Vol. 50, 2017, pp. 2149-2214.

体形势，有选择地借鉴外国专利制度的某些做法似乎更为合理。另外，美国法院目前遵循的非明线检验法尽管强化了法律适用的灵活性，但同时招致各界观点针锋相对，更无法植根于我国法制统一的土壤之中。

Beresford（2000）评论认为欧洲与美国在对待软件相关发明的客体适格性问题上基本趋于一致。① Madigan & Mossoff（2017）开展实证研究表明超过1700件涉及同一发明的专利申请案在美国被驳回申请，却被中国国家知识产权局及EPO批准注册，进而指出近年来，美国与其他国家之间关于专利客体适格性标准的宽严尺度发生了反转，其他国家专利制度在可专利主题范围上的包容性更强。② Marsnik & Thomas（2011）分析认为，EPO采取与美国较为接近的判例法路径，利用上诉委员会裁决争议案件的机会，就EPC第52条第3款有关专利客体例外规定中的"as such"作出越来越宽松的解释，经历了由"技术贡献"标准到"进一步技术效果"标准，再到现行的"任何硬件"标准的变化过程。③ 以上标准均是在"技术性"要求的统领下衍生而来，Bakels & Hugenholtz（2002）评价认为20多年的专利判例法发展揭示了"技术性"检验法在划分可专利客体与不可专利客体的界限过程中，有某种程度上的随意性。④

《日本专利法》第2条第1款规定，发明必须是利用自然规律的

---

① Keith Beresford, *Patenting Software under the European Patent Convention*, London: Sweet & Maxwell, 2000, p. 25.

② Kevin Madigan & Adam Mossoff, "Turning Gold into Lead. How Patent Eligibility Doctrine Is Undermining U. S. Leadership in Innovation", *Geo. Mason L. Rev.*, Vol. 24, 2017, pp. 939 – 941.

③ Susan J. Marsnik and Robert E. Thomas, "Drawing a Line in the Patent Subject-Matter Sands: Does Europe Provide a Solution to the Software and Business Method Patent Problem", *Boston College International and Comparative Law Review*, Vol. 34, 2011, pp. 227 – 328.

④ Reinier Bakels & P. Bernt Hugenholtz, "The Patentability of Computer Programs: Discussion of European-Level Legislation in the Field of Patents for Software", *European Parliament, Committee on Legal Affairs and the Internal Market Working Paper*, 2002, p. 26.

技术思想。田村善之（2011）指出，过去由于专利审查软件相关发明只重视与利用自然规律的关系，导致一些不应被授予专利权的申请依靠硬件装置而被授予专利权；但是，也不能仅仅因为发明是计算机网络环境下的产物，就否定其获得专利权的可能性，因为"程序本身能够为计算机可能读取的媒体所记录，加之其在作为信号被传输时可以利用电子流程来控制，所以应该说在利用自然规律这一点上并未发生改变。"① 张玲（2010）总结认为日本包括商业方法在内的软件相关发明专利保护进程有两个鲜明的特点：一是与美国的相关政策保持高度的协调一致性；二是官方和民间都高度重视对商业方法软件的专利保护。② 郎贵梅（2008）认为日本一直以来采取积极行动保护软件相关商业方法，通过修改审查指南、发布《商业方法不具有专利性的范例》等指导性文件、增设电子商务审查室以及加强与 USPTO 和 EPO 的专利审查协作，力争在全球电子商务领域占据有利地位。③

刘铭（2014）回顾了国内审查利用计算机、网络等数字化手段从事商业活动的发明的主要历史阶段，指出"以往的审查思路中常常遇到需要引入公知常识、惯用技术手段或是惯用技术手段的简单拼凑等有关创造性判断中所用到的标准，而在经过类似于创造性判断的过程后得出不属于专利保护客体的结论，并不合乎法律逻辑。"④ 2017 年和 2019 年我国《专利审查指南》先后经过两次修改，强调整体考虑原则，张韬略（2020）经过对比中美最新的审查规则认为，尽管两国的审查路径表面有别，甚至具体的审查步

---

① ［日］田村善之：《日本知识产权法》，周超、李雨峰、李希同译，知识产权出版社 2011 年版，第 182 页。

② 张玲：《日本专利法的历史考察及制度分析》，人民出版社 2010 年版，第 223—224 页。

③ 郎贵梅：《专利客体的确定与商业方法的专利保护》，知识产权出版社 2008 年版，第 23—25 页。

④ 刘铭：《涉及商业方法的专利申请的审查思路》，《中国知识产权报》2014 年 6 月 20 日第 11 版。

骤顺序截然相反，而最终的落脚点和借力点却是近似的，我国要求具有技术特征的权利要求属于技术方案，与《美国专利客体适格性审查指南》规定的能够将抽象思想转化为实际应用的"技术改进"没有本质差异，可谓殊途同归。① 在计算机实施的发明专利客体适格性问题上，纵观各国和地区专利制度及观点学说的演变历程，主导法律改革的关键因素有二：第一、在美国开拓性探索的影响下，被动放宽可专利客体的衡量尺度；第二、为适应信息技术进步，满足产业发展需求，在鼓励技术创新与保障市场竞争之间寻求平衡。

二 抽象思想与其实际应用的辨别

抽象思想与自然规律、物理现象是美国判例法确立的专利客体例外，但美国国会、联邦最高法院和 USPTO 都没有直接定义抽象思想。Alice 案明确将"两步测试法"作为区分不可专利的自然规律、自然现象和抽象思想与可以获得专利保护的这些概念的具体应用的框架。然而，Woodward（2017）认为 Alice 案的判决在关于专利法第 101 条客体审查中引入"发明性概念"，它原本应属于专利法第 102（新颖性）和 103（非显而易见性）的判断范畴。② 该案判决作出后不久，Lemley（2014）就曾预言：Alice 案会给专利客体适格性问题带来巨变，尽管判决中没有使用"软件"这一表述，但是目前在审的大部分软件专利将被认定无效。③ 后来的事实也验证了他的推断。Guttag（2014）认为"两步测试法"的严格适用带来的法律后果与

---

① 张韬略：《美国〈专利客体适格性审查指南〉的最新修订及评述》，《知识产权》2020 年第 4 期。

② Michael R. Woodward, "Amending Alice: Eliminating the Undue Burden of Significantly More", *Alb. L. Rev.*, Vol. 81, 2017, pp. 329 – [iv]。

③ Gene Quinn, "The Ramifications of Alice: A Conversation with Mark Lemley", IP-WATCHDOG（Sept. 4, 2014），http://www.ipwatchdog.com/2014/09/04/the-ramifications-of-alice-a-conversation-with-mark-lemley/id = 51023/, accessed November 5, 2020.

国会的立法意图相悖。① 从美国专利法的宪法目的——促进科学和实用技术进步出发，为提高"两步测试法"的确定性和可预期性，美国互联网产业界、学界和实务工作者等纷纷提出立法、执法和司法建议。如知识产权权利人协会（2017）建议采取"人类努力的结果"标准判断可专利客体，因为1952年美国专利法的立法历史表明，阳光下任何人类创造的事物均可以获得专利保护。② Bui（2018）建议USPTO和下级法院对抽象思想作出限缩性解释，在国会立法或者联邦最高法院作出新的解释前，抽象思想应该只包括 Benson、Flook、Diehr 案认定的数学算法或者智力活动过程，以及 Bilski 和 Alice 案认定的基本经济实践，正如最高法院在 Alice 案中指出的那样，"在解释（抽象思想）例外原则时，应谨慎对待，以免淹没整个专利制度。"③

按照两步测试法，抽象思想能够转化为可专利客体必须提供一个发明性概念，它不能是本领域公知、例行和常规活动。Mercado（2016）指出在实际判断权利要求描述的方案是否具有常规性的过程中，还有诸多模糊性问题需要阐释和细化，比如在专利申请人提交的说明书之外，是否要求关于在先技术或者专家证人的其他证据，申请人承担的举证责任和证明标准并不清晰，审查员是否要与所有

---

① Eric Guttag, "The Broken Patent-Eligibility Test of Alice and Mayo: Why We Urgently Need to Return to Principles of Diehr and Chakrabarty", IPWATCHDOG (Sept. 25, 2014), http://www.ipwatchdog.com/2014/09/25/broken-patent-eligibility-test-of-aliceand-mayo/id=51370/, accessed November 5, 2020.

② Intellectual Property Owners Association, "Proposed Amendments to Patent Eligible Subject Matter Under 35 U.S.C. § 101", 2017, http://www.ipo.org/wp-content/uploads/2017/02/20170207_IPO-101-TF-Proposed-Amendments-and-Report.pdf [https://perma.cc/JE95-UBCW], accessed November 5, 2020.

③ Hung H. Bui, "A Common Sense Approach to Implement the Supreme Court's Alice Two-Step Framework to Provide Certainty and Predictability", *Journal of the Patent and Trademark Office Society*, Vol. 100, 2018, pp. 165–270.

相同和类似领域的出版物进行比对。① Ilijovski（2019）结合 *Berkheimer v. HP Inc.* 案认为公知、例行和常规活动的判断要从本领域普通技术人员的角度进行事实分析，已被现有技术公开只是构成常规活动的证明标准之一。② 可见，基本概念不清是美国专利客体适格性判断标准适用混乱的症结所在，发明性概念要件似乎超越了专利客体审查的职责范围，与创造性审查内容部分重叠。Anderson（2016）认为不管是两步测试法，还是其他判断客体适格性的方法，它们自身内部以及彼此之间存在适用上的不确定性，不同测试法的共性在于均试图区分能够授予专利权的软件发明与专利客体的例外之间的界限；由此看来，美国司法实践中从未将软件发明类型化排除在可专利客体之外，此外，这些判断方法都倾向于物理性（physicality）要求。③

国内不少学者也从抽象思想与具体应用的界限切入，评述美国专利客体适格性规范，提出若干启示和建议。陈健（2015）认为 *Bilski* 案的判决显示了美国联邦最高法院对于"实际应用"要件的强化，将独占理论与实际应用联系起来，独占全部实际应用的申请案不具有可专利性。④ 李新芝和秦海鸥（2016）认为美国法院利用两步测试法可以尽早阻止一些专利流氓提出的无依据诉讼，节省有限的司法资源。⑤ 蔡琳（2019）认为"算法不同于纯粹的抽象思想，其本质上能构成解决具体问题的技术方案，兼具技术方案和思维规

---

① Raymond A. Mercado, "Resolving Patent Eligibility and Indefiniteness in Proper Context: Applying Alice and Aristocrat", *Va JL & Tech*, Vol. 20, 2016, pp. 240 – 337.

② Ilija Ilijovski, "Perfecting U. S. Patentable Subject Matter-Merging the European Approach and the American Principles", *Chi-Kent J Intell Prop*, Vol. 19, 2019, pp. 182 – 212.

③ Shane D. Anderson, "Software, Abstractness, and Soft Physicality Requirements", *Harvard J. L. & Tech.*, Vol. 29, 2016, pp. 567 – 594.

④ 陈健：《从"StateStreet"到"Bilski"美国商业方法专利审查标准的演变》，《电子知识产权》2015 年第 1 期。

⑤ 李新芝、秦海鸥：《美国专利适格性审查标准探析》，《知识产权》2016 年第 6 期。

则的二重属性。"① 王立石（2019）等认为，就算法而言，本质上是代码背后的抽象逻辑基础或思路，但是，它可以被应用于多领域、多场景，如果将它获得专利保护的条件严格限定在某一技术领域，会导致保护范围过窄。建议逐步扩大保护，先脱离硬件约束，限定技术应用领域即符合客体适格性要件；再解除应用领域限制，权利要求主题描述为计算机实施的算法即可。② 狄晓斐（2020）认为美国判例法确立的两步测试法是一种拟创造性测试法，混淆客体要件与专利实质性授权要件，在可专利客体判断过程中考虑现有技术，致使同一发明在不同的技术发展阶段得出的适格性结论不一致。从知识生产的角度分析，人工智能算法不属于抽象思想，而是抽象思想的具体应用，应当获得专利法的保护。③ 国外专利理论和实践普遍认为算法本身不能作为专利客体，国内部分学者和实务工作者提出给予算法专利保护的主张，虽然是出于鼓励算法创新，优化人工智能产业布局，争夺全球人工智能标准话语权的考量，却不能忘记美国 State Street Bank 案后一段历史时期所走的弯路，过低的专利门槛就像为低劣软件专利打开了泄洪的闸门，开展正常软件研发的企业也将备受侵权诉讼的困扰，不合理地增加算法创新与应用的成本。

三 软件与数学计算方法之间的联系

软件与数学计算之间有着天然的联系。Swinson（1991）认为算法并不必须依赖于计算机，或者为了解决本质上为数学的问题而设计。④ 的确，Scaruffi（2020）介绍道，算法起初是人们手动执行，

---

① 蔡琳:《智能算法专利保护的制度探索》,《西北工业大学学报》(社会科学版) 2019 年第 3 期。

② 王立石等:《人工智能算法对专利保护政策的挑战及应对》,《软件》2019 年第 4 期。

③ 狄晓斐:《人工智能算法可专利性探析——从知识生产角度区分抽象概念与具体应用》,《知识产权》2020 年第 6 期。

④ John Swinson, "Copyright or Patent or Both: An Algorithmic Approach to Computer Software Protection", Harvard J. L. & Tech., Vol. 5, 1991, pp. 145 – 214.

例如在三明治快餐店点餐"选择三明治做法、选取面包、挑选蔬菜类型",而后服务员备餐,顾客付款取餐等既定步骤,也可以看作人们执行算法的过程。只不过在数字网络环境中,转向机器算法,用计算机取代了人工执行的部分。顾客交互的对象由人变成了算法。[①]尽管软件运行生成的结果或者目标可以解决数学领域之外的问题,但是,它的实现过程都可以通过λ演算(lambda calculus)来描述,等同于图灵机的计算,[②] 由函数定义、函数应用以及递归构成λ表达式,其中不可避免地涉及数学函数的计算。基于数学和计算机程序在结构上具有相似性,Hughes(2019)认为外部因素如专利制度对于促进这些领域内的创新活动的作用类似,所以专利法如何对待数学就应当如何对待软件。[③] Kruspig & Schwarz(2017)指出,在有些专业书籍中,对于算法和计算机程序不加以区分,而是将算法视作计算机程序的抽象化,例如计算机化的商业预测方法可以被表述为数学公式,[④] 因此计算机程序本身很可能被划入不可专利的抽象思想或者智力活动规则的范畴。孙博(2019)持有相反观点,他认为机器学习算法本质上是数学的应用。[⑤] Samuelson et al.(1994)在此之前已经提出计算机程序事实上是一种机器的看法,他们认为计算机程序是建立在算法或数据结构基础上能够产生有用结果的实体。

Bae(2019)认为利用算法改进使计算机内部功能提高的程序,想要获得专利保护,申请人需要在说明书中以清晰、准确的术语充

---

① [意]皮埃罗·斯加鲁非著:《人工智能通识课》,张翰文译,人民邮电出版社2020年版,第6页。

② B. Jack Copeland, "The Church-Turing Thesis", https://plato.stanford.edu/entries/church-turing/, accessed November 11, 2020.

③ Anton Huges, *The Patentability of Software: Software as Mathematics*, Oxford: Routledge, 2017, p. 33.

④ Sabine Kruspig and Claudia Schwarz, *Legal Protection for Computer-Implemented Inventions: A Practical Guide to Software-Related Patents*, The Netherlands: Wolters Kluwer Law International BV, 2017, location 580.

⑤ 孙博:《机器学习中的数学》,中国水利水电出版社2019年版,第3页。

分解释算法与计算机硬件之间的相互关系,而不是模糊的纯粹功能性描述。① 如是说,与数学概念和公式不同,专利制度并非排除所有计算机程序的可专利性,也不允许授予任意计算机程序专利权。计算机程序能否成为可专利客体的关键在于软件的运行是否有与客观物理世界的交互,按照 EPO 的要求,这种物理交互作用不能仅仅发生电子晶体管层面的电流产生或改变。目前,神经网络算法是人工智能产业的核心技术,即使它综合了计算机科学、数学、神经生理学、人类学、心理学、哲学和社会学等多门学科,但如果只是相关学科基础理论和知识的叠加构建,没有解决具体的问题或者深入特定应用领域,依然不属于可以获得专利保护的对于抽象思想或自然规律的实际应用。否则,只会同时先占(pre-empt)更多科学技术探索中的基本工具。刘强(2019)认为单纯数值计算不能获得专利保护,如表征自然规律的数学方程式程 $E = mc^2$,而对于人工智能算法加以利用,使发明符合自然规律并且与机器设备结合形成的技术效果(如图像识别)是可专利客体。② 何怀文(2013)认为诸如 *Flook* 案中的权利要求,不因包含不可专利的温度计算数学公式而完全否定其取得专利权的资格;但是,仅凭借权利要求撰写技巧,在形式上将科学原理表现为采取某种方式的具体应用也无法受到专利法保护。③ 赵传海、周树红(2017)认为计算机执行的数学原理方法,只要其中采用了计算机等技术手段即符合客体适格性要求,所要解决的技术问题和带来的技术贡献,应在创造性评价过程中予以考量。④

---

① Sangik Bae, "Overcoming Abstract Idea Exception of Patent Subject Matter Eligibility under 2019 Revised Patent Subject Matter Eligibility Guidance", *John Marshall Review of Intellectual Property Law*, Vol. 18, 2019, pp. [i] -400.
② 刘强:《人工智能算法发明可专利性问题研究》,《时代法学》2019 年第 4 期。
③ 何怀文:《"发现"与"发明"的重新界定》,《知识产权》2013 年第 9 期。
④ 赵传海,周树红:《欧专局关于计算机领域的可专利性审查》,《中国发明与专利》2017 年第 5 期。

概言之，数学计算公式与算法，以及算法与计算机程序彼此之间密切联系，难以准确分割各自的界限，甚至呈现"你中有我，我中有你"的融合局面，成为计算机实施的发明的可专利性判断的主要障碍之一。这是因为在国际上，不同国家的立法、司法先例或者理论学说一般认为单纯的数学方法被排除在可专利客体以外，满足一定条件的数学算法的应用却能够获得专利权保护，这种区分在计算机软件领域格外困难。

四 计算机实施的发明之创造性影响因素及其评判难点

任扬（2016）认为，当前大、中型软件代码行数以百万计，给数据检索和对比带来极大的挑战，也对现有技术数据库和本领域技术人员的一般技术水平提出了较高的要求。[①] 徐颖（2018）指出手机应用程序等商业模式专利实质审查标准泛化问题，主要集中在现有技术检索、创造性标准审查视角和商业成功标准的适用方面。[②] 鉴于实现商业模式创新大多是惯常的技术手段，只是程序语言或者产生同样功能的不同算法的细微差别，许怀远（2017）质疑这种创新背后的技术方案能否达到发明专利的创造性高度。[③] 蒲晓华（2014）比较了美、日、欧专利制度对计算机实施的商业方法发明的创造性要求，得出结论：美国采用的创造性标准最低，商业模式或技术领域其中之一具备非显而易见性即可，欧盟的标准最为严格，将发明的创造性限定于技术层面，日本的态度居于二者之间，考察整体解决方案的创造性，并认为日本的做法更为可取。[④] 现有研究虽然已经

[①] 任扬：《利用专利手段保护计算机软件的难点和对策》，《科技展望》2016 年第 23 期。

[②] 徐颖：《我国商业模式专利制度研究——以手机 APP 商业模式为例》，《电子知识产权》2018 年第 8 期。

[③] 许怀远：《完善商业模式 专利保护任重道远》，《中国知识产权报》2017 年 6 月 23 日第 4 版。

[④] 蒲晓华：《美日欧中商业方法专利化的比较》，《电子知识产权》2014 年第 11 期。

识别出软件相关发明创造性审查的困难和障碍,却没有深入分析解决以上问题的对策,依然没有梳理出明确可行的评判标准,因此对于专利审查和司法实践的参考意义甚微。而且,依据国内外当前的创造性审查方法,整体考虑原则已被普遍接受,研究的重点应放在如何具体落实这一原则,以及不同国家的执行差异。

通常认为,本领域技术人员的认定是影响发明创造性的因素之一。随着人们检索和处理信息能力的增强,Vertinsky & Rice(2002)认为本领域普通技术人员掌握的技术水平和知识储备应提高和扩充至与人工智能系统复杂度相匹配的程度,那么主张发明与在先技术相比非显而易见将更加困难,以可预期的方式改变在先技术被认为是显而易见的。[①] Abramowicz & Duffy(2011)认为确定本领域技术人员的一般技术水平需要考量可获取信息的范围和创新成本,而软件开发与药品和生物技术研发相比,显然投入的成本更低。[②] 再者,张平(2003)提到各国软件专利授权结果可能因在先技术检索的差别而不同。[③] Simon(2013)认为在软件专利领域,如商业成功,长久以来对于发明的期待和需要,他人创造发明的失败经历,获得预料之外的结果,以及他人为复制发明和获得许可所作的努力等第二考量因素在创造性审查中会得到更多的关注。[④] 不可否认,这些研究中讨论的创造性影响因素确实是计算机实施的发明专利申请和审查环节存在的现实问题,但是简单提出特殊的考量因素是远远不够的,还要进一步探讨这些因素在何种程度上影响创造性判定结论,分清主要因素和次要因素,避免本末倒置。更为重要的是,将考量因素

[①] Liza Vertinsky and Todd M. Rice, "Thinking About Thinking Machines: Implications of Machine Inventors for Patent Law", *B. U. J. Sci. & TEC. L.*, Vol. 8, 2002, pp. 574 – 613.

[②] Michael Abramowicz and John F. Duffy, "The Inducement Standard of Patentability", *Yale L. J.*, Vol. 120, 2011, pp. 1590 – 1680.

[③] 张平:《论商业方法软件专利保护的创造性标准——美、日、欧三方专利审查之比较》,《知识产权》2003 年第 1 期。

[④] Brenda M. Simon, "The Implications of Technological Advancement for Obviousness", *Mich. Telecomm. & Tech. L. Rev.*, Vol. 19, 2013, pp. 101 – 147.

标准化，并成为专利审查和司法审判的依据，尽量抑制审查员和法官个人主观意志过多地介入发明的创造性判断。

专利审查员肖光庭等（2020）针对"互联网+"等新业态新领域的发明专利申请，将创造性审查过程中普遍存在的难题大致总结为以下四个方面：一是此类发明通常属于既包括技术内容也包括非技术内容的解决方案，整体判断原则在实践中应当如何具体适用。二是涉及算法或者数学公式、参数的发明，应用领域对于技术方案的限定作用能否作为衡量发明创造性的因素之一。三是商业或管理问题是否必然不具有技术性，以及在何种条件下，需要考虑"商业上的成功"这一辅助判断因素。四是就数据库相关主题的发明而言，当区别特征涉及数据的类型、性质、格式的情形时，应当如何对其创造性作出评判。① 以上问题在 2020 年《专利审查指南》第二部分第九章第六节中得到了部分解决，如整体判断原则的适用问题，但是执行有关规定的实际效果如何还有待于通过数据统计、公开征求意见等实证研究方法进行论证。另外一部分问题，如算法的应用领域或数据要素对于软件相关发明创造性的影响，因技术背景知识所限，在知识产权法学界并未展开充分探讨。

尽管本领域普通技术人员是确保客观判定发明专利创造性的重要法律概念，甚至可以说它在专利法中无处不在却又十分神秘，但是 Noveck（2006）指出不少法院就专利创造性作出判定结论时，事实上将本领域普通技术人员排除在了显而易见与否的分析之外，法院就现有技术的范围、内容和含义咨询本领域普通技术人员，却不关乎终极问题"基于现有技术作出的发明，该发明原本是否会显而易见"。② 那么，作为发明专利创造性判断主体的本领域普通技术人员，究竟应当贯穿于创造性判断之"三步法"的全过程，抑或只是

---

① 肖光庭主编：《新领域、新业态发明专利申请热点案例解析》，知识产权出版社 2020 年版，第 13 页。

② Matthew John Duane, "Lending a Hand: The Need for Public Participation in Patent Examination and Beyond", *Chi.-Kent J. Intell. Prop.*, Vol. 7, 2008, note 125.

存在于其中某一个步骤而已，对此理论界和实务界还没有给出比较一致的答案。本领域普通技术人员掌握的知识和技能会随着时间的推移以及社会技术发展水平的提高而不断变化，美国学者 Darrow 利用统计分析法证明自 1790 年以来，本领域普通技术人员在法律文本中出现的角色已经从最初的"普通技工（mechanic）"演变到"普通设计师（designer）"，进而发展为"普通研究员（researcher）"，最终成为了"熟悉该行业的普通技工""无法辨认的后代"。[①] 鉴于互联网、大数据和人工智能产业特点和发展趋势，Abbott（2017）支持将计算机实施的发明所属领域普通技术人员认定为由算法工程师、程序员、经济学家或医药学家等组成的技术实体。[②] 审查员王继君（2020）认为使本领域技术人员的知识结构和能力结构向专业发明团体靠拢，造成创造性判断标准显著提升，这对个人发明者来讲显然有失公平。[③] 然而，从保护社会公益的角度看，若发明所属技术领域开展的研发活动整体状况和形势如此，不能针对特定发明贸然降低判断主体标准至单个本领域技术人员。Burk & Lemly（2002）整理美国法院过去审理的软件专利案件发现法院往往认定程序员具有超凡的技能，他理所当然地能够在计算机程序中执行任何想法。有时法院的这种假设有利于专利权人，如判定申请是否满足充分公开要件时；但也有时，特别是在判定非显而易见性时，假定程序员具有超凡的技能对于专利权人而言起反作用。更重要的是，从计算机科学角度来看，法院的假定是错误的。[④] 由此可知，本领域技术人员的认定离不开对于提出专利申请时相关领域技术背景的充分了解，本质

[①] Jonathan J. Darrow, "The Neglected Dimension of Patent", *Harvard Journal of Law & Technology*, Vol. 23, 2009, pp. 239 – 247.

[②] Ryan B Abbott, "Patenting the Output of Autonomously Inventive Machines", *Landslide*, Vol. 10, 2017, p. 16.

[③] 王继君：《本领域技术人员标准在创造性判断中的构建及其不足》，《专利代理》2020 年第 4 期。

[④] Dan L. Burk & Mark A. Lemley, "Is Patent Law Technology-Specific?", *Berkeley Tech. L. J.*, Vol. 17, 2002, p. 1193.

上可以将之视作一个事实问题。

第三节 研究方法和整体结构

一 研究方法

从宏观角度看，本书采用比较研究的方法。在论述计算机实施的发明之客体适格性、现有技术和本领域普通技术人员及其一般技术水平的认定等微观问题时，综合运用了历史分析法、文献研究法和案例分析法。

（一）比较研究法

郑成思教授在《知识产权——应用法学与基本理论》一书的前言部分，提到对于计算机实施的"商业方法专利"保护研究时，有这样一段论述："对于我们发明专利的短项'商业方法专利'，国家专利局固然可以通过把紧专利审批关，为国内企业赢得时间。但那终究不是长久之计。试想，美日欧国家在传统技术专利方面的'标准化'发展，曾给并正给我们的产品出口带来极大的不利。如果美日（或再加上几个其他发达国家）在商业方法专利上也向'标准化'发展，即如果实施'金融商业方法专利化、专利标准化、标准许可化'，那么会给我国银行进入国际金融市场带来何种影响以及会不会把我们挤出国际金融市场？这就不仅仅是专利局把紧专利审批关能够解决的问题了。"[①] 可见，新技术背景下的发明专利保护制度除了考虑国内产业发展状况外，也不能忽视国际组织和外国立法及研究动态，否则，国内互联网企业将在全球软件应用市场上处于不利地位。因此，本书通过比较我国与美欧日专利制度在计算机实施的发明之客体适格性判断方法和标准、现有技术和本领域普通技术

---

① 郑成思主编：《知识产权——应用法学与基本理论》，人民出版社 2005 年版，第 2 页。

人员以及其他关系到发明新颖性和创造性认定的因素等方面的异同，一方面总结国际专利保护趋势，另一方面分析可供我国借鉴的域外立法例与司法实践经验。

（二）历史分析法

计算机和软件产业发展历程及其知识产权保护制度的变迁，为了解软件相关发明的本质、论述专利保护软件相关发明的必要性提供了有益视角。不同国家或地区在不同历史时期修改制定成文法，遵循先例或者拒绝适用先例，体现了立法或者司法为适应技术进步所作出的调整，从而知史鉴今，为目前软件领域的专利法制完善带来启发，总结经验教训。例如欧盟委员会曾在2002年发布关于计算机实施的发明的可专利性议案①，旨在于统一成员国国内法院对于本国专利和欧洲专利的解释，试图强化"技术贡献"标准的适用。② 但是，2006年欧洲议会否决了该议案，理由是鉴于"技术"概念本身没有清晰的定义，这一标准的采纳只能加剧法律的不确定性。③ 由是可知，今天的学术研究再建议适用"技术贡献"标准衡量计算机实施的发明之专利适格性不过是历史的倒退罢了。

（三）文献研究法

本书对国内外政府机关、组织机构和学者关于计算机实施的发明，或者软件相关发明专利适格性和包括创造性在内的专利实质性授权要件的专著和论文、报告等文献资料进行检索，梳理它们各自提出的观点和结论，进一步归纳推理，用以支撑本书观点的论述，或批判性分析已有研究成果，阐释其中的逻辑错误或者理解偏差。本书所参考的电子文献主要来自于官方网站，和中国知网、Heinon-

---

① Proposal for a Directive of the European Parliament and the Council on the Patentability Computer Implemented Inventions, COM (2002) 92.

② Christian Koboldt, "Much Pain for Little Gain: A Critical View of Software Patents", *The Journal of Information, Law and Technology*, Vol. 8, 2003, p. 1.

③ Luca Egitto, "Certifying Uncertainty: Assessing the Proposed Directive on the Patentability of Computer Implemented Inventions", *Jilt*, Vol. 9, 2004, p. 7.

line、Springer 等国内外论文文献数据库。为使研究内容与研究结论紧密结合计算机软件和人工智能产业技术研发与应用实践，本书重视相关领域内数据统计等实证研究结论的收集整理，尽可能多地了解具体专利权利要求和说明书等文献中涉及的技术内容，从可专利性的法律原理出发，采用理论联系实际的分析方法展开论证。

（四）案例分析法

在美国等技术发达国家，利用计算机实施的软件相关发明专利保护政策更多地反映在其专利审查指南和判例法中，而不是专利成文法中。[1] 我国也同样如此，新修改的《专利审查指南》第二部分第九章就包含算法、商业规则和方法等智力活动规则和方法特征的发明专利审查基准和审查示例作出规定。国内法院在处理涉及计算机程序的发明可专利性争议时，越来越注重发挥法官在适用法律、解释法律方面的主观能动性。案例研究是理解与这一领域有关的基本概念、发掘法律规则背后的利益平衡和价值选择的重要手段。与此同时，案例分析能够帮助找到计算机实施的发明可专利性标准模糊的症结，有针对性地提出解决方案。

二　整体结构

计算机实施的发明之可专利性是指相关发明应当满足的客体适格性以及实质性授权要件，后者包括新颖性、创造性和实用性。由于软件在不同信息处理设备上的兼容性逐渐提升，软件研发以用户需求为导向，一般可以达到实用性要件所要求的"在产业上能够制造或使用，并且能够产生积极效果"的程度，因此，各国专利审查部门通常不会以缺乏实用性为由驳回计算机实施的发明专利申请。客体适格性以及新颖性和创造性才是计算机实施的发明获得专利保护的重要条件。本书依次就这三个要件展开论述，至于涉及人工智

---

[1] 张平：《论商业方法软件的可专利性——特别分析美日欧在 BMP 上的立场和价值取向以及中国的应对策略》，《网络法律评论》2002 年第 2 卷。

能算法的发明对实用性判断带来的挑战,在本书第五章关于计算机实施的发明之可专利性体系化解读一节中进行专门地分析。整体上,本书可以分为七个部分,其中各部分主要内容概括如下:

绪论部分陈述研究背景,说明为计算机实施的软件相关发明提供专利保护的必要性,总结可专利性判断方法与标准不明确的问题,分析该领域研究现状和不足,进而提出本书的研究目的与意义,介绍所采用的主要研究方法及结构框架,梳理本研究的创新点。

第一章首先对于"计算机实施的发明"的含义作出界定,其次分析人工智能时代计算机实施的发明具有的特点,为进一步论述其可专利性奠定基础。接下来,通过整理计算机实施的发明专利的主要权利要求类型,发现可专利性审查的重点不在于权利要求的撰写形式而是其实质内容。最后,为"可专利性"下定义,解释本书的研究范围。

第二章围绕计算机实施的发明的专利客体适格性,依次分析了美国、欧洲国家、日本和我国专利制度中的具体规定以及存在的主要问题,尤其针对目前学界和产业界普遍关注的人工智能算法、数据结构和商业方法等特殊对象在不同国家和地区的专利适格性进行论证。在此基础上,梳理了各专利制度之间已基本达成的共识:专利法意义上的发明本质上是一种技术方案,对于计算机实施的发明专利客体适格性应当遵循整体判断原则,在这一阶段,无需检索和对比现有技术。同时通过比较得出,不同专利制度的分歧在于是否将技术贡献纳入专利客体适格性评价范畴,这取决于客体要件与新颖性、创造性等专利实质性要件各自的功能和相互关系。

第三章分别从一般和特殊的双重视角,分析计算机实施的发明之新颖性。一方面,计算机实施的发明遵循发明新颖性判断的基本原理;另一方面,计算机实施的发明的新颖性主要取决于算法和逻辑结构的新颖性,如果申请专利的发明与现有技术相比仅仅是输入和输出数据内容的不同,在结构和功能方面并无不同,则应当认为该发明不具有新颖性。此外,本章重点分析了与计算机实施的发明相关或类似现有技术范围扩大的趋势，以及因信息处理技术进步引发的潜在现有技术数量增多，加大了专利审查部门认定现有技术的难度。在此基础上，介绍了应对这些挑战的域外经验。

第四章遵循由一般到特殊的分析方法，先说明创造性基本原理和判断方法，再针对计算机实施的发明特点，讨论本领域技术人员在所属技术领域、普通技术水平和创造力方面区别于其他发明的性质。因我国与欧洲国家适用基本相同的"问题解决法"判断发明的创造性，通过比较研究，为我国完善包含算法特征或商业规则和方法特征的发明之创造性判断方法提供可借鉴的范例。最后，探讨计算机实施的发明的创造性影响因素，主要包括组合发明产生的超出本领域普通技术人员预期的技术效果，充分公开的算法和功能性数据以及相关产业政策。

第五章基于前面几章的分析，提出了体系化解读计算机实施的发明可专利性的观点。客体适格性要件与实用性、新颖性和创造性要件之间既相互关联，又界限分明，每一要件只在各自的功能范围内按一定的逻辑顺序逐层过滤不合格的专利申请。以专利适格性审查部分替代专利实质性要件，尤其是创造性要件的审查方式，难以满足信息时代的发展需求，更违背可专利性要件的历史演进以及法律体系解释的基本原理，导致可专利客体判定结论的不确定性加剧。以可专利性的体系化解读为指导，进而为我国完善计算机实施的发明之可专利性判断标准提出若干建议：技术方案"三要素"标准的重构；"现有技术"和"本领域技术人员"的界定；改进用于判断发明创造性的"三步法"；以及细化说明书充分公开要件。

结论部分概括本书涉及的主要问题，提炼相应的核心观点和建议，强调现阶段我国为计算机实施的发明确立的可专利性标准应与目前国内软件和人工智能产业发展状况相适应，在鼓励创新与保护社会公众利益之间寻求平衡。

第四节　创新点

总体而言，本研究以计算机实施的发明之可专利性为主题，结合美国、欧洲国家、日本和我国专利制度中的相关规定和实践做法进行比较研究，使用了丰富的案例资料，既包括本领域内各国或地区经典判例，也包括最新的案例素材，并在此基础上进行原创性分析，形成以下创新点：

首先，研究对象为计算机实施的发明，不仅覆盖国内外专利法上长期以来存在争议的软件和商业方法发明，也将目前处于信息技术领域前沿的人工智能算法及其相关发明纳入其中，因为人工智能算法只有转化为程序代码，并在计算机上执行才能获得特定的功能，这是专利法对计算机实施的发明予以保护的根本原因。

其次，第二章关于计算机实施的发明之专利客体适格性，基于对美欧日中四个国家和地区专利适格性理论，以及计算机实施的发明专利的行政审查和司法保护现状分析，梳理各国（地区）专利制度中的共识与分歧，特别提出了核心分歧在于判定计算机实施的发明是否属于可以获得专利保护的客体需要考虑其技术贡献与否。同时，通过研究发现，美国和日本专利审查实践尤为强调说明书充分公开对于专利适格性判断的重要影响。

再次，运用从一般到特殊的研究方法，分析计算机实施的发明之新颖性与创造性。与其他发明相比，在评价计算机实施的发明专利新颖性和创造性过程中，呈现逐渐扩大现有技术范围，提高本领域技术人员一般技术水平和普通创造能力的趋势，尤其针对利用人工智能作为辅助研发工具的发明，这种趋势更加明显。然而，由于专利法调整的是人与人之间的无形财产关系，那么上述趋势不应超出本领域技术人员可以预见的程度，更不能将本领域技术人员直接定义为人工智能系统（机器），是否可以将之认定为配备人工智能系统的技术人员需要考虑所属技术领域的常规做法和人工智能普及程度。此外，本书第一章阐述了人工智能时代计算机实施的发明所具有的特点，以此为根据，还着重分析了影响此类发明创造性的特殊因素。考虑到计算机实施的发明很有可能构成组合发明，比较研究各国和地区专利制度可知，组合发明是否具有创造性主要取决于它是否产生了不可预期的技术效果。算法和功能性数据的披露，以及软件和人工智能产业政策也关系着相关发明的创造性判定结论。

最后，提出对于计算机实施的发明之可专利性进行体系化解读的观点，也就是将客体要件与专利实质要件作为一个整体考察，按客体适格性→实用性→新颖性→创造性的逻辑顺序逐层过滤没有专利保护必要性和正当性的发明，各个要件既相互联系，也存在着功能上的明确界限。美国最新司法实践经验表明，不宜为专利适格性审查强加过多的内容或抬高门槛，甚至取代专利实质审查。判断计算机实施的发明是否属于可专利的客体，应以具体的技术实施手段为考察重点，发明解决的技术问题和实现的技术效果完全可以纳入创造性评价范畴。发明可专利性的体系解释不仅符合专利法的历史演进以及法学方法论，也有助于强化计算机实施的发明可专利性判定的可预期性。本书以可专利性的体系化解读为原则，就我国目前适用的专利适格性、新颖性和创造性判断方法和标准提出了若干完善建议。

第一章

计算机实施的发明之可专利性概述

信息技术的飞发猛进深刻地改变着人类的生产生活方式，计算机硬件和软件的应用由第一、二产业延伸到金融、教育、医疗和电子商务等第三产业。尤其是近年来，人工智能技术以前所未有的速度拓展应用于各行各业中，在深度学习算法的推动下，人工智能与大数据、云计算和区块链技术相结合，不仅能替代人类完成生产车间内繁重的体力劳动，也可以在餐馆、商场等公共场所为人类提供服务，甚至辅助人类作出重要的商业决策。自然语言语音处理和图像识别技术等利用程序的载入运行使通用计算机转化为具有特殊功能的计算机，自动驾驶和基于神经网络识别不规律心跳的心脏监护装置等人工智能算法的行业应用，[1] 以及嵌入移动电子设备的计算机程序化的共享单车使用方法等商业模式创新，极大地便利了人们的日常生活，提高了社会生产效率，同时也对知识产权制度特别是专利制度提出了挑战。单纯地依靠版权法将计算机程序的源代码和目标代码作为文字作品予以保护，无法覆盖软件运行所产生的功能或者效果，因为对于一位技能熟练的程序员而言，他可以做到抄袭特

---

[1] Daniel Closa, "The EPO Approach to Computer-Implemented Inventions (CII)", ICT Seminar, Stockholm, 29 November 2019, http：//documents. epo. org/projects/babylon/eponot. nsf/0/0B1243F35DA6F48CC12584BD002EC746/ $ File/daniel_ closa_ computer_ implemented_ inventions_ en. pdf, accessed October 21, 2020.

定程序的运行状况，而不盗用其任何文本。① 传统观点认为计算机程序所蕴含的问题解决方案几乎都指向不可专利的抽象思想。② 由于不能跨越专利授权的第一道门槛，也无从谈起软件相关发明的新颖性、创造性等实质性要件。

考虑到计算机、网络和人工智能技术的应用领域普遍化，计算机实施的发明创造的经济价值显著化，有必要为这类发明提供适当的专利保护以鼓励信息技术创新。2021年9月，中共中央、国务院印发了《知识产权强国建设纲要（2021—2035年）》，其中提出要"加快大数据、人工智能、基因技术等新领域新业态知识产权立法。适应科技进步和经济社会发展形势需要，依法及时推动知识产权法律法规立改废释，适时扩大保护客体范围，提高保护标准"，"探索完善互联网领域知识产权保护制度"，以及"研究完善算法、商业方法、人工智能产出物知识产权保护规则"。显然，传统软件和人工智能等计算机实施的发明专利授权标准属于纲要中列明的重要议题。同时前述关于建设面向社会主义现代化的知识产权制度的若干举措可以凝练为一项专利保护原则：适当扩大可专利客体范围，并且提高其他可专利性要件，尤其是创造性的判断标准。然而，由于缺乏明确统一的可专利性标准，专利审查部门和各级法院常常就计算机实施的发明能否被授予专利权的问题得出截然相反的结论。在我国，从事科技创新产品研发活动的主力军是中小企业，无论是在资金储备量、设备先进程度等硬实力方面，还是在专业人才数量、知识产权制度完备性以及发明专利持有量等软实力方面都无法与大型企业抗衡，因缺少类似孵化器的指导和帮助，这些小型企业对于如何进行软件保护、申请软件专利倍感茫然。它们亟需专利相关法律、法规、司法解释或者审查指南、指导案例等各类法律文件就计算机实

---

① Pamela Samuelson et al., "A Manifesto Concerning the Legal Protection of Computer Programs", *Columbia Law Review*, Vol. 94, 1994, p. 2315.

② Elizabeth Bestoso, "Financial Business Method Patents: The Trend toward Invalidity under Section 101", *Temp L. Rev.*, Vol. 86, 2014, p. 386.

施的发明之可专利性问题予以明确规范。

本章从计算机实施的发明概念入手,分析人工智能时代计算机实施的发明的主要特征,然后介绍专利审查实践中常见的权利要求类型,最后为"可专利性"的内涵和外延作出界定。

第一节　计算机实施的发明

一　计算机实施的发明定义

本书所称的"计算机实施的发明"主要借鉴了EPO对这一概念所作的界定,即涉及使用计算机、网络和其他可程序化设备的发明,其中至少一个技术特征是通过计算机程序来部分或者全部实现。在欧洲,计算机实施的发明可以被撰写为方法、计算机可读存储介质和装置等不同的权利要求类型,需要注意的是计算机程序不同于计算机实施的方法,前者是指表明某种方法的一系列可供计算机执行的指令,后者则是一种由计算机实际执行的方法。[1] 此外,美国、日本和我国专利审查指南中也使用了具有相似含义的表述。例如,美国《专利审查程序手册》(MPEP)第2161.01条专门针对计算机程序和计算机实施的发明具体规定了说明书充分公开的要求,同时明确计算机实施的发明的专利授权条件与其他所有发明相同。[2] 日本《专利和实用新型审查手册》中采用了"计算机软件相关发明"的术语,其含义为使用软件执行发明。[3] 而根据我国《专利审查指南》

---

[1] EPO, Guidelines for Examination, November 2019, Part G, Chapter II, 3.6 Programs for computers.

[2] USPTO, Manual of Patent Examining Procedure (MPEP), ninth edition, October 2019, Chapter 2100, 2161.01 Computer Programming, Computer Implemented Inventions, and 35 U.S.C. 112 (a) or Pre-AIA 35 U.S.C. 112, First Paragraph.

[3] 日本特许厅:《专利和实用新型审查手册》,附录B第一章与计算机软件相关的发明。

第二部分第九章关于涉及计算机程序的发明专利申请审查的若干规定,"涉及计算机程序的发明"是指为解决发明提出的问题,全部或部分以计算机程序处理流程为基础,通过计算机执行按上述流程编制的计算机程序,对计算机外部对象或者内部对象进行控制或处理的解决方案。

可见,虽然各国专利制度描述此类发明的表达方式不同,但是基本含义比较一致,也就是通过软件,或者更为具体的是指软件中的程序部分[①]在计算机上运行,来执行发明的全部或者部分内容,至于 EPO 所要求的计算机程序必须实现一个以上技术特征,以及我国《专利审查指南》中规定的涉及计算机程序的发明要对计算机外部运行过程或装置、数据进行控制或处理,或者对计算机系统内部性能或资源的改进或管理等,可以落入可专利客体的审查范畴。因此,"计算机实施的发明"在本书中是指利用程序在计算机上的运行,实施部分或者全部技术方案的发明。

按照不同的划分标准,可以将计算机实施的发明细分为不同的类别。根据发明创造产生的技术效果或作用不同,WIPO 将涉及计算机技术的发明分为三类,分别是(1)提高计算机的计算功能的发明;(2)使用计算机运行特定功能的机器或者设备发明;(3)在不同技术领域内,使用计算机创造的发明。包含人工智能技术的发明,同样需要利用计算机执行相关算法、处理大数据集,因此也可以相应地划入以上三种发明类型中。[②] 根据权利要求中包含的非技术特征属性不同,计算机实施的发明涵盖了涉及算法的发明、涉及商业方法的发明、涉及数据库的发明以及涉及疾病诊断方法和设备的发明(基于计算机程序的改进)等。根据计算机实施的发明所属技术领域

---

① 在软件工程领域,软件并不等同于程序,软件除了包含程序本身外,还涉及这些程序准确运行所需的所有相关文档和安装数据;而且对于一项由专业团队开发的高级系统而言,软件往往由多个子系统项下的不同程序模块组成。

② WIPO, *Standing Comm. on the Law of Patents*, *Background Document on Patents and EmergingTechnologies* 12, U. N. Doc. E/SCP/30/5 (2019).

不同，可将之分为互联网领域的发明、大数据领域的发明、电子商务领域的发明、人工智能领域的发明、区块链领域的发明。

二 人工智能时代计算机实施的发明特点

人类社会由工业3.0时代过渡到工业4.0时代，不仅实现了重复性体力工作的自动化，也开始尝试重复性智力工作的自动化，即人工智能技术，① 随之而来的是利用计算机实施的发明逐渐渗透到许多行业中，这类发明在各主要国家或者地区的专利申请数量逐年递增。以汽车产业为例，根据EPO的统计数据，利用计算机实施的发明专利申请数量在整个汽车产业专利申请总量中的占比从1998年的36%上升至2014年的63%。② 在我国，仅就与软件相关的从事商业活动的方法专利申请数量而言，2008—2010年已呈现井喷式增长的趋势，2010—2014年更是以大约2000件/年的速度飞快上升。③ 人工智能时代计算机实施的发明具有如下重要特征：

（一）跨学科性

利用计算机实施的发明是将计算机、网络和传感器等硬件与以算法为核心的计算机程序相结合，共同应用于各种不同的领域，如医学、工业生产、金融、商业咨询与决策、通信和模拟预测等，由此形成新兴的"互联网+"领域。这类发明一方面依托于计算机、服务器、通信网络、智能终端等硬件设备；另一方面也应用了分布

---

① 关于人工智能的定义尚未达成统一观点。USPTO将AI定义为任何能够感知其周围环境，并采取行动以使成功实现目标的机会最大化的设备，参见2018年8月2日发布的专利公开咨询委员会季度会议资料（Patent Public Advisory Committee Quarterly Meeting）。

② Régis Quélavoine, "Computer Implemented Inventions Artificial Intelligence…How are Patent Applications Processed at the EPO?", Automotive & Mobility Seminar, Chicago, 26 September 2018, http：//documents.epo.org/projects/babylon/eponot.nsf/0/1240120813B5B6A0C125829D0043C756/＄FILE/patenting_computer-implemented_inventions_and_ai_en.pdf, accessed October 15, 2020.

③ 杨延超：《商业方法专利创造性问题研究》，《专利代理》2016年第3期。

式计算、大数据计算、仿真建模、人工智能、神经网络等数据处理技术，它们所产生的功能更多的是来自于软件或程序部分而不是机械组件。换言之，软件或者人工智能技术推动着计算机实施的发明的创新与发展。因此，大部分计算机实施的发明专利属于软件改进技术方案。正是这种互联网技术与传统行业的深度融合催生了交互渗透式的新业态，在具体的专利申请案中对应为交叉性技术领域。[①]

研究与创造计算机实施的发明不仅需要计算机专业知识，也离不开相关应用领域的知识。专家系统是人工智能技术中最早发展且最成功的领域之一，开发专家系统必须有人类专家的支持，在系统建设过程中，知识工程师作为专门的工作人员负责从领域专家提供的信息中提取知识，再将之转化为计算机代码并构建知识库。当然，机器学习、数据挖掘和神经网络等自动化知识获取技术的应用，可能获得比人类专家制定的规则更加高效的机器规则，但是领域专家提供了系统开发所必需的基础性启发式知识。例如，大豆作物诊断案例中，基于植物病理学家的原始描述符集和确定诊断的患病植物的训练集，计算机程序合成了诊断规则集，执行机器规则得到的诊断结果准确率高达99%，超出了植物病理学家制定的规则所生成的结果。[②]

计算机实施的发明所具有的跨学科性决定了它们的权利要求书中既包括技术内容（技术特征）也包括非技术内容（非技术特征），二者相互交织在一起，表现为技术创新与模式创新，或者数学算法创新与应用领域创新的并存，甚至在某些情况下，权利要求描述的技术方案与现有技术相比，仅侧重于交易模式和规则或者数学公式、计算方法的改进。例如"一种自助式配送系统，包括电子商务系统和通过网络与所述电子商务系统相连的寄存柜终端，所述电子商务

[①] 李永红主编：《"互联网+"视角下看专利审查规则的适用》，知识产权出版社2017年版，第31—32页。

[②] [美]史蒂芬·卢奇、丹尼·科佩克：《人工智能》，林赐译，人民邮电出版社2018年版，第252—253页。

系统包括下单子系统、库房即配送子系统、寄存柜管理子系统"：

  所述寄存柜终端用于存放客户订购的商品或者包裹并允许客户从其中提取所订购的商品或者包裹；
  所述下单子系统用于客户在线下单，并将订单传送给所述配送系统进行执行；
  所述库房及配送子系统用于存储和管理商品，根据订单进行备货、进行商品出库，并由配送员将订单商品或包裹投递到客户所选择的寄存柜；以及所述寄存柜管理子系统用于与所述下单子系统和所述库房及配送子系统进行对接，接收所述寄存柜终端发送的信息和发送指令给所述寄存柜终端以管理所述寄存柜终端。①

上述权利要求中涵盖了寄存柜终端等技术特征，与此同时也融入了非技术性的物流配送管理方法特征。除此之外，计算机实施的发明还可能对服务器、传感器等计算机、通信领域常见的硬件设备，和电子商务支付、核算、对冲等经济活动规则进行限定。可以这样认为，权利要求书中技术内容与非技术内容的交织是计算机实施的发明之跨学科性的直接表征和体现。

跨学科性可以被视作计算机实施的发明具有的首要特征，由此引发两个影响其新颖性和创造性判定的关键问题：第一，本领域普通技术人员是谁，能否将由专业人员组成的团队认定为本领域技术人员？第二，本领域一般知识是什么？② 目前，申请专利的软件相关发明不少是将常规的计算机解决方案和无线通信技术从一个领域扩

---

① 李永红主编：《"互联网+"视角下看专利审查规则的适用》，知识产权出版社 2017 年版，第 39—40 页。
② Sabine Kruspig, Claudia Schwarz, *Legal Protection for Computer-Implemented Inventions: A Practical Guide to Software-Related Patents*, Netherlands: Kluwer Law International BV, 2017, location 737.

大适用于另一个领域,如通过服务器、终端设备和网络等实现个性化定制和远程遥控电饭煲、热水器和搅拌器等工作时间、效果等发明,其中会涉及对于用户输入的数据在不同程度上进行的计算,授予此类发明以专利保护将造成个人垄断物联网常规技术,① 而本领域技术人员的范围及其所掌握的技术知识和技能决定了这样的发明在他们看来是否显而易见。

(二)以算法为中心,以大数据为支撑

关于算法的定义和性质在理论上仍然存在较大的争议。算法通常表现为用于解决特定问题可以在计算机上执行的指令,也可以自然语言、流程图或者伪代码(pseudo-code)等更加易于理解的方式表达。算法与计算机软件程序的关系是组成部分与整体的关系,它表明了实现计算机程序的功能或目标的步骤。算法具有四个主要特征:(1)有一系列指令,处理器通过执行指令实施一种不需要任何数学运算的方法;(2)不依赖于作为处理器的数字计算机;(3)每个计算机程序至少是一个算法的表达;(4)可以被用于解决许多问题,并不仅仅是数学问题。② 由于算法不受计算机硬件和编程语言等具体因素的限制,它一般仅在一定的抽象程度上被考虑。*Benson* 案中,美国联邦最高法院将算法解释为用于解决特定类型的数学问题的过程。③ 与之相反,也有观点认为算法本身是十分具体而非抽象的,④ 因为它描述了人类或者计算机执行的一套操作步骤。CAFC 也认为算法根本不会出现在自然界中,它只存在于人类的运算过程中,

---

① Daniel Nazer, "Stupid of the Month: A Drink Mixer Attacks the Internet of Things", 1 September 2015, https://www.eff.org/deeplinks/2015/08/stupid-patent-month-drink-mixer-attacks-internet-things, accessed October 15, 2020.

② John Swinson, "Copyright or Patent or Both: An Algorithmic Approach to Computer Software Protection", *Harvard J. L. & Tech.*, Vol. 5, 1991, p. 145.

③ *Gottschalk v. Benson*, 409 US 63 (1972).

④ Donald S. Chisum, "The Patentability of Algorithms", *Univ. Pir. L. REV.*, Vol. 47, 1986, p. 981.

所以很难界定算法如何以及为何类似于自然规律。①

算法是人工智能技术的核心，是保证软件相关发明实现特定功能或目标的隐喻结构，②多数人工智能都运用了"机器学习"技术，其中使用频率最高的一种机器学习方式为"监督学习"，对此算法可以学习输入数据和相应输出数据之间的关系。另外，在非监督学习中，算法可以从输入数据中学习而不要求相关的输出数据。③神经网络和支持矢量机等机器学习模型和算法被广泛应用于不同领域的发明创新成果中。比如，斯坦福大学训练的一个用于区分皮肤良性或者恶性病变的深度卷积神经网络，它是以已知的图像为基础，使用图像像素点和疾病标签作为输入。在这项研究中，研究人员从谷歌公司开发的用于执行图像识别的算法入手，进而利用2032种疾病的129450张临床图像进行神经网络训练，从而使之能够识别皮肤癌症。该项神经网络的测试结果与皮肤科医师鉴定的临床图像进行对比，证实二者的判断和分类能力不相上下。④再如，Fishman、Bar和Loick共同开发的用于预测标准普尔经济指数的反向传播网络，该网络由两层构成，分为n个输入单元，其中n对应的是所使用的经济指标数，以及一个按比例缩放的输出单元，对于未来5天内的标准普尔变化做出预测。⑤

不管是传统软件还是人工智能程序，算法于它们而言均具有决定发明架构的重要意义，只不过在传统软件编程活动中直接由程序

---

① *Arrhythmia Research Tech. v. Corazonix Corp.*, 958 F. 2d 1053, 1066（Fed. Cir. 1992）.

② Kevin Emerson Collins, "Patent Law's Functionality Malfunction and the Problem of Overbroad, Functional Software Patents", *Wash. U. L. Rev.*, Vol. 90, 2013, p. 1447.

③ Mehdi Poursoltani, "Disclosing AI Inventions", *Tex Intell Prop LJ*, Vol. 29, 2021, p. 48.

④ Andre Esteva et al., "Dermatologist-Level Classification of Skin Cancer with Deep Neural Networks", *Nature*, Vol. 542, 2017, p. 115.

⑤ ［美］史蒂芬·卢奇、丹尼·科佩克：《人工智能》，林赐译，人民邮电出版社2018年版，第327页。

员预先设定程序运行的规则——算法；而基于机器学习的人工智能软件发明中，由计算机从复杂的输入、输出数据中提取规则或模式，程序员或 AI 开发人员对于规则提取或者识别产生的影响较小。故此，大数据在人工智能的研发过程中发挥着关键作用。数据收集、数据工程和数据分析是人工智能系统不可分割的组成部分。于是，美国学者 Frank A. DeCosta & Aliza G. Carrano 还强调了在人工智能相关发明专利申请中公开训练数据集的重要性。[①]

  计算机程序所包含的算法与数学之间有着紧密的联系。例如，当人们利用 Hebb 学习规则对联想网络进行训练时，假设在处理相同任务中的处于活动状态的两个神经元应当更加积极地参与到神经网络活动中，所以需要通过公式赋予这两个神经元更大的权重，如对于输入神经元 x_1 和输出神经元 y_1 的权重更新公式为 $\Delta w_{ij} = \alpha x_i y_i$。离散型霍普菲尔德网络是自联想网络，它能够找到能量函数的局部最小值，因此也需要用到能量函数的计算公式。事实上，算法是将输入数据经过复杂的计算转化为输出数据的过程，与数学运算的本质相似。它之所以能够解决客观世界中存在的诸多实际问题是因为计算机科学家和程序员将客观事物及其状态赋值，不同的计算结果对应不同的行动目标。尽管人工智能算法在不同程度上描述了自然世界的某些方面，但是它的实质是利用数学工具对于人脑结构和功能，或生物进化等基本规律的模拟。[②] 由此出发，外国学者将计算机程序算法定义为"基于一定的数学算法、数学模型、数学公式设计的一

---

  ① Frank A. DeCosta & Aliza G. Carrano, "Intellectual Property Protection for Artificial Intelligence", *Finnegan*, https://www.finnegan.com/en/insights/articles/intellectual-property-protection-for-artificial-intelligence.html, August 30, 2017, accessed October 14, 2021.

  ② Haohan Wang, Bhiksha Raj, "On the Origin of Deep Learning", https://www.researchgate.net/publication/314093717_On_the_Origin_of_Deep_Learning/link/58b8de2345851591c5d8094f/download, 3 March 2017, accessed October 15, 2020.

种抽象步骤"。① 另外，许多计算机科学家将数学验证方法用于测试计算机程序运行的结果，保证其符合软件说明书。反之，数学家们也利用计算机建模来论证各种理论并自动进行形式证明，也间接说明了这两门学科之间的相互关系。② 在某种意义上，可以将数学理解为计算机科学的起源和基石。

（三）累积性软件创新

软件承担了计算机实施的发明的主要功能部分，软件创新成果直接决定了发明整体的技术效果。一项计算机程序的开发过程大致可以分为三个阶段：（1）提出基本概念和设想；（2）以书面文件和流程图等方式详细描述概念；（3）实际撰写代码，测试和调试程序。③ 不难看出，软件需要经过由抽象到具体逐步发展的过程，其中涉及多个不同专业团队的集体性智慧。在概念层面上，考虑到消费者需求和经济回报，不同的互联网公司和程序员可能提出相似的设计理念，了解其他公司开发的程序中蕴含的思想概念也是行业惯例。④ 为了解决共同的问题，程序员们常常会利用相同或近似的软件和硬件工具，⑤ 例如，将以某一种汇编语言撰写的程序转换为计算机可执行的代码的汇编器，或者将一种高级编程语言翻译成另一种低级语言的编译器，以及能够转译运行高级编程语言的解释器等。总的来讲，计算机程序的开发与更新通常建立在既存理念和

---

① John T. Soma, Kurt Leyendecker, Steven L. Webb, "Software Patents: A U.S. and E.U. Compariasion", *U. Balt. Intell. Prop. J.*, Vol. 8, 2000, p. 45, 转引自崔国斌《专利法上的抽象思想与具体技术——计算机程序算法的客体属性分析》，《清华大学学报》（哲学社会科学版）2005 年第 3 期。

② Anton Hughes, *The Patentability of Software: Software as Mathematics*, p. 31.

③ Elmer W. Galbi, "Software and Patents: A Status Report", *Communications of the ACM*, Vol. 14, 1971, p. 279.

④ Pamela Samuelson et al., "A Manifesto Concerning the Legal Protection of Computer Programs", *Columbia Law Review*, Vol. 94, 1994, pp. 230–231.

⑤ Ben Klemens, "New Legal Code: Copyrights Should Replace Software Patents", *IEEE Spectrum*, 2005, https://www.onacademic.com/detail/journal_1000036751354310_51fb.html, accessed October 16, 2020.

想法的基础上，甚至基于它自身已有代码。软件产业受到有关硬件的结构性限制因素的影响，硬件的优化促使软件功能随之提升。对于现有程序和构思的累积性改进提高了计算机程序运行的稳定性。迭代程序中实际的计算机代码可能重复使用，用于测试的算法和结构也可能在新的程序中再现。迭代改进有助于实现同一程序的不同版本之间以及不同程序之间的兼容性。① 但是，软件研发从顶层设计到编写代码在不同程度上会与行业内其他竞争者的创新活动发生竞合，掌握软件专利的老牌企业可以凭借先前的产品版本扼杀或控制初创软件企业；这种累积性创新活动所带来的更为严重的后果是滋生大量低水平创新成果。因难以区分相关发明属于公共领域的抽象思想还是为个体垄断的实际应用，即使可以明确计算机实施的发明是抽象思想的实际应用，与现有技术相比，它也未必具有突出的实质性特点和显著的技术进步，不足以获得专利保护，故而应将计算机实施的发明专利保护严格限定于较窄的范围内。

此外，在软件行业发展的早期，计算机科学家们会通过出版物等方式公开创新软件的源代码，② 在计算机软件领域营造了一种开放共享的发展氛围。如今开源软件也是软件创新的一种重要模式，③ 不少开源软件在市场上得到了广泛的应用，如 Linux 操作系统，GNU 操作系统等，这些软件的用户也是软件的开发者，开源软件的更新迭代是众多用户智慧贡献和积累的结果。开源软件所倡导的自由、开放精神与专利制度的排他性之间相互冲突，这也是为何大多数开源软件的支持者反对以专利法保护与软件相关的发明，因为它们在

---

① Dan L. Burk & Mark A. Lemley, "Is Patent Law Technology-Specific?", *Berkeley Tech. L. J.*, Vol. 17, 2002, p. 1206.

② "Overview of the GNU System", September 2017, https://www.gnu.org/gnu/gnu-history.en.html, accessed October 16, 2020.

③ 开源软件是指根据软件版权许可证，公布软件源代码，允许用户自由地运行、学习和修改软件，并重新发布它的原版或修改版。

专利客体适格性和新颖性、创造性的授权标准上存在较大的不确定性，开发者难以评估开源软件是否有侵犯第三方在先专利权的风险，专利丛林效应使该问题更加凸显。

软件产业飞速发展的同时，软件产品的生命周期只有3—5年的时间，① 而各国和地区发明专利保护期限通常为20年，过长的专利保护期限抑制了研发人员自由利用软件领域已有技术进行有益改进，不利于产业整体技术进步。更重要的是，各国专利审查周期较长，根据我国国家知识产权局发布的统计数据，2019年我国发明专利审查周期为22.7个月，其中，高价值专利审查周期为20.5个月，专利复审请求审查周期为11.7个月，专利无效宣告请求审查周期为5.0个月；② 2018年，USPTO专利审查周期为23.8个月，EPO审查周期是22.3个月，JPO专利审查周期为14.1个月。③ 复杂的专利授权程序与过长的专利审查周期无法适应日新月异、频繁迭代的软件相关发明，经过审查公告，异议复审和无效等专利授权确权程序，软件产品可能早已失去了市场竞争优势，甚至专利申请案尚未被批准已经被更优的同类软件所替代，专利制度并没有真正起到鼓励创新的作用。这也是传统上认为利用计算机实施的软件相关发明不适宜采取专利保护模式的原因之一，但是，它仅仅是实践问题，只能说明适用专利法保护计算机实施的发明存在不便之处，而不是否定其可专利性的理论依据。④ 况且，包括我国在内的许多国家和地区的

---

① Ilkka Tuomi, "The Lives and Death of Moore's Law", *First Monday*, Vol. 7, 2002, https：//journals.uic.edu/ojs/index.php/fm/article/view/1000/921, accessed October 16, 2020.

② 参见国家知识产权局官方网站，https：//www.cnipa.gov.cn/art/2019/7/9/art_53_118109.html, accessed October 16, 2020.

③ 参见《2018年世界五大知识产权局统计报告》，第ii—iv页，https：//www.cnipa.gov.cn/module/download/down.jsp?i_ID=40377&colID=90，最后访问日期：2021年1月8日。

④ Nobuhiro Nakayama, *Patent Law*, Translated by Foundation for Intellectual Property, Institute of Intellectual Property, Tokyo：Koubundou, 2016, p.166.

专利局已经发布了关于优先审查或加快审查的规定。[1]

（四）过于宽泛的专利权利要求

计算机实施的发明实质上是为了获得预先设定的功能或者效果，利用计算机运行软件作为发明的技术手段，专利申请人往往围绕功能性特征撰写权利要求，却不在说明书中具体描述实现功能的特定方式，导致任何实现同一功能的替代技术均会落入功能性限定权利要求的范围。例如，一项专利权利要求表述为"一种用于数据传输的加密或者解密系统……"，但是，没有指明所使用的具体加密算法。过宽的权利要求保护范围意味着专利权人可以阻止当前以及未来针对某项功能的市场竞争，形成垄断地位。Mark Lemley 教授开展的实证研究表明，100%的专利蟑螂和50%的非专利蟑螂的软件专利权利要求采用功能限定方式，他认为功能性限定权利要求已经成为软件专利领域的突出问题。[2] 应对专利蟑螂现象的更好措施似乎并不是一味地抬高创造性或非显而易见性的授权标准，而是应当从公开要件、申请费以及收紧颁发禁令的条件等角度入手，[3] 细化相应法律制度的具体规范性要求。这是因为较高标准的公开要求迫使专利申请人更加贴近说明书中所描述的技术方案内容来撰写权利要求，缩小专利权利要求用语的字面含义范围。

各主要国家和地区的专利制度一般要求说明书须披露关于要求保护的技术方案的足够细节，以达到本领域普通技术人员能够实施的程度。以美国为例，专利法第 112（f）条允许专利申请人提出"装置加功能"（means-plus-function）类型的权利要求，并且功能特

---

[1] 我国国家知识产权局 2017 年发布的《专利优先审查管理办法》（局令第 76 号）第 3 条第 1 款第（3）项规定，涉及互联网、大数据、云计算等领域且技术或者产品更新速度快的专利申请或者专利复审案件可以请求优先审查。

[2] Mark A. Lemley, "Software Patents and the Return of Functional Claiming", *Wis. L. , Rev. ,* 2013, pp. 907 and 920.

[3] Brenda M Simon, "Rules, Standards, and the Reality of Obviousness", *Case W Res L Rev*, Vol. 65, 2014, pp. 58 - 59.

征仅限于说明书中公开的结构及其等同物。① 对于软件相关发明的专利权利要求中的功能特征,它的相应结构被认为是通过数学公式、流程图等方式表达的用于执行该功能的算法。② 在 Phillips v. AWH Corp. 案中,CAFC 就第 112 (f) 条的适用范围作出解释,认为它只适用于"没有提供实现引述功能相应结构的纯粹的功能性权利要求"。③ 实践中,部分专利申请人为了刻意规避适用第 112 (f) 条,会将权利要求中的功能要素与细小的计算机硬件相关联以满足结构要求,但是专利申请材料中公开的细节仍然不足以使本领域技术人员实施技术方案。比如,Facebook 公司持有的关系时间轴专利,④ 说明书中并不涉及特定的算法或者代码创新,而是以社交活动和关系的结构为重点,描述了计算机系统通用的结构性元素。其权利要求中包含的社交关系和成果因素,致使任何能够按照时间顺序展示社交关系的计算机系统,以及为社交关系分类的相关指标和便于输入更多关于社交关系的信息的交互界面,都可能侵犯 Facebook 公司的软件相关发明专利。⑤

说明书充分公开要求的功能是令社会公众掌握足够而清晰的有关发明创造的信息,作为对价,政府代表公众授予发明人一定期限内的垄断权,使他有机会将发明投入市场以补偿其研发成本并赚取经济利润。⑥ 它与客体适格性、发明的新颖性和创造性属于彼此独立的专利授权要件。然而包括说明书在内的国内外专利文献是现有技

---

① 美国专利法第 112 (f) 条规定:An element in a claim for a combination may be expressed as a means or step for performing a specified function without the recital of structure, material, or acts in support thereof, and such a claim shall be construed to cover the corresponding structure, material or acts described in the specification and equivalents thereof.
② 徐卓斌:《软件相关技术方案的可专利性》,《人民司法》2018 年第 1 期。
③ Phillips v. AWH Corp., 415 F. 3d 1303, 1311 (Fed. Cir. 2005).
④ Relationship Timeline Patent, U. S. Patent No. 7, 725, 492.
⑤ Laura R Ford, "Patenting the Social: Alice, Abstraction, & Functionalism in Software Patent Claims", *Cardozo Pub L Pol'y & Ethics J*, Vol. 14, 2016, pp. 281 – 282.
⑥ 李明德:《美国知识产权法》,法律出版社 2014 年版,第 67 页。

术的重要组成部分，审查员检索到的相同或者类似技术领域的专利文献数量，及其披露技术方案的详细程度，在很大程度上关系着发明的新颖性和创造性判断结论。

第二节　计算机实施的发明专利权利要求类型

权利要求书是专利制度中明确规定的专利申请文件和专利文件中应当包括的内容，其作用是确定专利申请和专利权的保护范围，一方面，申请人以书面方式表明希望发明在多大范围内获得专利法保护；另一方面，发明被授予专利权后，权利要求书是法院解决专利侵权纠纷的依据。[①] 依据要求保护的对象不同，权利要求总体上可以分为产品类和方法类权利要求。

一　方法类权利要求

从计算机程序的算法以及源代码来看，计算机程序是按照一定先后顺序执行的计算步骤，与方法发明近似，因此，计算机实施的方法发明也是专利权利要求的主要类型之一。这类方法权利要求以计算机程序的流程图为基础，兼具时序性和逻辑性的双重特性，其中时序性是一切方法类权利要求的共性，逻辑性则是计算机实施的方法类权利要求所特有的属性，它描述了计算机执行的流程步骤之间的跳转、中断等逻辑关系。各主要国家和地区的专利局允许以"一种计算机实施的方法，包括步骤A，B，……"或者"一种用于……的方法，包括：步骤a，……；步骤b，……；步骤c，……"等方式

[①] 尹新天：《中国专利法详解》（缩编版），知识产权出版社2012年版，第265—266页。

撰写专利权利要求。① 这类发明可以利用计算机进行工业过程控制，如 *Diehr* 案中涉及的由计算机辅助获得精准塑形复合物，操作橡胶塑形压力机的方法权利要求；② 也可以执行数据处理，例如在 *Bascom Global Internet Services，Inc. v. AT&T Mobility LLC* 案中，涉案专利是用于过滤从计算机互联网环境中获取的信息内容的方法；③ 还可以通过执行计算机程序改进计算机系统内部性能，比如我国《专利审查指南》第九章第 3 节审查示例部分提到的一种扩充移动计算设备存储容量的方法。④

特别是自美国 *State Street Bank* 案⑤为商业方法打开专利的大门后，关于计算机实施的商业方法能否成为适格专利客体的争论从未休止。它主要集中在金融、财会和电子商务等领域，《美国发明法案》第 18 条将"涵盖商业方法专利"（covered business method patent，CBM）定义为用于金融产品或者服务的经营活动、行政和管理中执行数据处理或其他操作的方法或相应的装置，技术发明除外，⑥它可归于美国专利分类第 705 类，即在金融或商业活动、管理或成

---

① 参见中国国家知识产权局和欧洲专利局《计算机实施发明/软件相关发明专利审查对比研究报告（2019）》，第 7—8 页，http：//documents. epo. org/projects/babylon/eponot. nsf/0/979CF38758D25C2CC12584AC004618D9/ $File/comparative_ study_ on_ computer_ implemented_ inventions_ software_ related_ inventions_ EPO_ CNIPA_ en. pdf，最后访问日期：2021 年 10 月 26 日；EPO and JPO，*Comparative study on computer implemented inventions/software related inventions*：*Report* 2018，p. 7，https：//www. jpo. go. jp/news/kokusai/epo/software_ 201903. html，accessed October 26，2021.

② *Diamond v. Diehr*，450 U. S. 175 (1981)．

③ BASCOM *Global Internet Services*，Inc.，*v. AT&T Mobility LLC*，827 F. 3d 1341 (Fed. Cir. 2016)．

④ 参见国家知识产权局《专利审查指南》，第二部分第九章第 3 节，例 5。

⑤ *State St. Bank & Trust Co. v. Signature Fin. Group*，Inc.，149 F. 3d 1368 (Fed. Cir. 1998)．

⑥ 《美国发明法案》第 18 条之（d）（1）：the term "covered business method patent" means a patent that claims a method or corresponding apparatus for performing data processing or other operations used in the practice, administration, or management of a financial product or service, except that the term does not include patents for technological inventions.

本/价格计算中执行数据处理操作的方法和相应的装置。① 美国 Alice 案中争议权利要求"一种以计算机系统作为第三方媒介，用于减少金融交易活动中结算风险的方法"② 是典型的利用计算机实施的商业方法专利，因为它与现实物理世界的相互作用仅仅是电路中的电流改变，难以界定其是否符合自然规律，整体上更接近一种抽象的经济原则，所以，诸如此类方法发明作为可专利客体依然受到较大的质疑。

二 产品类权利要求

产品类权利要求可以进一步分为针对物质、物品、设备、机器或者系统等权利要求。计算机实施的产品权利要求，具体指涉及计算机软件与硬件相结合的产品权利要求或者仅仅涉及计算机软件的产品权利要求，主要包括：（1）装置/设备/系统权利要求。它可以表述为"一种数据处理装置/设备/系统，包括用于执行权利要求 1 的方法【步骤】的装置"，或"一种用于……的系统，包括：用于实现步骤 a 的装置；用于实现步骤 b 的装置；用于实现步骤 c 的装置"，或"一种计算机装置，包括处理器及存储器，所述存储器上存储有计算机程序，其特征在于所述计算机程序当被处理器执行时实现如下步骤……"。（2）计算机程序本身作为产品的权利要求，其表述为"一种计算机程序【产品】，包含指令，当该程序由计算机执行时，该指令使计算机执行权利要求 1 的方法【步骤】"，或"一种计算机程序【产品】，包含指令，当该程序由计算机执行时，该指令使计算机执行步骤 A，B，……"③ 在欧洲和日本，专利局允许以此种方式撰写的权利要求。IBM/Computer Program Product 案中，

---

① USPC 705，https：//www.uspto.gov/web/patents/classification/uspc705/defs705.htm，最后访问日期：2020 年 10 月 20 日。

② Alice Corporation Pty. Ltd. v. CLS Bank International，134 S. Ct. 2347（2014）.

③ 国家知识产权局和欧洲专利局：《计算机实施发明/软件相关发明专利审查对比研究报告（2019）》，第 7—8 页。

EPO上诉委员会认为，对于一种方法以及适于执行同一方法的装置授予专利权，却不为计算机程序产品提供专利保护是不符合逻辑的，因为计算机程序由能够实施方法的所有特征组成，当程序被载入计算机时，也确实能够执行这一方法。① 甚至日本2002年修改《特许法》时，第2条之（3）明确规定计算机程序是产品发明，② 也就是说，存储在计算机可读介质上不再是计算机程序以及具有一定结构的数据获得日本专利保护的客体要件。我国和美国目前尚不接受以计算机程序本身为对象撰写的权利要求，而是要求计算机程序记录在软盘或者ROM等有形媒介上。按照美国MPEP第2106.03条之规定，不具有物理或者有形形式的产品，如数据本身、计算机程序本身，提出权利要求时没有详述任何结构，不属于法定的发明类型。（3）计算机可读存储介质/数据载体权利要求。它可以撰写为"一种计算机可读存储介质，其上存储有计算机程序，其特征在于所述计算机程序当被处理器执行时实现如下步骤……"等形式。③

此外，申请人对于一项计算机实施的发明，往往同时提出方法权利要求和装置、系统或存储介质等产品权利要求。例如，在握奇诉恒宝案中，涉及的权利要求包含一种在网络环境下进行数据安全认证的方法和装置。④ DDR Holdings, LLC v. Hotels.com, L.P. 案存在争议的权利要求既有一种通过协同性离线市场为互联网网页扩大商

---

① IBM/Computer Program Product, [1999] TI173/97, at para. 9.8.
② 日本特许法第2条之（3）原文：物（プログラム等を含む。以下同じ。）の発明にあつては、その物の生産、使用、譲渡等（譲渡及び貸渡しをいい、その物がプログラム等である場合には、電気通信回線を通じた提供を含む。以下同じ。）、輸出若しくは輸入又は譲渡等の申出（譲渡等のための展示を含む。以下同じ。）をする行為。
③ 国家知识产权局和欧洲专利局：《计算机实施发明/软件相关发明专利审查对比研究报告（2019）》，第7—8页。
④ 北京知识产权法院（2015）京知民初字第00441号民事判决书，涉案专利号：ZL200510105502.1。

业机会的方法,也有用于制作合成网页的电子商务协同系统。①

三 权利要求的撰写形式与本质

无论是以方法形式撰写权利要求,还是提出装置、系统或者计算机程序及其存储介质等产品型权利要求,专利权利要求的类型和撰写方式不影响发明的可专利性判断。在日本,即使权利要求书中没有直接使用"程序"这一表达来描述申请专利的发明,而是以"模块、神经网络、模型、库、支持向量机"术语代替,但是,综合考虑说明书、附图和申请时的公知常识,发明实质上是计算机程序,则将其作为计算机程序进行专利审查。② 美国联邦最高法院也在 Alice 案中指出,应当以与"方法"权利要求相同的方式对待"媒介"权利要求,当系统权利要求没有引述任何具体的硬件,无法提供超出方法的使用与特定技术环境之间通常联系的限制因素时,系统权利要求在本质上无异于方法权利要求。③ EPO 上诉委员会在 Hitachi/Auction Method 案中也认为要采取同样的方式审查方法权利要求与装置权利要求。④ 我国专利行政部门审查计算机实施的装置权利要求,将其视作主要通过说明书记载的计算机程序实现该解决方案的程序模块架构,而不应当理解为主要通过硬件方式实现该解决方案的实体装置。⑤ 那么,这种装置权利要求实际上是一种虚拟装置,⑥ 专利审查的侧重点在于虚拟装置的各个组成部分与该计算机程序流程的各个步骤是否完全对应一致,后者属于计算机程序算法所体现的内容。虽然此类专利权利要求的主题名称被描述为"一种……的装

---

① *DDR Holdings, LLC v. Hotels.com, L. P.*, 773 F. 3d 1245(Fed. Cir. 2014), U. S. Patent No. 7,818,399.
② 参见日本特许厅《专利和实用新型审查手册》,附录 B 第一章第 1.2.1.2 节之(1)。
③ *Alice Corporation Pty. Ltd. v. CLS Bank International*, 134 S. Ct. 2360(2014).
④ Hitachi/Auction Method,[2004] T258/03.
⑤ 参见国家知识产权局《专利审查指南》,第二部分第九章第 5 节。
⑥ 管育鹰:《人工智能带来的知识产权新问题》,《贵州省委党校学报》2018 年第 5 期。

置",实则为由计算机程序限定的产品类权利要求,是将整个技术方案中的计算机程序看作产品的组成部分。除我国之外,美欧日等主要国家和地区的专利局及法院同样承认该程序模块架构类型的产品权利要求表现形式,并没有对这一类型的权利要求保护范围是否清楚等产生质疑。总之,权利要求的撰写方式和技巧不能根本性改变计算机实施的发明的可专利性,专利审查需要透过现象看本质,关注发明的实质性方案。

第三节 可专利性的界定

关于"可专利性"的含义和范围在国内学术界存在着不同的观点,有观点认为"可专利性"仅涉及专利客体适格性问题,实用性、新颖性和创造性作为实质性授权条件,则属于发明的专利性评价范畴。① 然而上述观点值得商榷,因为无论是本书所采用的"可专利性"的表述,或是"专利性"的表述,在我国《专利法》和《专利法实施细则》,以及《专利审查指南》中均没有明确规定类似的概念,其来源于美国、欧洲等以英语为官方语言的国家和地区专利制度中所出现的"patentability"的概念。事实上,无论是美国 MPEP,还是 EPO 发布的审查指南,"patentability"的内涵是要求保护的发明属于可专利的客体,且发明满足实用性、新颖性、创造性或非显而易见性的要件。② "可专利性"或者"专利性"只是对于英文术语

---

① 参见李洁琼《利用计算机实施的发明的可专利性研究——美国联邦最高法院确认"Mayo 二步分析法"的适用》,《中山大学学报》(社会科学版)2015 年第 2 期。

② 美国 MPEP 第 2100 章 Patentability 中包括专利客体适格性(subject matter eligibility)、实用性(utility)、新颖性(novelty)、非显而易见性(non-obviousness)以及说明书充分公开以使本领域技术人员实施并披露最佳方案等获得专利的要件。EPO 审查指南第 G 部分第 2 章第 1 条规定 patentability 有四项基本要求,分别为属于任何技术领域的发明,即可专利客体方面的要求,发明易于工业应用,发明必须是新的并涉及一个发明步骤(inventive step),后三项要求分别对应实用性、新颖性和创造性要件。

"patentability"翻译的不同，含义上并无二致。

以往的学术研究和司法实践通常依靠客体要件解决计算机实施的发明的可专利性问题，主要原因在于计算机程序相关领域内缺乏以文件形式存在的现有技术，程序的源代码似乎成为了一种文献资料，而集中化的知识库则较少，所以审查人员很难将申请专利的发明与现有技术进行对比，判断发明的新颖性和创造性。[①] 可专利客体的审查一般则不需要现有技术的检索和比较。随着美国和日本等发达国家开展同行评议项目，外包现有技术检索任务，各国加强现有技术检索和引证等方面的国际交流，例如我国国家知识产权局与 US-PTO、EPO、JPO 和韩国知识产权局（KIPO）这五大知识产权局（IP5）已经进行了此类合作，[②] 以及 Article one Partners 等在线公共社区的建立，[③] 云检索、一站式检索和 Patentics 等智能化检索工具的普及，[④] 专利审查人员快速准确地检索现有技术成为可能，现有技术不应再成为阻碍计算机实施的发明之新颖性和创造性判断的难题。鉴于此，本书对于计算机实施的发明之可专利性分析既涉及客体适格性要件，也包括发明的实用性、新颖性和创造性要件，具体是指：

一　客体适格性

一项智力成果要获得专利法保护，首先必须属于适格的专利客体。世界各国普遍认为专利保护的客体是"发明"，而我国《专利法》采用的措辞是"发明创造"，则是为了将发明、实用新型和外观设计三种不同的专利囊括其中。本书探讨的是计算机实施的发明

[①] Anton Hughes, *The Patentability of Software*: *Software as Mathematics*, Oxfordshire: Routledge, 2019, p. 67.

[②] 参见《2018年世界五大知识产权局统计报告》，第15—17页。

[③] https://www.rws.com/our-teams/rws-ip-services/，最后访问日期：2020年10月14日。

[④] 狄晓斐：《人工智能算法可专利性探析——从知识生产角度区分抽象概念与具体应用》，《知识产权》2020年第6期。

是否构成专利法意义上的"发明"。关于"发明"的定义及其判断标准，尤其是在计算机软件领域，不同国家或地区专利法对相关发明划定的保护范围不尽相同，甚至在一国内部对计算机实施的发明之专利适格性判断标准也会随着本国技术水平和产业发展需求以及国际环境的变化而调整。

二 实用性

申请专利的发明除了必须落入专利法界定的"发明"范围以外，还应当具备实用性、新颖性和创造性。其中的实用性要件，在学理上至少包含三方面的内容：（1）发明能够在产业上制造或使用；（2）发明具有实际的用途；（3）发明能够产生积极效果，此为中国专利法独有的要求。在我国，发明专利申请属于下列情形之一的，应当认为不具备实用性：其一，无再现性，即所属技术领域的技术人员，根据公开的技术内容，不能够重复实施专利申请中为解决技术问题所采用的技术方案。其二，违背自然规律。其三，利用独一无二的自然条件的产品。其四，人体或动物体的非治疗目的的外科手术方法。其五，测量人体或者动物体在极限情况下的生理参数的方法；其六，无积极效果，主要指明显无益、脱离社会需要的发明。

此外，实践中实用性要件可能与专利客体适格性要件和说明书充分公开要件发生重叠。有学者认为实用性是区分商业世界与思想王国的界线。美国专利法第 101 条既是有关可专利客体的法律规定，也涵盖了发明的实用性要求，将"有用的发明"与不可以被授予专利权的客体区别开来。[①] 特别是 1998 年发生的 *State Street Bank* 案，美国法院采用的"产生有用、具体和有形的结果"之专利适格性审查标准，几乎打破了可专利客体审查和实用性审查的边界。当然，

[①] 参见张勇、朱雪忠《商业世界 Vs. 思想王国——以实用性要件为主线的专利制度发展研究》，《科技与法律》2006 年第 2 期。

此后的 *Bilski* 案中，美国联邦最高法院已经明确否定了这一判断方法。但是美国专利法上的客体适格性要求与实用性要求依然有着千丝万缕的联系，因为实际应用是将不可专利的抽象思想转化为适格专利客体的唯一渠道。我国专利行政部门就新兴技术领域内的客体审查与实用性审查之间的关系也曾提出过类似的观点："事实上，在讨论是否属于能够授予专利权的范围时，在一些情况下实际上是依据实用性的标准。"[①]

另一方面，由于各国专利局遵循书面审查原则，审查员站在本领域普通技术人员的视角，判断申请专利的发明是否能够在产业上重复实施，势必要依据说明书中披露的技术方案。如果申请人未能在说明书中充分公开技术方案的足够细节，无法使本领域技术人员了解如何实施该发明，则难以对发明的实用性作出肯定性评价，同时这一发明专利申请也不符合说明书的相关要求。另外，《专利合作条约实施细则》第 5 条关于说明书的规定中要求"如果从发明的描述或者性质不能明显看出该发明能在工业上利用的方法及其制造和使用方法，应明确指出这种方法；如果该发明只能被使用，则应明确指出该使用方法。"[②] 而我国《专利审查指南》在实用性的审查基准部分指出，"因不能制造或者使用而不具备实用性是由技术方案本身固有的缺陷引起的，与说明书公开的程度无关。"[③] 可见，该规定背后的意图是要在实用性要求与说明书充分公开要求之间保持明确的界限。更何况二者的立法目的不同，前者解决的是技术方案本身是否具有产业上的可实施性的问题，后者则强调专利申请文件在撰写层面应当满足的要求，体现的是以"公开"换"保护"的专利法

---

① 国家知识产权局条法司编：《新专利法详解》，知识产权出版社 2001 年版，第 151 页。

② WIPO，《专利合作条约实施细则》（2020 年 7 月 1 日生效），第 5.1 条之（a）(vi)，https://www.wipo.int/export/sites/www/pct/zh/texts/pdf/pct_regs.pdf，最后访问日期：2021 年 4 月 1 日。

③ 国家知识产权局：《专利审查指南》，第二部分第五章第 3 节。

原理。①

在软件和人工智能技术领域,各国专利审查和司法实践更加关注计算机实施的发明应当符合的说明书公开要件。相比于新颖性、创造性标准,实践中较少出现因缺乏实用性而驳回专利申请或宣告专利权无效的情况。故此,本书就计算机实施的发明之可专利性分析将聚焦于这类发明的客体适格性、新颖性以及创造性。

三 新颖性

专利法要求申请专利的发明应当具有新颖性,旨在于避免对既已存在的技术方案重新授予专利权。发明具备新颖性,意味着其既不属于现有技术,也不存在与之相抵触的专利申请。新颖性与创造性判断均是基于现有技术的比较,因此现有技术范围的确定对于新颖性以及创造性判定起着至关重要的作用。然而在人工智能时代,信息获取和处理技术的进步对现有技术检索及其构成条件的判定带来了挑战,亟需提出法律上的应对之策。

四 创造性

专利法之所以要求发明具有创造性,是为了保证本领域普通技术人员可以自由获取和使用那些其发挥一般技术水平便能够得到的以现有技术为基础的新技术。由此导致落入公共领域的技术方案会随着本领域普通技术人员知识能力的提高而相应地向外扩张。② 因此,计算机实施的发明所属领域普通技术人员掌握的知识和技能在一定程度上决定着创造性标准的高低程度。总体来说,各主要国家和地区采用的专利创造性判断方法和标准均经历了一个不断客观化的过程,尽管彼此之间仍然存在着差异,但创造性判定本质上是要

---

① 宋岩:《专利实用性与充分公开的竞合适用问题浅析》,《知识产权》2015年第12期。

② 崔国斌:《专利法:原理与案例》,北京大学出版社2016年版,第257页。

回答在本领域普通技术人员看来，要求保护的发明相较于现有技术显而易见与否的问题，等同于我国《专利法》第 22 条第 2 款所规定的发明具有"突出的实质性特点"之判断。至于专利法所要求的发明具有"显著的进步"，在 2001 年发布的第三版审查指南中已经降低了显著的进步标准，弱化其在创造性判定中的地位。需要指出的是作为裁量性规范，专利创造性也是贯彻司法政策的重要切入点。①

本章小结

"计算机实施的发明"是指通过计算机程序的运行实施全部或者部分发明，其中使用了计算机、网络或者其他可程序化的设备。在人工智能技术革命的浪潮下，这类发明具有四个方面的主要特征：一是跨学科性，这一点与新颖性和创造性评价过程中，法律拟制的判断主体"本领域普通技术人员"及其所掌握的一般知识和技能的认定有着密切的联系；二是以算法为中心，以大数据为支持，而数学公式和计算方法是计算机程序算法的根基，这也是将基于算法的软件相关发明排除在可专利客体之外的理由之一；三是累积性软件创新，从软件研发的过程来看，一项新的软件是从抽象的理念演进为程序员撰写的代码，难以区分软件相关发明属于抽象思想还是抽象思想的实际应用，加剧了客体适格性判断的不确定性，就整个软件产业发展的开端和现状而言，以专利制度保护软件发明存在诸多不便；四是过于宽泛的专利权利要求，说明书没有充分披露功能性特征的具体实现方式，给现有技术检索制造了障碍。尽管各国和地区专利局允许采用方法或者装置、系统和存储介质等不同类型的权

---

① 参见罗东川主编《专利法重点问题专题研究》，法律出版社 2015 年版，第 52—53 页。

利要求,但可专利性审查的重点是发明的实质性内容而不是权利要求的撰写形式。最后,鉴于实用性的探讨在实践中极少有争议,结合国际上关于可专利性的通行解释,以及最新的审查实践,本书将分别从客体适格性、新颖性和创造性层面研究计算机实施的发明之可专利性问题。

第 二 章

计算机实施的发明之专利客体适格性

　　计算机实施的发明的部分甚至全部内容由计算机等可程序化硬件执行，因此，软件运行结果未必像传统发明一样，除计算机晶体管中产生的电流以外，没有直接作用于物理世界的效果，可能仅仅是呈现在计算机显示器上的信息表述。解决计算机实施的发明专利适格性判断难题，需要回溯到可专利的发明实质，进而依据前述计算机实施的发明的特征和相关产业政策，合理界定其客体适格性标准。

第一节　受专利法保护的发明实质

　　TRIPS 协定第 27 条第 1 款规定：除本条第 2 款、第 3 款规定的以外，所有技术领域的发明，不论是产品还是方法，只要具备新颖性、创造性和实用性，都可以获得专利。据此，世界贸易组织（WTO）各成员国应当为任何属于技术领域内的发明提供进行专利实质性审查的机会。关于技术领域发明的界定，各国的做法有所不同。以美国和日本为代表的一些国家，从正面对"发明"作出定义；还有一些国家的专利法从反面排除不属于技术领域的发明，这以欧洲国家为典型代表；我国则是分别从正、反两个方面规定可以获得专利保护的发明以及不授予专利权的客体。

一 技术论

我国《专利法》第 2 条第 2 款规定,发明是指对产品、方法或者其改进所提出的新的技术方案。《专利审查指南》第二部分第一章第 2 节对于技术方案作出解释,"技术方案是对要解决的技术问题所采取的利用了自然规律的技术手段的集合。未采用技术手段解决技术问题,以获得符合自然规律的技术效果的方案,不属于专利法第二条第二款规定的客体。"简言之,在我国能够被授予专利权的技术方案,必须同时满足三个要件:解决技术问题,采取符合自然规律的技术手段,以及获得符合自然规律的技术效果。由以上三个要素构成的技术方案一定是具体的创意或者构思,而不是抽象的思想观念。① 所谓"具体"是指发明必须能够实施,达到一定的技术效果并具有可重复性,不止是存在于人类大脑中的思维活动。② 针对涉及计算机程序的发明,我国《专利审查指南》第二部分第九章也要求"获得符合自然规律的技术效果",在学界颇受争议,不少观点认为这一要素为计算机实施的发明设定了过高的专利门槛,宜置于发明的创造性审查阶段考量。事实上,我国《专利法》第 22 条以及《专利法实施细则》第 17 条只要求发明能够产生积极效果或者有益效果,而多、快、好、省、方便、便宜等都属于积极效果,却难以用"是否符合自然规律"来衡量。从某种意义上讲,甚至可以将发明获得的效果理解为一种有益的社会效果,但专利法只保护采用了符合自然规律的技术手段而实现的预期效果。所以,《专利审查指南》中所要求的"符合自然规律的技术效果"是指发明产生的效果和实现效果的技术手段之结合,不单指效果而言,也不必纠结于效果性质的认定,只要发明的实施可以为社会公众带来益处。③

---

① 李明德:《知识产权法》,法律出版社 2014 年版,第 113—114 页。
② 吴汉东主编:《知识产权法》,法律出版社 2014 年版,第 158 页。
③ 尹新天著:《中国专利法详解》(缩编版),2012 年第 2 版。

同样，EPO上诉委员会在 *Duns Licensing Associates* 案中也将发明定义为解决技术问题的方案。① EPC第52（2）条从反面列举哪些客体不属于TRIPS协定第27条第1款规定的技术领域的发明，其中包括：（a）发现、科学理论和数学方法；（b）美学创作；（c）用于执行智力行为、进行游戏或从事商业活动的计划、规则和方法，以及计算机程序；（d）信息展示。第52（3）条同时规定欧洲专利申请或者欧洲专利只有在涉及第52（2）条所述（as such）客体或者活动的限度内，排除它们的可专利性。② 显然，在EPC框架下，并没有完全排除计算机程序的可专利性，只是不授予如第52（2）条所述的计算机程序专利权。有关"as such"的解释成为判定计算机实施的发明可专利与否的关键因素。EPO上诉委员会最初在 *IBM* 案中总结了EPC第52（2）条所列举的事务或活动的共性，即它们似乎暗示着某些非技术性事务。③ 在 *AT & T Co.* 案中，上诉委员会进一步指出，第52（2）和52（3）条排除的客体通常被理解为缺乏技术性。④ EPO已然通过判例法的形式确认"技术性"（technical character）是符合EPC第52（1）条规定的发明的隐性要求（implicit requisite）。⑤ 然而，人们很难为"技术"概念作出准确且统一的界定。无论是我国专利制度保护的"技术方案"，还是EPC保护的具有

---

① T-154/04.

② The European Patent Convention, Art. 52（2）: The following in particular shall not be regarded as inventions within the meaning of paragraph 1: (a) discoveries, scientific theories and mathematical methods; (b) aesthetic creations; (c) schemes, rules and methods for performing mental acts, playing games or doing business, and programs for computers; (d) presentations of information. Art. 52（3）: Paragraph 2 shall exclude the patentability of the subject-matter or activities referred to therein only to the extent to which a European patent application or European patent relates to such subject-matter or activities as such.

③ T-833/91, para. 3. 1.

④ T-204/93, para. 3. 12.

⑤ EPC, Art. 52（1）, European patents shall be granted for any inventions, in all fields of technology, provided that they are new, involve an inventive step and are susceptible of industrial application.

"技术性"的发明，都是基于技术的一项或者几项构成要素（如目的、手段和效果等）来判断申请专利的发明是否属于技术领域。由技术论出发，我国和欧洲专利组织围绕着计算机实施的发明专利客体适格性发展形成了不同的具体标准。

日本专利制度也是从技术角度定义能够被授予专利权的发明，其专利法第2条第1款规定，本法中所称"发明"是指利用自然规律作出的具有一定高度的技术思想创造。① 符合该定义的发明必须同时具备五个要件：一是利用自然规律。这也是计算机实施的发明或者日本专利审查指南中所谓的"软件相关发明"获得专利保护的主要障碍，因为软件以算法为核心，它与数学计算、逻辑判断等类似，而数学法则、逻辑法则或是经济法则一般认为不属于自然规律。2002年日本专利法修改后，明确规定计算机程序是法定的物之发明，② 禁止未经授权从网上下载受到专利保护的软件。把通过网络传输提供计算机程序的行为也作为专利实施的一种形式，从而为打击计算机软件网络侵权提供了法律依据。但是，这并不意味着计算机程序自动满足了利用自然规律的要件，依然需要个案判断。二是具有可再现性；三是技术思想；四是一种创造而非发现；五是高度性。③过去，日本专利法将"利用自然规律"作为发明的构成要件之一，是为了区分科学与技术，然而现如今，这两个领域已然融合在一起，很难准确划分独立于科学的技术范畴。尤其在与计算机软件相关的发明专利申请案中，申请人可以通过巧妙地撰写权利要求而

---

① 日文原文：日本特許法，第二条　この法律で「発明」とは、自然法則を利用した技術的思想の創作のうち高度のものをいう。

② 日文原文：日本特許法，第二条，3この法律で発明について「実施」とは、次に掲げる行為をいう。一物（プログラム等を含む。以下同じ。）の発明にあつては、その物の生産、使用、譲渡等（譲渡及び貸渡しをいい、その物がプログラム等である場合には、電気通信回線を通じた提供を含む。以下同じ。）、輸出若しくは輸入又は譲渡等の申出（譲渡等のための展示を含む。以下同じ。）をする行為。

③ 参见李明德、闫文军《日本知识产权法》，法律出版社2020年版，第271—276页。

获得授权。① 例如,"双向牙科治疗网络"案中,因涉案权利要求中包括服务器、通信网络、计算机和图像显示及处理装置等硬件,日本知识产权高等法院认为发明是利用计算机功能,为牙科治疗提供了一种新的技术手段,整体上辅助人类的精神或智力活动,属于专利法保护的发明。② 依据本案判决意见,"利用自然规律"要件对于可专利客体的约束集中在技术手段上,有的日本学者认为应当废除这一要求以适应计算机和生物工程技术发展趋势。但是,鉴于对取消"利用自然规律"要件可能产生的副作用尚缺乏充分的论证,日本国内主流观点倾向于暂时保留,并更加灵活且宽泛地解释"利用自然规律"要件。

二 实用主义

按照《美国专利法》第 101 条的规定,能够被授予专利权的发明类型包括:方法、机器、产品和组合物。③ 美国专利法没有明确排除任何不可专利的客体,只是由联邦最高法院确立了三项司法例外,即抽象思想、自然规律和自然现象。它们之所以被判例法认定为不可专利的客体,是因为不具有实用性。④ 美国国会根据宪法授权,出于促进科学和实用技艺进步的目的而制定专利法。⑤ 美国历史上第一部专利法,1790 年专利法,为实用技艺、产品、引擎、机器或者设备提供专利保护,而授权标准就是这些客体是否足够实用且重要。⑥ 1952 年,参议院在提交给国会的报告中指出:"人们发明的机器或

---

① Nobuhiro Nakayama, *Patent Law*, Translated by Foundation for Intellectual Property, Institute of Intellectual Property, Tokyo: Koubundou, 2016, p. 111.

② 知识产权高等法院平成 20 年 6 月 24 日,第 2026 号。

③ 35 U. S. C. 101: Whoever invents or discovers any new and useful process, machine, manufacture, or composition of matter, or any new and useful improvement thereof, may obtain a patent therefor, subject to the conditions and requirements of this title.

④ 参见李明德《美国知识产权法》,法律出版社 2014 年版,第 44 页。

⑤ *See U. S. Constitution*, Art. 1, § 8, Cl. 8.

⑥ *See Patent Act of 1790*, ch. 7, 1 Stat. 109 – 12, § 1.

者产品可能包括阳光下任何人造之物"。① 之后，这段话被陆续引述在一系列司法判例中，如 *In re Bergy*②，*Diamond v. Chakrabarty*③，*Diamond v. Diehr*④。可见，美国专利制度始终带有浓烈的功利主义色彩。以此为基础，美国专利客体适格性问题的原理在于专利先占使用基本理论会阻碍创新，而不是促进创新。⑤

不同国家和地区专利制度的立法精神和价值取向不同，势必导致具体法律规则的差异。以技术性为根基的欧洲专利制度，却始终没有阐明"技术"的含义，似乎是在刻意保持"技术"概念的神秘性，使 EPO 得以"随着共识的形成而微调可专利性的标准"，从"技术贡献"到"技术效果"，再到"进一步的技术效果"，由"技术"限定的名词甚至成为 EPO 最喜欢创造的内容。⑥ 我国也同样面临着弹性构造与解释"技术方案"的任务，以回应"互联网+"产业发展需求。美国专利法以发明实用主义为导向，授予科学技术基本原理的实施例专利权，法院作出的政策权衡是建立在事实和后果（如先占）之上，而不是围绕概念和一般原则展开。⑦ 它的可专利性判断很多时候采取的是一种去标准化的非明线测试法，⑧ 如目前适用的"两步测试法"只是要求审理法院在确定涉案权利要求是否属于美国专利法第 101 条规定的专利客体之前，询问并回答一系列问题而制定的框架。

---

① Senate Report, No. 82-1979, at 5（1952）.
② *In re Bergy*, 596 F. 2d 952, 961（C. C. P. A. 1979）.
③ *Diamond v. Chakrabarty*, 447 U. S. 303, 309（1980）.
④ *Diamond v. Diehr*, 450 U. S. 175, 182（1981）.
⑤ *Mayo Collaborative Servs. v. Prometheus Labs.*, Inc., 566 U. S. 66, 71（2012）.
⑥ 参见袁建忠《欧洲软件专利发展十年回顾》，《电子知识产权》2009 年第 7 期。
⑦ ［美］理查德·A. 波斯纳：《超越法律》，苏力译，中国政法大学出版社 2001 年版，第 167—169 页。
⑧ 所谓明线规则是指判断发明具有专利客体适格性与否明确、统一的标准，例如 *Digitech Image Tech's, LLC v. Elecs. for Imaging, Inc.*, 758 F. 3d 1344, 1351（Fed. Cir. 2014）案中，CAFC 认为在没有其他限制因素的情况下，利用数学算法处理既有信息，生成额外信息的方法不是专利法意义上的发明。

第二节 美国专利法视域下计算机实施的发明专利适格性

一 与产业发展状况相适应的专利适格性判断标准

20世纪70年代,微处理器和个人计算机的问世加速了软件产业的发展壮大,计算机的应用日益广泛,如文字处理,数据库和电子表格等,越来越多的计算机接入局域或者广域网络,通过利用鼠标、显示器窗口和改进的图形界面使交互式计算的构想成为现实。这一时期,美国法院对待计算机实施的发明的态度变化主要反映在Benson-Flook-Diehr三部曲中。

(一) Benson-Flook-Diehr 三部曲

在 *Gottschalk v. Benson* 案中,存在争议的权利要求是一种将二进制编码的十进制数字转换为二进制数字的方法。① 无论是计算机执行的数字转换方法,还是没有与硬件结合的方法步骤,均被联邦最高法院认定为不可专利的客体。其中,没有利用计算机实施的纯粹的数字转换方法,不涉及事物的有形变换,属于智力活动过程。而计算机计算数学公式得到的数值或者表达式,如果不与计算机相连接,有关数学公式不具有实质性的实际应用,计算机只是体现了公式的含义,充其量相当于该权利要求范围没有任何限制意义的名义上的装置。② 本案判决的要义在于算法本身不能被授予专利权,否则会导致完全先占数学公式。此后的 *Parker v. Flook* 案涉及更新碳氢化合物催化转换反应警报值的方法,联邦最高法院将算法视作在先技术,

---

① *Gottschalk v. Benson*, 409 U.S. 63 (1972).
② [美] 罗杰·谢科特、约翰·托马斯:《专利法原理》,余仲儒组织翻译,《知识产权出版社2016年版,第37页。

不管它是否具有新颖性。① 即使权利要求在数学公式的基础上，增加了一个不重要的实施解决方案之后的活动，如该案中以具体数字形式显示的警戒线，仍然不能将不可专利的基本原理转化为适格的专利方法。② *Diamod v. Diehr* 案被认为是开启软件相关发明可专利性大门的标志性案件之一。在电子计算机的辅助下，为了获得精准塑形复合物，操作橡胶塑形压力机的方法，被认定属于抽象思想（数学公式）的实际应用。该案中程序化计算机执行的算法是基于 Arrhenius 等式所开发，用来计算放置于模具中的橡胶固化时间。③ 联邦最高法院强调将权利要求作为一个整体进行判断，而不能进行肢解。也不能将美国《专利法》第 101 条客体适格性判断与 103 条规定的非显而易见性判断合并。按照权利要求中描述的步骤执行的方法产生了特定物理转化，改进了现有的技术方法。④ 根据美国联邦最高法院在 *Diamod v. Diehr* 案中的裁决意见，如果一项方法发明与具体的机器相捆绑，或者可以将某种物品转换成另一种状态或者事物，则该方法是适格的专利客体。这也就是美国专利法上所称的"机器或转换"测试法（"machine-or-transformation" test）。

CAFC 前身美国海关与专利上诉法院（CCPA）遵循联邦最高法院在 Benson-Flook-Diehr 三部曲中的这些意见，发展形成了用来判断一项权利要求是否指向不可获得专利保护的数学算法的"Freeman-Walter-Abele"测试法。该方法分为两个步骤：第一，判断权利要求是否叙述了算法（依据 Benson 案给出的算法含义）；第二，判断算法是否被任何物理元件或者方法步骤应用或者限定。该方法现已被

---

① *Parker v. Flook*, 437 U.S. 584, 590–591 (1978).
② *Parker v. Flook*, 437 U.S. 584, 595 (1978).
③ *Diamond v. Diehr*, 450 U.S. 175, 177–178 (1981).
④ *Diamond v. Diehr*, 450 U.S. 175, 191–192 (1981).

废止，原因在于其第二个步骤即实际应用难以做出正确分析。① 以 *Arrhythmia* 案为例，涉案权利要求是针对心跳过速的心率失常疾病，分析心电图信号的方法和装置。CAFC 在上诉审理阶段认为，要求专利保护的方法和装置发明包含了数学公式，随后进入到"Freeman-Walter-Abele"测试法的第二步，由于方法发明具有将一个电信信号转换为另一个电信信号的实际步骤，而装置发明的权利要求描述了模数转换器、高通滤波器和微型处理器等机械单位的具体组合，它们均属于美国《专利法》第 101 条保护的客体。② *In re Alappat* 案涉及的产品权利要求本质上是执行数学算法将"矢量表数据"转换为"像素发光强度数据"，③ 但 CAFC 认为一旦通用计算机载入程序，执行相关指令实现了特殊的功能，该通用计算机成为具有特殊用途的计算机，即一种新的装置。④ 可见，虽然数学公式计算的结果并没有导致电信信号或者数据根本性质的转变，但专利申请文件撰写者在权利要求中包含若干已知的物理元件便可避开客体适格性审查，造成 Freeman-Walter-Abele 测试法很容易被通过。

（二）产生"有用、具体且有形结果"标准

1998 年，*State Street Bank v. Signature Financial Group* 案涉及一种"轴辐式金融服务配置数据处理系统"，CAFC 作出结论认为利用计算机执行的数学算法产生了有用的结果，尽管这种有用的结果是以数字形式表达，比如价格、利润、百分比、成本或者损失，也是符合第 101 条规定的法定专利客体。⑤ 此后，*Hotel Security Checking Co. v. Lorraine Co.* 案确立的"商业方法除外"原则不再继续适用。

---

① *AT & T Corp. v. Excel Communications, Inc.*, 172 F. 3d 1352, 1359 (Fed. Cir. 1999).

② *Arrththmia Research Technology, Inc. v. Corazonix Corp.*, 958 F. 2d 1053 (Fed. Cir. 1992).

③ *In re Alappat*, 33 F. 3d 1526, 1537–1539 (Fed. Cir. 1994).

④ *In re Alappat*, 33 F. 3d 1526, 1558 (Fed. Cir. 1994).

⑤ *State Street Bank and Trust Co. v. Signature Financial Group, Inc.*, 149 F. 3d 1368 (Fed Cir. 1998).

可以说，继 Diehr 案后，State Street Bank 案进一步开放了商业方法泄洪的闸门。该案的审理正值美国信息网络建设和新兴电子商务产业蓬勃发展时期，"有用、具体且有形结果"这一非常宽泛的可专利性标准的采纳，被视作美国计算机技术企业和电子商务界的胜利。① 一年后的 AT&T Corp. v. Excel Communications, Inc. 案中，以数学计算为基础的主交换运营商指示器，用于记录长途电话呼叫信息从而计算相应的资费，② 被 CAFC 认定为产生了有用结果的可专利客体。CAFC 特别指出，数据的物理转换要求并不是一成不变的，它仅仅是数学算法可以产生有用应用的情形之一。换言之，专利权利要求的物理限制因素只是满足美国《专利法》第 101 条客体适格性门槛的充分非必要条件。在当时美国判例法的影响下，"似乎任何事物都可以被授予专利权，在所不论发明所属领域以及人们所作的努力，只要它是新的、有用的、非显而易见的，并且被充分公开。"③

"有用、具体且有形结果"标准的适用带来的直接影响就是计算机实施的发明，尤其是商业方法发明专利申请量大幅度增长。据统计，美国专利第 705 类涵盖商业方法的专利申请量从 1997 年的 974 件上升至 2007 年的 11378 件，2000 年之后专利申请量涨幅最为明显。④ 与此同时，涉及商业方法专利的侵权诉讼案件也急剧增多，2008 年，商业方法专利诉讼数量是普通专利诉讼数量的 27 倍，且侵权赔偿数额较高。⑤ 由于现有技术数据库尚未建立健全，专利审查人

---

① 梁玲玲、陈松：《商业方法创新的专利保护：争议与启示》，《科技进步与对策》2013 年第 17 期。

② AT&T Corp. v. Excel Communications, Inc., 172 F. 3d 1352（Fed. Cir. 1999），at 1352.

③ Laura R. Ford, "Alchemy and Patentability: Technology, 'Useful Arts' and the Chimerical Mind-Machine", Cal. W. L. Rev., Vol. 42, 2005, p. 83.

④ Hung H Bui, "A Common Sense Approach to Implement the Supreme Court's Alice Two-Step Framework to Provide Certainty and Predictability", Journal of the Patent and Trademark Office Society, Vol. 100, 2018, p. 190.

⑤ Robert M. Hunt, "Business method patents and US financial services", Contemporary Economic Policy, Vol. 28, 2010, p. 322.

员也不具备足够的专业知识和审查经验，其间许多质量低下，且权利要求模糊宽泛的专利被批准注册，这也成为美国专利流氓（patent troll）横行肆虐的催化剂。它们制造混乱的市场竞争形态，致使从事实体生产的企业不得不承担过重的经营和诉讼成本，造成行政和司法资源浪费，损害社会公共利益。① 2011 年，美国金融危机调查委员会出具的报告中指出，金融领域内低质量商业方法专利泛滥也是引发 2008 年金融危机的因素之一。②

（三）"机器或转换"测试法的回归

在 In re Bilski 案中，CAFC 重新采纳联邦最高法院在 Benson-Flook-Diehr 三部曲中默示承认的"机器或转换"测试法，认为涉案权利要求"一种用于防止在能源市场上货物交易风险的方法"，没有将任何物体转换成另一种不同的状态或者事物，因此不是美国专利法意义上的发明。③ 联邦最高法院在本案上诉审阶段，一方面认可了 CAFC 作出的可专利性判定结论，另一方面九位大法官在裁判理由以及如何划分商业方法可专利性的界限问题上发生了分歧，多数意见认为商业方法只是一种"方法"，至少在某些情况下，可以获得专利权。④ 涉案专利权利要求之所以不具有客体适格性是因为包含抽象思想，而不是无法通过"机器或转换"测试。尽管"机器或转换"测试法可以为专利客体适格性判断提供重要并且有用的线索，但是重新使用它作为一种明确的判断方法，违反法院进行法律解释的原则"不能解读为立法没有明确表达的专利法限制和条件"。⑤ Bilski v. Kappos 案向 USPTO 和下级法院释放了信号，限缩计算机实施的发

---

① 漆苏：《非专利实施主体研究》，《知识产权》2019 年第 6 期。

② Financial Crisis Inquiry Commission, *The Financial Crisis Inquiry Report: Final Report of the National Commission on The Causes of The Financial and Economic Crisis in The United States*, 2011, pp. 42－52.

③ *In re Bilski*, 545 F. 3d 943, 963 (Fed. Cir. 2008).

④ *Bilski v. Kappos*, 130 S. Ct. 3218, 3228 (2010).

⑤ *Bilski v. Kappos*, 130 S. Ct. 3218 (2010), at 602－603.

明可以获得专利保护的范围。在美国，关于计算机实施的发明之专利客体适格性讨论再次回到原点——联邦最高法院确立的司法例外"抽象思想"，与机器相结合或者转换成另一种状态或事物，是区分抽象思想与其实际应用的考量因素。联邦最高法院却没有直接为抽象思想下定义，只是基于个案判断，将规避对冲风险的经济活动原则划归为抽象思想的范畴。

正如美国联邦最高法院在 *Bilski v. Kappos* 案的判决中所指出的那样，"机器或转换"测试法可能为评判在工业时代与之相似的方法之可专利性提供了一个充分的基础，例如具有物理或者有形形态的发明。然而"机器或转换"测试法并不能适用于一切案件，特别是信息时代的发明，比如包括软件、先进的医学诊断技术，基于线性编程的发明，数据压缩和电子信号操作。因而它不是唯一的方法发明适格性判断方法。① 联邦最高法院并没有随之给出其他可适用的判断方法，而是鼓励下级法院发展新的限制性标准。CAFC 在遵循先例审理软件相关发明专利案件时，认定专利无效比率达75%。② 例如，*Cybersource Corp. v. Retail Decisions, Inc.* 案涉及用于侦测通过互联网进行信用卡诈骗交易的方法，其中利用具有一般功能的计算机收集和组织有关信用卡号和网络地址的数据，CAFC 认为这无法通过"机器或者转换"测试法。③ 此外，争议权利要求的步骤包括：（1）将信用卡交易与 IP 地址匹配；（2）创建信用卡号地图；（3）确定交易效力。这些步骤完全可以在人类大脑中进行，或是使用纸和笔完成，所以涉案发明属于不可专利的抽象思想。④ 之后的 *Dealertrack, Inc. v. Huber* 案，CAFC 基于相似的理由，认为该案中计算机辅助处理汽车贷款电子申请的方法，仅仅是交易清算机构的基本概念，授

---

① *Bilski v. Kappos*, 130 S. Ct. 3218 (2010), at 607.
② Elizabeth Bestoso, "Financial Business Method Patents: The Trend toward Invalidity under Section 101", *Temple Law Review*, Vol. 86, 2014, p. 376.
③ *Cybersource Corp. v. Retail Decisions, Inc.*, 654 F. 3d 1366, 1370 (Fed. Cir. 2011).
④ *Cybersource Corp. v. Retail Decisions, Inc.*, 654 F. 3d 1366, 1372 (Fed. Cir. 2011).

予此类发明以专利会阻碍本领域内创新。在权利要求中增加"由计算机辅助"的用语，或者将原理应用限定于汽车贷款产业，均不能为其权利要求的适格性提供足够的限制。[①] 可见，自 *Bilski v. Kappos* 案后的一段时间内，因联邦最高法院没有就抽象思想的含义作出进一步解释，下级法院一般认为只限定通用计算机作为实施手段，或者具体应用领域的计算机程序或商业方法不是受专利法第 101 条保护的客体。USPTO 也在 *Ex parte Rigoutsos*[②]、*Ex parte Webb*[③] 等专利授权后复审程序中突出"机器或转换"标准在判定客体适格性过程中的重要作用。

（四）"两步测试法"的缘起

工业化时代人们利用软件控制实现机器的自动化，提高生产效率，如 *Diehr* 案中安装并运行特定软件的计算机与橡胶压膜装置相连接，将生橡胶合成橡胶制品，解决由于人工计算参数的误差而导致硫化时间过长或过短，影响产品质量的问题，从"机器"和"转换"的双重视角，相关发明均符合可专利客体要件。关于专利客体适格性的疑问主要来自于利用标准化计算机提升软件功能，代替人们进行智力活动，甚至在某些方面超越人类大脑的局限性生成更优效果的发明，比如采用语音识别、自然语言处理及理解等人工智能技术研发的对话机器人；以图像识别、人脸识别为代表的人工智能技术对摄像头获取的海量视频信息进行解析，并应用于门禁系统和追踪犯罪嫌疑人的场景中。它们有可能与硬件捆绑在一起，但更多的是内嵌于应用程序中，[④] 没有新的有体物产生。2012 年，*Mayo Collaborative Servs. v. Prometheus Labs. , Inc.* 案对此作出回应，首次引入"两步测试法"。

---

① *Dealertrack, Inc. v. Huber*, 674 F. 3d 1315, 1333（Fed. Cir. 2012）.
② No. 2009-010520（B. P. A. I. Feb. 9, 2012）.
③ No. 2010-008274（B. P. A. I. Feb. 7, 2012）.
④ 杨正洪、郭良越、刘伟：《人工智能与大数据技术导论》，清华大学出版社 2019 年版，第 6 页。

在 Mayo 案中，存在争议的专利是一种用于测试向患者施给合适剂量的硫嘌呤类药物的方法，该方法运用了人体血液中的药物浓度与特定剂量药物不能有效治疗或者有害于患者的可能性之间的自然关系。[①] CAFC 审理认为涉案专利有效。美国联邦最高法院却推翻了 CAFC 的结论，认为专利权利要求只描述了一种自然规律，没有为它们所描述的相互关系增加足够的限制因素使方法能够成为应用自然规律的适格专利客体。[②] 尽管 Mayo 案不涉及"抽象思想"的专利客体司法例外，而是指向了另一项客体例外"自然规律"，但是根据联邦最高法院在该案中的解释，专利客体的三项司法例外必须与"发明性概念"（inventive concept）相结合才能成为符合《专利法》第 101 条规定的客体，发明性概念是由非"公知、例行、常规"活动组成的额外步骤。[③] 若权利要求只包含了在解决方案之前或者之后无关紧要或者象征性活动，比如确定相关观众（本案中特指医生）、使用类型、使用领域或技术环境，那么应当认为这些单独的限制因素或者它们的组合没有明显超出客体例外本身，依然无法被授予专利权。总体来讲，联邦最高法院在 Mayo 案中构建的判断专利客体适格性的框架包括两个步骤：第一步，确定涉案专利权利要求是否指向不可专利的客体；第二步，寻找发明性概念。

这里并没有从正面定义"发明性概念"的内涵，而是从反面排除了不属于"发明性概念"的范围，也就是已经被有关科学界从事的公知、例行和常规活动。显然，在专利客体适格性判定过程中注入了新颖性和非显而易见性的分析。美国联邦最高法院在 Mayo 案中的判决以 Diamond v. Diehr 案作为先例，却忽略了此先例得出的重要结论：一项方法中的任何因素或者步骤的新颖性，乃至方法本身的新颖性，都与认定要求保护的主题是否落入第 101 条规定的可专利

[①] *Mayo Collaborative Servs. v. Prometheus Labs., Inc.*, 132 S. Ct. 1289, 1296 (2012).
[②] *Mayo Collaborative Servs. v. Prometheus Labs., Inc.*, 132 S. Ct. 1289, 1297 (2012).
[③] *Mayo Collaborative Servs. v. Prometheus Labs., Inc.*, 132 S. Ct. 1289, 1294 (2012).

客体类型无关。① 事实上，联邦最高法院在 Mayo 案中意识到了过于宽泛地解读除外原则会剔除专利法的精华，② 但没有省思"发明性概念"要件是否与美国专利法的宪法目标相一致。

  Bilski 案纠正了 State Street Bank 案以"有用、具体、有形"结果标准过度授权的问题，而 Mayo 案建立的"两步测试法"再度限缩了可能获得专利保护的计算机实施的发明范围，似乎有矫枉过正之嫌。来自美国软件产业的部分人士认为，联邦最高法院在 Mayo 案及后续的 Alice 案中作出的裁判意见已经为软件创新敲响了丧钟。此外，微软公司代表指出，他们每年为软件开发支出的费用超过 110 亿美元，超过大部分制药企业的研发成本。因此，为软件创新提供专利保护对于大型互联网公司而言并非可有可无，而是弥补研发投入、赚取利润的重要途径。至于中小型企业，软件专利是它们获得融资以及吸引投资人的利器，由此带来的投资正在逐步减少，不利于中小型企业的长远发展。但是，从 USPTO 就专利客体适格性问题公开征求意见的结果来看，软件产业的大多数代表认为新的判断方法切实遏制了因过于宽泛的权利要求引发的专利滥诉现象，表示支持法院在两步测试框架下继续发展关于专利客体适格性的法律。③ 美国联邦最高法院在 Sequenom, Inc. v. Ariosa Diagnostics, Inc. 案中驳回了调卷复审令申请，④ 拒绝重新审视和修改 Mayo 案建立的"两步测试法"，也与当前软件产业的主流观点相呼应。自 Diehr 案接纳利用计算机软件控制工业生产流程的发明为可专利客体开始，美国专利客体适格性理论随着计算机软件、物联网等信息产业兴起、竞争和迭代而发生历史变迁，反映了国会将专利制度扩展至无法预见领域

---

  ① *Diamond v. Diehr*, 450 U.S. 175, 188–189 (1981).

  ② *Mayo Collaborative Servs. v. Prometheus Labs., Inc.*, 566 U.S. 66, 71 (2012).

  ③ USPTO, *Patent Eligible Subject Matter: Report on Views and Recommendations from the Public*, 2017, https://www.uspto.gov/sites/default/files/documents/101-Report_FINAL.pdf, accessed November 20, 2020.

  ④ *Sequenom, Inc. v. Ariosa Diagnostics, Inc.*, 136 S. Ct. 2511 (2016).

的犹豫不决，以及联邦最高法院在面对信息技术进步时所表现的不确定性。

二 "两步测试法"的适用问题与效果

Alice 案涉及的专利是一种用于减少金融交易活动中结算风险的方法，以及执行该方法的计算机系统和计算机可读的存储媒介。[①] Alice 公司持有的这项金融商业方法专利相当于提供了第三方托管 (escrow) 服务。首先由买方将受让证券所需款项转由电子托管，卖方随即将转让的证券也转入电子托管，此时交易已完成，双方后续义务的履行由第三方托管系统进行操作。按照 Mayo 案提出的两步测试框架，联邦最高法院首先认定本案中的专利权利要求指向有关中间结算的抽象思想。通过引入第三方机构，降低合同一方中途退出交易的风险，是现代经济的基石，也是商业体系中长久以来普遍存在的基本经济实践，属于组织人类活动的方法。[②] 美国联邦最高法院依旧没有界定何为抽象思想，而是比照以往作出的判例中认定的类似概念进行认定，并且表明以下观点："在任何事件中，我们不需要费力划定涉案抽象思想类型的准确轮廓。认定 Bilski 案中的风险规避概念与本案中的中间结算概念没有实质性区别已然足够。当我们使用'抽象思想'的术语时，它们都径直归入其范围内。"[③]

确认上述权利要求指向抽象思想后，多数法官的意见聚焦于第二步骤，认定使用具有一般功能的计算机执行抽象思想无法满足测试法中的"明显多于"要求，所以相关专利无效。这里将明显多于抽象思想与发明性概念画等号，却没有直接定义"明显多于"或"发明性概念"。只是暗示了两种明显多于抽象思想的可能性：一是

[①] *Alice Corp. Pty. v. CLS Bank Int'l*, 134 S. Ct. 2350, 2353 (2014).

[②] *Alice Corp. Pty. v. CLS Bank Int'l*, 134 S. Ct. 2350, 2355–2357 (2014).

[③] *Alice Corp. Pty. v. CLS Bank Int'l*, 134 S. Ct. 2350, 2357 (2014).

计算机内部功能的改进；二是对于另一项技术或者技术领域的改进。① 可见，*Alice* 案以及之前的 *Mayo* 和 *Bilski* 案仅以实例的方式消极定义了计算机实施的发明的可专利性，联邦最高法院没有提供积极的概念性指导，导致两步测试法成为一种相当空洞的教义。② 因此，两步测试法中的一些关键性概念交由下级法院和 USPTO 阐释和发展。

（一）抽象思想

Alice 案终审判决作出后，美国专利权的利益相关者、法官、发明人和产业界人士强烈要求提高审查规则的明确性，和审查结果的可预期性，以及"两步测试法"在行政部门和各级法院之间适用的统一性。2019 年，USPTO 公布了修订后的《专利客体适格性指导》（2019 PEG），其中将专利客体的例外归纳为"科学和技术工作的基本工具"，并在提炼和整合判决先例的基础上，就"抽象思想"进行类型化例举，包括：（1）数学概念，如数学关系、数学公式或等式、数学计算；（2）组织人类活动的特定方法，如基本经济原则与实践，签订合同、发布广告和市场推广与销售等商务或法律交流，管理个人行为或是人与人之间的关系或互动；（3）智力活动过程，如观察、评价或者提出观点等在人的头脑中执行的概念。当然，抽象思想不限于指南中列举的类型，超出这一范围认定客体不适格，被称作暂定的抽象思想（tentative abstract idea），以此为根据作出驳回专利申请的决定，需要给出正当的理由并经 USPTO 技术中心主任批准。③

判断权利要求是否指向抽象思想，首先需要确定权利要求是否提出或者描述了这些抽象思想，所谓"提出"正如 *Diamond v. Diehr*

---

① *Alice Corp. Pty. v. CLS Bank Int'l*, 134 S. Ct. 2350, 2359 (2014).

② Peter S. Menell, "Forty Years of Wondering in the Wilderness and No Closer to the Promised Land: Bilski's Superficial Textualism and the Missed Opportunity to Return Patent Law to its Technology Mooring", *Stan. L. Rev.*, Vol. 63, 2011, pp. 1299 – 1305.

③ USPTO, 2019 PEG, II The Groupings Of Abstract Ideas Enumerated In The 2019 PEG, D Tentative Abstract Idea Procedure, p. 9.

案中明确说明的在重复性计算步骤中使用的数学公式;"描述"是像 *Alice* 案中权利要求包含的中间结算概念,但是自始至终没有使用"中间结算"的用语。其次,审查员判断权利要求中是否有额外的要素与抽象思想结合用于实际应用,2019 PEG 分别就实际应用的积极和消极情形举例。积极情形是指提高计算机功能或者其他技术或技术领域;对于一种疾病或者身体条件产生治疗或者预防作用;与特定的机器或者产品制造相结合;使某一特定物品转换成或者缩减成另一种状态或者事物;超出抽象思想的使用与某一特定技术环境之间通常的联系。消极情形是指在抽象思想前增加"运用"(或与之意义相同的)字样;只是对在计算机上执行某一抽象思想作出说明;仅仅以计算机作为工具运行抽象思想;增加了无关紧要的在解决方案之外(extra-solution)的活动;没有超出抽象思想的使用与某一特定技术环境或者使用领域之间通常的联系。

  要求保护的发明提高计算机内部功能或者其他技术,是判断权利要求整体上将专利客体的司法例外融入实际应用的一项重要考量因素。具体的判断是从本领域技术人员的视角,根据说明书充分公开的细节,发明的改进显而易见。改进的组件或者步骤必须是权利要求的要素,如果说明书描述的是通过算法的改进以执行所发明的计算机功能,应当以清晰和确切的术语阐释算法与计算机硬件之间的关系,而不是使用模糊以及纯粹的功能性术语。[1] 需要注意的是,改进的应是技术而不是抽象思想等司法例外本身。如 *Trading Technologies Int'l v. IBG LLC* 案中,CAFC 认为涉案权利要求仅仅为经营者提供了更多有助于促进市场交易的信息,改进了从事商业活动的方法,而非计算机或者其他技术。[2] 与之相反,在 *SRI International*,

---

[1] USPTO, *Examining Computer-Implemented Functional Claim Limitations for Compliance With 35 U.S.C. 112*, 84 Fed. Reg. 57, 59, 61, https://www.govinfo.gov/content/pkg/FR-2019-01-07/pdf/2018-28283.pdf, January 7, 2019, accessed 22 March, 2021.

[2] *Trading Technologies Int'l v. IBG LLC*, 921 F. 3d 1084, 1093 – 1094 (Fed. Cir. 2019).

Inc. v. Cisco Systems, Inc. 案中，CAFC 认定权利要求叙述了使用多个网络监控器，分析特定网络的流量数据，结合监控器生成的报告识别网络黑客和入侵者的方法，构成计算机网络技术的改进。[①] 再者，*Bascom Global Internet Servs., Inc. v. AT&T Mobility LLC* 案中涉及的权利要求虽然叙述了"过滤"这一抽象思想，但是过滤的工具被安装在远离终端用户的某个具体地点，能够针对每个终端用户自定义过滤特征，为本地计算机的过滤器以及网络服务提供商的服务器提供便利，要求保护的发明改进了过滤技术。[②] 比较而言，尽管 *Alice* 案中存在争议的权利要求也描述了"数据处理系统""通信控制器"和"数据存储单元"等要素，却只是通用计算机部件，等同于在计算机上执行抽象思想的指令，对于计算机功能或其他技术没有任何提升或改进。

专利权利要求直接或间接记载了数学概念、组织人类活动的方法和智力活动过程不一定指向抽象思想，还要考虑权利要求是否因其他限制因素而整体上成为抽象思想的实际应用。由以上分析可知，USPTO 区分抽象思想与抽象思想的实际应用同时考量了发明解决的技术问题（而非抽象思想本身）、使用的技术手段（非通用计算机组成部分）和产生的技术效果，审查的实质内容与我国专利法保护的客体"技术方案"的三要素近似。另外，技术效果，即发明提高或改进计算机内部功能或其他技术，判断的主体是本领域技术人员，判断标准与其他授予专利权的条件"说明书充分公开"和"非显而易见性"紧密联系甚至相互交叠。

（二）发明性概念

如果经审查认为专利权利要求的确指向不可专利的抽象思想，

[①] *SRI International, Inc. v. Cisco Systems, Inc.*, 930 F.3d 1295, 1303 (Fed. Cir. 2019).

[②] *Bascom Global Internet Servs., Inc. v. AT&T Mobility LLC*, 827 F.3d 1341, 1350 (Fed. Cir. 2016).

则需要判断权利要求中除抽象思想以外的限制因素单独或者作为一个整体是否明显超出抽象思想。换言之，发明专利申请提供了一个发明性概念。在抽象思想（数学）之上增添另一项抽象思想（编码和解码）的权利要求依然无法获得专利保护。[1] 发明性概念不能是本领域公知、例行和常规活动。但是，对已知的、常见的计算机和互联网部件进行非常规、非一般的部署安排可产生发明性概念。例如，在 Bascom Global Internet Services, Inc. v. AT&T Mobility LLC 案中，即使涉案权利要求的各个要素如本地用户的计算机、远程 ISP 服务器、计算机互联网络以及控制进入的网络账户等，单独来看均不属于发明性要素，作为一个整体却包含了发明性概念，即在远离终端用户的特定位置安装过滤工具，具有针对每个终端用户的个性化过滤特征。[2] 两步测试法中的第一步"判断权利要求是否将抽象思想融入实际应用"与第二步寻找发明性概念高度重合，相关的考量因素也极为相似，CAFC 在 Amdocs (Israel) Ltd. v. Openet Telecom, Inc. 案中也对此提出质疑。[3] 例如提高计算机功能、改进其他技术或技术领域既是认定抽象思想实际应用的积极因素，也是肯定发明性概念存在的因素。DDR Holdings, LLC v. Hotels.com, L.P. 案涉及的权利要求是一种通过协同性离线市场为互联网网页扩大商业机会的方法，CAFC 认为它不仅将从互联网以外的世界得知的某些商业活动付诸实施，而且为互联网环境中特有的技术问题提供了解决方案，即改变传统的互联网超链接协议，动态生成双源复合性网页。[4]

实践中，因为缺少抽象思想的确切含义，而且所有的权利要求

---

[1] RecogniCorp, LLC v. Nintendo Co., 855 F. 3d 1322, 1327 (Fed. Cir. 2017).

[2] Bascom Global Internet Services, Inc. v. AT&T Mobility LLC, 827 F. 3d 1341, 1350 (Fed. Cir. 2016).

[3] Amdocs (Israel) Ltd. v. Openet Telecom, Inc., 841 F. 3d 1288, 1300 (Fed. Cir. 2016).

[4] DDR Holdings, LLC v. Hotels.com, L.P., 773 F. 3d 1245, 1258-59, 113 USPQ2d 1097, 1106-07 (Fed. Cir. 2014).

都可以被描述成高度抽象的概念，所以 CAFC 经常采用跳过步骤一，而在步骤二中寻找发明性概念的判断路径。至于一些案件中认定权利要求指向抽象思想，CAFC 采用了类比的方式，判断权利要求是否与先前案例中涉及的权利要求具有近似或者平行的描述性质，比如相似的事实类型。① 在 Amdocs（Israel）Ltd. v. Openet Telecom, Inc. 案中，CAFC 指出，将一个可供使用的关于"抽象思想"的统一定义，应用于迄今为止尚且未知的案件中未知的发明十分困难，往往是用与抽象思想相等同的替代词解释，或者作出过分限缩的解释。鉴于此，CAFC 在该案中参考普通法上的类似权利要求（DDR 和 Bascom 案）认定涉案权利要求指向抽象思想，在进行第二步判断时，肯定了权利要求中存在的发明性概念。具体而言，本案发明采用分散的方式提高数据收集和管理的效率，解决了以往会计账簿需要大量数据库的问题，改善了系统本身的性能，分布式架构与现有技术相比是重大进步，属于非常规技术方案。其中，分布式架构被认为是明显超出抽象思想的额外限制因素。②

USPTO 发布的 MPEP 第 2106.05 条明确规定寻找发明性概念的过程不能与新颖性、非显而易见性认定相混淆。③ 一件申请专利的发明缺乏新颖性或者非显而易见性，并不必然表明权利要求中除抽象思想之外的其他要素是公知的、例行的和常规的要素。判断发明是否属于美国专利法第 101 条规定的客体无需检索在先技术。因此，非本领域内公知、例行和常规活动的判断只是一种粗略的判断，审查员基于他所具备的某一技术领域的专业知识，判定权利要求中的

---

① Hung H Bui, "A Common Sense Approach to Implement the Supreme Court's Alice Two-Step Framework to Provide Certainty and Predictability", *Journal of the Patent and Trademark Office Society*, Vol. 100, 2018, p. 234.

② Amdocs (Israel) Ltd. v. Openet Telecom, Inc., 841 F. 3d 1288, 1306 (Fed. Cir. 2016).

③ USPTO, MPEP §2106.05, https：//www.uspto.gov/web/offices/pac/mpep/s2106.html#ch2100_d29a1b_13c11_1cb, accessed 26 November, 2020.

额外要素在相关产业内广泛流行或者普遍使用与否，类似于满足专利法第 112（a）条的专利申请中因属于公知而不需要描述细节的活动类型或者要素。一份在先技术文件不一定能够证明额外要素是公知、例行和常规的。相关证据可能来源于说明书或者复审程序中提交的陈述材料所引证的文件、法院判决或出版物中的引证文件、专利文件或已公开的专利申请文件和官方公告文件。认定权利要求中的发明性概念是事实审查，这意味着权利要求、说明书和以往的诉讼经历作为证据所发挥的证明力远远超过辞典和专家证人的证明力。① 非显而易见性的审查标准高于发明性概念的审查标准。仅仅是少数科学家所掌握或使用的特定技术不足以导致认定该特定技术的使用是本领域内的例行或常规活动。针对计算机实施的发明，司法判例已经认定了一些计算机功能属于公知的、例行的和常规的功能，MPEP 就此作了收集和整理，以供审查员参考，具体包括：通过网络接收或者传输数据；执行重复的计算；电子记录保持；在内存中储存和提取信息；电子扫描或者从物理形态的文件中提取数据；一个网页浏览器的后退和前进按钮功能。②

（三）Alice 案后计算机实施的发明之可专利性趋势

Alice 案对于美国软件相关发明，尤其是商业方法发明带来的首要影响就是专利无效率显著提升。实证研究数据表明 USPTO 下设的专利审查与上诉委员会（PTAB）负责处理的 CBM 专利授权后复审案件中，依据美国专利法第 101 条以客体不适格提出专利无效请求的比率由 Alice 案以前的 61.1% 上升为 82.7%，而以不符合第 102 条新颖性要件、第 103 条非显而易见性要件和第 112 条说明书公开要件为理由，提出专利无效请求的比率有 10% 左右的下降。此外，Al-

---

① USPTO, Berkheimer Memorandum, at 3 - 4, https：//www.uspto.gov/sites/default/files/documents/memo-berkheimer-20180419. PDF, accessed 26 November, 2020.

② USPTO, MPEP § 2106.05（d）, Well-Understood, Routine, Conventional Activity, https：//www.uspto.gov/web/offices/pac/mpep/s2106.html#ch2100_d29a1b_13d41_124, accessed 26 November, 2020.

ice 案终审判决作出前，PTAB 在 CBM 复审程序中根据专利法第 101 条认定专利无效的比例是 27.3%，该案后这一比例提高至 62.1%，因发明缺乏新颖性、非显而易见性被认定无效的比例则降低了约 20%。① 在司法层面，自 2014 年至 2017 年，基于美国《专利法》第 101 条挑战专利效力的案件绝大部分与软件和商业方法有关。②

两步测试法的适用对专利申请人撰写的申请文件提出了更高的要求。按照联邦最高法院在 Alice 案中的裁决意见，利用通用计算机执行基本经济活动原则只是将经济概念代码化，权利要求中除了抽象思想的要素外，仅仅包括计算机和互联网的一般部件和架构，该权利要求仍然会被认定为指向了抽象思想。除非说明书中披露了相关技术细节，详细记载申请专利的发明如何改进了现有技术，使本领域普通技术人员结合专利权利要求和说明书能够准确地识别发明对计算机功能或者其他技术领域所作的改进。当然，不少美国专利申请人为了避免被打上算法的标签，或者免于被认为与数学极为相似，他们开始用直白的英语为创新成果提出权利要求，其内容是结果而不是用以实现结果的技术性算法。③ 关于计算机实施的发明专利申请案中，算法公开的具体标准和要求在理论界和实务界还存在较大的争议。但是，Mayo 和 Alice 案确立的两步测试框架已经将说明书充分公开作为影响专利客体适格性判断结果的因素。

总体来看，两步测试法的适用是为了筛选出解决技术问题的技术方案，说明美国专利客体适格性审查越来越重视发明的技术性。这一点或许可以从《美国发明法案》第 18 条的规定中得到印证，该条将

---

① Manny Schecter, Shawn Ambwani, Alexander Shei, Robert Jain, "The Effects of Alice on Covered Business Method (CBM) Reviews", *Nw J Tech & Intell Prop*, Vol. 14, 2017, p. 390.

② Jeffrey A. Lefstin, Peter S. Menell, and David O. Taylor, "Final Report of the Berkeley Center for Law & Technology Section 101 Workshop: Addressing Patent Eligibility Challenges", *Berkeley Tech. L. J.*, Vol. 33, 2018, p. 580.

③ Robin Feldman, *Rethinking Patent Law*, Harvard University Press, 2012, pp. 108 – 109.

技术发明排除在可以对其效力提出挑战的 CBM 专利之外。换言之，技术发明是可以获得美国专利法保护的客体。根据定义，构成技术发明必须同时满足两个要件：第一，要求保护的客体在整体上叙述了新颖的、与在先技术相比非显而易见的技术特征；第二，使用技术方案解决技术问题。Alice 案之后的案例大都从目的、手段和结果三个角度考察技术方案，并且要求技术特征具有新颖性和非显而易见性。

三 计算机实施的发明中特殊元素的专利适格性

人工智能持续火热的驱动力主要来自于数据、算法、计算力、大数据和物联网等技术，特别是数据和算法成为衡量人工智能时代软件相关发明质量与价值的关键因素。比如，经过分析发现训练数据量越大，生成的医疗图像准确率越高。[①] 而机器能够从样本、数据和经验中学习规律是依靠各种算法实现的。考虑到数据和算法对于人工智能技术发展的重要性，有必要探讨它们各自的可专利性，或其在整体上对于计算机实施的发明可专利性的影响。

（一）算法的专利适格性

目前学界热议的人工智能算法的专利客体适格性问题，在美国专利法视阈下应被理解为抽象思想。以卷积神经网络为例，它是基于神经生物学家对猫的视觉系统的研究而开发，由于视觉感知是一个连续递增的结果，连接视网膜的第一层神经元会检测轮廓等简单特征，较高层神经元结合基本特征能够识别更复杂的形状，如人脸形状，所以神经元也分为简单细胞和复杂细胞。计算机科学家们据此开发多级结构模拟不同种类的神经元。卷积是一种精准定义的数学运算：给定两个函数，根据一个简单公式会产生第三个函数。[②] 按

[①] 杨正洪、郭良越、刘伟：《人工智能与大数据技术导论》，清华大学出版社 2019 年版，第 3 页。

[②] 参见 [意] 皮埃罗·斯加鲁非《人工智能通识课》，张翰文译，人民邮电出版社 2020 年版，第 36—39 页。

照两步测试法，首先确定神经网络算法属于美国专利法第101条规定四种客体类型之一的方法。接下来，作为卷积神经网络核心演算步骤，卷积运算是将一个矩阵和另一个"矩阵乘子"通过特定计算规则得出一个新的矩阵的过程。因此，该算法叙述了数学概念（抽象思想）。

下面需要判断卷积神经网络算法是否将数学概念融入实际应用中。参照前述MPEP列举的考量因素依次分析可知：（1）当神经网络没有应用于具体技术或场景中时，它只是用不断校准的数学计算公式描述人类大脑的客观运作规律，无法提高计算机功能或者改进某项技术领域。所谓神经网络是机器深度学习的一种典型结构，在大量数据输入的基础上，建立复杂的数学模型，让模型自己探索有意义的中间表达。只有将卷积神经网络应用于人脸识别技术，或者解决识别手写数字等具体问题才可以被排除在抽象思想之外；（2）人工智能算法本身不能治疗或预防疾病，但是将医生的经验转化为算法模型，作为系统发明可以辅助诊疗、分析影像数据、帮助合理用药和实现远程监护；（3）卷积神经网络算法没有与除通用计算机以外的其他机器设备相结合，也没有物体性质和状态的改变，仅仅是由输入变量根据数学公式计算输出变量；（4）面对特定技术问题，无人能够立即判断使用哪种算法最为合适，研发人员需要综合考虑数据大小、质量和类型，计算完成时间，数据处理任务及其紧迫程度等因素，尝试不同的算法后作出选择。所以，若没有限制具体应用场景，难以考察算法的使用是否超出与特定技术环境之间通常的联系。总之，在两步测试框架下，算法本身往往指向抽象思想，而算法的功能性应用或者行业性应用可能成为美国专利法意义上的发明。在没有限定应用领域或拟解决的具体技术问题的情况下，指向抽象思想的算法不包含发明概念。这是因为算法优化的目的是使计算速度更快，占据的存储空间更小，它一般采取的是针对函数的数学方法，在数学概念之外不存在其他限制因素。在一项抽象思想上添加另一项抽象思想还是不可专利的客体。

(二) 数据结构的专利适格性

数据结构是指按照一定的方式在逻辑上和物理上组织、存储数据。① 数据结构与算法可以被视作计算机程序的信息结构。② 特定数据结构有相对更为合适的特定算法,在很大程度上影响处理速度和数据库功能。它与将程序源代码转换为机器可读代码的编译器一样,均是编程工具。数据结构中的元素,即数据,以虚幻、无形的形式存在,仅仅是信息而不属于专利法第 101 条规定的可以获得专利保护的客体类型之一。③ 数据结构则不同,在 In re Lowry 案中,CAFC 认为数据结构与产品相同,通过物理性优化存储器,提高了计算机运行效率,具备物理特性,是适格的专利客体。④ 而 In re Warmerdam 案中,CAFC 判定涉案权利要求指向了数据结构,它仅仅反映了数据元素之间的逻辑关系,是不可专利的客体。⑤

近几年,有关数据结构本身的可专利性问题在 Enfish, LLC v. Microsoft Corp. 案中得到了相对深入的分析。从表面看来,该案中的权利要求是用于提高信息存储和提取系统的方法和装置,但实际上权利要求指向的是一种数据结构,即逻辑图表。⑥ 涉案专利的说明书描述了一种自我引用型数据库(self-referential database),它与常规的关系型数据库相比,有一些独特的优势:第一,寻找数据速度更快;第二,数据存储效率更高,数据类型不限于结构化文本,还可以存储图像和非结构化文本;第三,安装配置数据库更加灵活。⑦ 在一审期间,地区法院认定该专利无效,因为其权利要求在高度一

---

① Sebastian Zimmeck, "Patent Eligibility of Programming Languages and Tools", *Tul J Tech & Intell Prop*, Vol. 13, 2010, p. 133.
② Pamela Samuelson et al., "A Manifesto Concerning the Legal Protection of Computer Programs", *Columbia Law Review*, Vol. 94, 1994, p. 2321.
③ *Digitech Image Techs. v. Elecs. for Imaging*, 758 F. 3d 1344, 1350 (Fed. Cir. 2014).
④ *In re Lowry*, 32 E3d 1579, 1583 – 1584 (Fed. Cir. 1994).
⑤ *In re Warmerdam*, 33 F. 3d 1354, 1362 (Fed. Cir. 1994).
⑥ *Enfish, LLC v. Microsoft Corp.*, 822 F. 3d 1327 (Fed. Cir. 2016).
⑦ U. S. Patent No. 6, 151, 604.

般性层面上记载了利用逻辑图表的方式,存储、组织和提取存储器中的数据的抽象概念。① 在上诉审理阶段,CAFC 表示并非所有对于计算机相关技术的改进在本质上都是抽象的,而必须在第二个步骤中考量其可专利性。结合专利说明书,能够确定本案中的权利要求指向由自我参照表格所体现的,对计算机运行方式的具体改进,属于抽象思想的实际应用,无需进行第二步骤验证发明概念的存在,就可以认定它是专利法保护对象。② 就数据结构而言,判断其指向抽象思想与否的关键因素是能否提高计算机功能,这难免涉及与程序设计中常用的数据结构的运行效果作比较。在不进行现有技术检索的前提下,为了确保对比结论的准确和可靠,要求审查员具备比较全面的相关专业知识,申请人撰写的说明书公开足够的技术细节。如此看来,两步测试法的运用为数据结构本身获得专利保护带来了一定的不确定性。但是无论如何,美国专利制度没有类型化排除数据结构的客体适格性。

第三节 欧洲专利组织中计算机实施的发明专利适格性

如前所述,欧洲专利组织各成员国签订的 EPC 第 52 条就可专利客体作出具体规定。由该条可知,不是全部计算机程序,或者利用计算机从事智力活动、商业实践或者进行游戏都被排除在适格的专利客体之外,只有如第 52(2)条规定的那些客体不能被授予专利权。然而,这一条款没有明确规定受专利保护的客体的共同属性或者必须达到的标准,EPO 以判例法形式确立了判断专利客体适格性的方法和标准,并随着计算机和软件产业的发展,以及软件相关专

---

① *Enfish, LLC v. Microsoft Corp.*, 56 F. Supp. 3d 1167, 1176 (C. D. Cal. 2014).
② *Enfish, LLC v. Microsoft Corp.*, 822 F. 3d 1327, 1336 (Fed. Cir. 2016).

利域外保护形势的变化予以相应地调整，形成了现行的"任何硬件"判断方法。

一 "任何硬件"判断法的由来

早期 EPO 审查员通常会驳回任何与软件或计算机程序有关的发明专利申请。直至 1986 年，技术上诉委员会在裁决中指出，不应当因专利申请中包含计算机程序而作出驳回决定，好的专利代理人可以将软件发明转变成硬件发明，其中起决定性作用的不是发明的实质性内容而是专利代理人的申请文件撰写技巧。① 自 90 年代开始，EPO 更多地关注能够被授予专利权的软件相关发明的技术效果。

（一）技术贡献标准

在 EPC 框架体系之下，由判例法演变而成的各种客体适格性判断方法无非是围绕着发明的技术性展开分析。技术贡献测试法，是指要求专利保护的权利要求作为一个整体，与已知技术相比，具有技术性贡献。Vicom 案是由 EPO 上诉委员会作出裁决的第一个案件，至今仍然对于准确理解"技术效果"的内涵意义重大。该案中涉及的专利权利要求是被 EPO 审查部门驳回申请的一种数字处理图像的方法，它实际上是在通用计算机上运行 CAD 程序以执行该方法，在效果上可以提高图像的清晰度和处理速度。EPO 审查部门以专利申请属于 EPC 第 52（2）条规定的数学方法或者计算机程序为理由，将其排除在可专利客体范围之外。与之相反，上诉技术委员会认为："如果一种数学方法被用于一项技术流程中，该流程在物理实体（可能是有形物体，但同时也可能是作为电子信号存储的图像）上实施，通过一些技术手段执行数学方法，带来的结果是实体的特定变化。"② 这种技术效果足以获得专利法保护。此处的技术手段包括合

---

① Philip Leith, *Software and Patents in Europe*, Cambridge University Press, 2011, pp. 8–11.

② T 208/84, Vicom/Computer related invention [1978] EPOR 74.

适硬件组成的计算机或者被合理程序化的通用计算机。执行该案中的方法发明所产生的实体改变是操控图像来提高或者改变其中的某些特征。需要指出的是，申请人提出的原始权利要求是一种多用途算法和数据过滤方法，在将涉案专利申请发回重新审查以前，申请人进一步限定了权利要求中的数据所代表的物理实体和技术流程的主题类型，使权利要求指向更为具体的数字图像处理方法。

不久后的 *Koch & Sterzel* 案遵循了 *Vicom* 案确立的"技术贡献"标准，其中涉及的专利权利要求是计算机程序控制的 X 射线装置，用以监控管电压，确保最佳的暴露程度。EPO 上诉委员会认为该发明在实质上是一项计算机程序，只不过在进行运算操作的最后产生了技术效果。[1] 与在先技术相比，发明的技术贡献在于数学算法，不影响其专利客体适格性判定结论，其决定性因素是装置生成的技术效果超越了普通计算机的功能。而且关于产生的技术效果的程度，以及在整个技术流程中效果出现的时间节点在所不问。EPO 技术上诉委员会在 *Koch & Sterzel* 案中的论证过程类似于美国联邦最高法院审理 *Diehr* 案的思路。后者将可专利客体判断与发明新颖性判断区别开来，认为发明的新颖性是否完全来自于数学算法或者计算机程序与其客体适格性无关。[2] "技术贡献"判断方法强调是软件与硬件之间的联系，以计算机程序或者数学方法作为技术手段，实现物理实体改变的技术效果。

Vicom 案后，物理实体的范围逐渐扩张，既包括自然世界中的有形物体，也包括数字环境中的计算机图像和电视信号等。[3] 反对"技术贡献"判断法的观点认为一旦某些被 EPC 第 52 条第（2）款排除保护的领域被电子计算机控制，这些领域内的发明就可以获得

---

[1] T 26/86, Koch & Sterzel/X-ray apparatus ［1988］EPOR 72.

[2] Susan J Marsnik and Robert E Thomas, "Drawing a Line in the Patent Subject-Matter Sands: Does Europe Provide a Solution to the Software and Business Method Patent Problem", *B C Int'l & Comp L Rev*, Vol. 34, 2011, pp. 282–283.

[3] T 163/85, BBC/Colour television signal ［1990］, EPOR 599.

专利保护。① 而这种混合技术特征和非技术特征的权利要求在专利申请案中变得愈加普遍，对现有技术检索和专利实质授权条件的审查提出挑战。② 一般而言，向 EPO 提交的专利申请案必须公开具体的技术问题，解决该问题所采取的技术手段和为现有技术作出的技术贡献。③ 计算机程序在与之相匹配的设备上运行作为一种技术手段已经得到 EPO 的承认，混合型权利要求能否获得专利保护取决于如何定义"技术问题"和"技术效果"。

在文本处理技术领域，软件相关发明和商业方法发明的可专利性存在较大的争议。例如，在 IBM 案中，EPO 上诉委员会驳回了一种利用关键词检索方式从归档文件中创作和存储摘要的系统专利申请，理由是权利要求仅描述了执行关键词检索和摘要创作的自动化手段，同样的方式完全可以手动操作。仅仅限定发明使用的技术手段，但是计算机程序的运行并没有产生技术贡献，它真正解决的问题是创立了一套编写文本摘要和文件提取的规则，鉴于被处理文件的文本属性，发明也没有解决技术问题。④ 在另一件由 IBM 公司申请的涉及文本清晰度处理系统的专利效力案件中，上诉委员会指出，发明只有对某一领域内的技术作出贡献，且该领域并未被排除在可专利客体范围之外，⑤ 即发明的贡献不属于从事智力活动、进行游戏或者商业实践的计划、规则和方法，也不是计算机程序或者算法本身的优化，才能被授予专利权。上述两个案件中的专利申请改变的

---

① P. Van den Berg, *Patentability of Computer-Software-Related Inventions in the Law and Practice of the Enlarged Board of Appeal During Its First Ten Years*, Carl-Heymanns Verlag, 1996, pp. 29 – 47.

② Sabine Kruspig and Claudia Schwarz, *Legal Protection for Computer-Implemented Inventions: A Practical Guide to Software-Related Patents*, The Netherlands: Wolters Kluwer Law International BV, 2017, location 2274.

③ Charlotte Waelde et al., *Contemporary Intellectual Property: Law and Policy*, 3rd edn, Oxford: Oxford University Press, 2014, p. 522.

④ T 22/85, IBM/Document abstracting and retrieval [1990], EPOR 98, 105.

⑤ T 38/86, IBM/Text clarity processing [1990], EPOR 606, 611.

是计算机存储的文本信息，按照 *Vicom* 案采用的"技术贡献"判断方法，文本信息不属于物理实体，对它进行的改造也不能生成技术效果，而该案中委员会将数字图像划归为物理实体，究竟数字文本和图像有何区别使它们的改变分别落入非技术效果和技术效果范畴，EPO 判例法没有给出明确的答案。在 *SOHEI* 案中，上诉委员会却认为允许输入不同活动管理数据的新型用户界面符合 EPC 第 52 条要求的技术性，因为涉案系统在用户输入的多样化数据基础上，结构化执行数据的自动处理带来了技术效果。① 不难看出，EPO 适用"技术贡献"法审查计算机实施的发明的专利适格性时，存在观点反复、甚至自相矛盾之处。

在这段时期，可以为 EPO 接受的计算机实施的发明专利申请必须以方法或者产品形式撰写，而不能直接就计算机程序本身申请专利。如此导致的问题是只有直接运行被授予专利权的发明中的计算机程序，才构成侵犯相关产品或者方法发明专利权，这主要针对的是计算机程序的终端用户。此时的软件产业已经发展至能够脱离硬件的限制，单独作为产品进行销售的时期。而软件供应商未经专利权人授权，复制和分销被授予专利权的方法只承担帮助或者间接侵权责任，不利于专利权人维权。因此，专利申请人迫切希望将计算机程序纳入可以获得专利保护的权利要求类型之一。②

（二）进一步的技术效果标准

直接就计算机程序以及存储在机器可读介质上的计算机程序申请产品专利，最早由 IBM 公司在 1997 年向 EPO 提出。EPO 审查部门认定计算机程序不是适格的专利客体，驳回了 IBM 公司的申请。随后 IBM 公司提起上诉，EPO 技术上诉委员会从 EPC 第 52 条规定的字面含义出发，认为具有技术性的计算机程序不应当被排除在可

---

① T 769/92, General purpose management system [1996], EPOR 253.
② Stefan Steinbrenner, "The European Patent Convention 41 – 42" in Gregory A. Stobbs ed. , *Software Patents Worldwide*, Kluwer Law International, 2008, p. 62.

专利客体之外。同时，如果程序的运行只是引起计算机内部普通的物理性改变，比如执行计算机程序的电流变化，那么该计算机程序不能被授予专利权。① 反之，若程序在计算机中运行或者被载入计算机，产生或者能够产生超出程序（软件）与计算机（硬件）之间通常的物理联系，则不应当否定计算机程序的可专利性。② 将软件运行产生的技术效果作为衡量其技术性的标准，事实上限缩了欧洲专利制度不予保护的客体范围，因为大部分创新型软件都可能包含进一步的技术效果，如提高速度、节约内存或者改进用户界面等。③ 或者可以这样认为，"任何运行着的计算机程序都不再是计算机程序"，④ 专利申请人根据技术考量因素仔细撰写权利要求书即可通过软件专利授权的第一道门槛。欧洲学者普遍认为 EPO 对待软件专利的政策性转变是受同时期美国专利行政审查和司法实践的影响。⑤

现阶段，EPO 审查计算机程序类专利申请的客体适格性依然适用"进一步的技术效果"标准。EPO 专利审查指南之 G 部分第二章第 3.6 节规定评价计算机程序运行所产生的技术效果不需要与在先技术进行对比，其中给出以下基于事实判断存在进一步技术效果的示例：（1）计算机程序详细说明了某种能够产生进一步技术效果的方法。比如控制刹车防抱死系统的方法、确定 X 射线放射装置释放量的方法、压缩视频的方法、恢复失真数字图片的方法、电子信号加密的方法等；（2）计算机程序的设计是建立在对于计算机内部功能的特定技术考量基础上。比如程序中蕴含的算法适于特定的计算

---

① T 1173/97, Computer Program Product/IBM (IBM I), [1999] OJ. EPO 609, 618 – 619.

② T 1173/97, Computer Program Product/IBM (IBM I), [1999] OJ. EPO 609, 632.

③ Martin Kretschner, "Software as Text and Machine: The Legal Capture of Digital Innovation", *The Journal of Information, Law and Technology*, issue 1, 2003, § 3.1.

④ Andreas Grosche, "Software Patent-Boon or Bane for Europe?", *Inter. J. L. & Info. Tech.*, Vol. 14, 2006, p. 273.

⑤ William Cornish, David Llewelyn, Tanya Aplin, *Intellectual Property: Patents, Copyright, Trade Marks and Allied Rights*, London: Sweet & Maxwell, 2013, p. 837.

机构造，执行保护引导区完整性措施的程序和抗功率分析攻击措施的程序；（3）控制计算机内部功能或者运行的程序。比如计算机程序用于处理器负载的平衡，或内存资源的分配；（4）生成器或者编译器等处理低级代码的程序也可能产生进一步的技术效果。例如从开发对象构建运行时的对象，再生成的运行时对象来自于修改后的开发对象，能够减少具体构建过程中所需的资源。①

EPO 专利审查指南也阐释了计算机程序在硬件上运行没有产生进一步的技术效果的若干情形。首先，以解决非技术性问题为目标的计算机程序，与实现相同功能的在先程序相比，只是减少了计算时间，不能认定进一步技术效果的存在。2016 年"微软按需式产权系统"案中，技术上诉委员会指出任何执行特定方法的计算机程序必然都占用一定数量的计算资源，特别是时间，这只是软件与硬件之间通常的物理互动。② 其次，计算机程序的技术性不宜与人类如何执行相同的任务进行比较得出。最后，如果计算机程序的设计只是找到一个合适的算法执行一系列步骤而没有经过技术考量，该计算机程序被排除在适格的专利客体之外。尽管为了使以程序定义的方法能够在计算机上实施，所有计算机编程都可能涉及技术方面的考虑，但不能确保程序具有技术性。③ 也就是说，程序被计算机自动执行的能力并非技术效果的评判因素。

计算机软件的独特属性在于它几乎可以被用于 EPC 第 52（2）条所列举的全部可专利客体的例外事物。从软件工程的角度看，有些软件属于绝对的技术领域，例如前述控制刹车防抱死系统，以及防止地面碰撞系统；还有一些完全不属于技术领域，例如实现投资组合最优化程序和实现应付税款最小化程序。难以判断专利客体适

---

① EPO, Guidelines for Examination, Part G, Chapter II, § 3.6.1, https://www.epo.org/law-practice/legal-texts/html/guidelines/e/g_ii_3_6_1.htm, accessed December 2, 2020.

② T 1370/11, On-demand property system/MICROSOFT, 2016.

③ the Boards of Appeal of the European Patent Office, *Case law*, 9th edn, 2019, p. 20.

格性的软件程序是那些处于灰色地带的发明，只能以发明的技术性为中心，参考 EPO 技术上诉委员会裁决的可专利客体的正面和反面示例，个案判断针对计算机程序的专利申请是否符合 EPC 第 52（1）条之规定。与此同时，不能教条式理解"技术性"的含义，或许可以采取另一种更加简单直白的方式描述"技术性"：它是软件工程师、电信专家和系统设计者的思想，而不是销售人员、商业分析师、金融专家和数学家的思想。① 若将电流视作无形的物理实体，则一切在机器上运行的计算机程序都会产生物理实体的改变，这只是计算机程序内在的必然技术效果，能够获得欧洲专利制度保护的计算机程序必须产生进一步的技术效果。

（三）任何硬件标准的确立——基于 *PBS* 和 *Hitachi* 案

PBS 案涉及用于控制养老金福利的装置和方法两种类型的专利权利要求。它通过对精算寿命等标准化因素进行数据处理，能够帮助雇主计算需要支付的养老金数额。② 对于涉案方法专利的权利要求，EPO 技术上诉委员会认为执行方法的一系列步骤纯粹属于管理、保险精算和/或财务性质。即使方法中的一个特征是利用计算机实施数据处理和生成的技术手段，但是其目的是为了解决非技术性问题，或者说方法的执行是为了处理非技术性信息，不能被认定为具有技术性的方法，因而这一方法被排除在可专利客体范围之外。③ EPO 上诉委员会对于相关方法发明的专利适格性裁决并没有脱离此前判例法遵循的基本原理。然而对于程序化的装置（计算机）权利要求

---

① Yannis Skulikaris, "Software-related Patents are Everywhere: Understanding the Problem-Solution Approach for Better Searching", November 12, 2018, http://documents.epo.org/projects/babylon/eponot.nsf/0/AEED0CD590113AB3C12583390053E87B/$File/MON_ 1211_ slot0900-1030_ Yannis_ Skulikaris_ en.pdf, accessed December 2, 2020.

② T 931/95, Controlling Pension Benefit Systems Partnership/PBS PARTNERSHIP, [2001] OJ. EPO. 441, 445.

③ T 931/95, Controlling Pension Benefit Systems Partnership/PBS PARTNERSHIP, [2001] OJ. EPO. 441, 450.

却有所突破,由于使用了物理实体使该权利要求并未落入 EPC 第 52 (2) 条规定的客体除外清单。① 尽管本案中的装置权利要求符合专利客体要件,却被上诉委员会认定为与在先技术"既有私人养老金计划"相比,不存在非显而易见的技术改进,所以未能满足 EPC 第 56 条规定创造性要件,最终没有被授予专利权。② 英国大法官 Jacob 将这种判断方法称为"任何硬件"法,③ 之后许多欧洲学者都以此指代 EPO 审查计算机实施的发明之专利适格性标准。

"任何硬件"标准在 Hitachi 案中得到了强化。该案涉及的是用于自动拍卖的方法、装置和计算机程序发明。负责上诉审理的委员会否定了 Vicom 案确立的"技术贡献"标准,认为发明的技术贡献更适宜在新颖性和创造性评价过程中予以考量,而不是客体适格性判断需要考虑的问题。④ 尤为重要的是,EPO 技术上诉委员会在 PBS 案的基础上,除了肯定被载入特定程序的计算机设备的专利适格性,还判定利用计算机实施的商业方法也属于可以被授予专利权的客体。上诉委员会认为不应当区别对待程序化的计算机设备和用以使该设备发挥功效的方法。⑤ 发明的技术性既可以从一个物体的物理属性或者一个活动的性质进行推断,也可以通过使用技术手段的非技术性活动获得。⑥ 因此,虽然利用计算机、服务器和网络实施的是 EPC 第 52 (2) 条列明的商业活动,却可以依附于任何硬件,将技术手段特征纳入不同类型的专利权利要求中而成为有资格被授予专利权的客体。可见,PBS 案以及 Hitachi 案实质上扩大了满足 EPC 第 52

---

① T 931/95, Controlling Pension Benefit Systems Partnership/PBS PARTNERSHIP, [2001] OJ. EPO. 441, 452.

② T 931/95, Controlling Pension Benefit Systems Partnership/PBS PARTNERSHIP, [2001] OJ. EPO. 441, 456.

③ *Aerotel*, [2007] 1 All E. R. at 237.

④ T 258/03, Auction Method/HITACHI, [2004] OJ. EPO. 575, 581-582.

⑤ T 258/03, Auction Method/HITACHI, [2004] OJ. EPO. 575, 585.

⑥ 李明德、闫文军、黄晖、郃中林:《欧盟知识产权法》,法律出版社 2010 年版,第 329 页。

(1) 条要求的发明范围。但是,以上两个案件中涉及的发明均因为不具有创造性而驳回了专利申请。这似乎也预示着 EPO 对于计算机实施的发明之可专利性审查重点从客体适格性转移至创造性。

如前所述,目前 EPO 审查计算机程序本身是否属于可专利的客体采用"进一步的技术效果"标准,却以"任何硬件"标准评判计算机实施的方法或者执行该方法的程序化装置的专利客体适格性,那么有必要厘清这两种权利要求类型的界限,从而正确适用对应的评判标准。依据审查指南的有关规定,这里的计算机程序仅仅指抽象化的计算机可读的指令,① 即程序代码,而记录在一定媒介上的计算机程序不同于它本身。在 *IBM* 案中,技术上诉委员会认为有关 EPC 第 52(2)和(3)条排除的专利客体,就计算机程序本身提出专利权利要求或是作为某个载体上的记录申请专利,没有实质性差别。② 但是"微软剪切板格式"案中,技术上诉委员会则认定涉案专利权利要求 5 中的客体具有技术性,因软件与具体的计算机可读媒介相关联,也就是包含载体的技术产品。③ EPO 局长曾以这两个案件中就同一问题作出了不同的解释为由,请求扩大上诉委员会④就该问题发表意见。⑤ 扩大上诉委员会指出,关于存储在计算机可读介质上的程序是否免于被排除在 EPC 第 52(2)条规定的不可专利客体清单之外的问题,前后两个案件所持观点有所出入,只是判例法的合法发展,不存在法律适用分歧。这相当于默示认可了上诉委员

---

① EPO, Guidelines for Examination, Part G, Chapter II, § 3.6, https://www.epo.org/law-practice/legal-texts/html/guidelines/e/g_ii_3_6.htm, accessed December 3, 2020.

② T 1173/97, Computer Program Product/IBM (IBM I), [1999] O. J. EPO 609.

③ T 424/03, MICROSOFT/Clipboard Formats I, [2006] EPOR 414, 420.

④ 扩大上诉委员会的职责是维护法律适用的统一性,它可以根据任一上诉委员会的请求以及欧洲专利局局长的请求就法律不一致或者其他重要的法律问题发表意见。

⑤ G 0003/08 (Programs for computers) of 12.5.2010, https://www.epo.org/law-practice/case-law-appeals/recent/g080003ex1.html#G_2008_0003_20100512, accessed December 3, 2020.

会在"微软剪切板格式"案中作出的结论和相应的理由。换言之，记录于有形介质上的计算机程序，无需考虑它运行产生的技术效果，就可以认定为适格的专利客体。

按照"任何硬件"标准，专利申请人完全有可能凭借巧妙地撰写专利权利要求，增加介质特征，将计算机程序发明转化为记录程序的计算机可读介质，使之成为使用技术手段的产品发明；或者依据计算机程序执行的算法，将计算机程序发明改写为利用通用计算机实施的方法发明，从而绕开 EPC 第 52（2）条之规定。发明的技术效果只是在可专利性审查的第一阶段暂时不予考量，那些没有产生进一步的技术效果而仅仅是计算机可读存储介质中的程序，或按照程序运行计算机的方法，往往因缺少 EPC 第 56 条要求的创造性不能被授予专利权。[①]

整体而言，EPO 没有过分降低计算机实施的发明的专利授权标准，只不过在明确划分可专利客体要件与新颖性要件和创造性要件各自功能的前提下，改变了可专利性审查的侧重点。自 2001 至 2016 年，EPO 对于国际专利分类第 G06Q 类涉及商业方法发明的专利授权率保持在 12.7% 到 17.8% 之间，[②] 并未出现剧烈波动，也间接证明了这一点。

二 "任何硬件"标准的适用：相关概念与存在的问题

（一）作为技术手段的硬件

计算机实施的发明大致可以被分为三个类型：第一类是所有方法步骤全部以通用的数据处理手段被执行的发明；第二类是方法步

---

① the Boards of Appeal of the European Patent Office, *Case law*, 9th edn, 2019, p. 27.
② Régis Quélavoine, "Computer Implemented Inventions Artificial Intelligence… How are Patent Applications Processed at the EPO?", Automotive & Mobility Seminar, Chicago, 26 September 2018, http://documents.epo.org/projects/babylon/eponot.nsf/0/1240120813B5B6A0C125829D0043C756/ $FILE/patenting_ computer-implemented_ inventions_ and_ ai_ en.pdf, accessed December 3, 2020.

骤需要特定的数据处理手段，和/或需要额外的技术设备作为必要特征的发明；第三类是在分布式计算环境中被实现的发明。① 从前文关于权利要求类型的论述可知，EPO 接受申请的权利要求类型包括方法、装置/设备/系统、计算机程序产品、计算机可读的存储介质/数据载体。上述第一个类型的发明是针对方法发明，当然，申请人也可以参照相应的方法步骤撰写为其他类型的权利要求，实践中通常会将方法权利要求置于首位。通用数据处理功能是由在信息处理设备上运行的计算机程序提供，例如个人电脑、智能手机、打印机等硬件执行相关程序指令，使该类发明具有技术性，成为受欧洲专利制度保护的专利客体。比较来看，美国司法先例 *Alice* 案中涉及的方法发明，即利用通用计算机实施的减少金融交易活动中结算风险的方法，被美国联邦最高法院认定为不符合专利法第 101 条规定的客体。该发明却可以通过 EPO 专利客体适格性审查，但能否被授予专利权还取决于发明的新颖性和创造性。

计算机实施的发明的第二个类型在医疗设备、测量、光学、机电学和工业生产流程等应用领域比较常见。这类方法发明一般包含通过计算机控制操作技术性物理实体，或者与之产生交互作用的步骤，其中不仅需要计算机执行数据处理功能，还涉及其他技术手段，如传感器或促动器等，相对容易满足"任何硬件"标准。举例言之，对于在医疗诊断中用于测量血氧饱和度的发明，其权利要求可以具体撰写为以下形式，属于 EPC 第 52（1）条规定的可专利客体：

  权利要求 1　一种利用脉搏血氧饱和仪确定血氧饱和度的方法，包括：
  ——在一个电磁探测器中接收来自于部分血液灌注组织的

---

① EPO, Guidelines for Examination, Part F, Chapter IV, §3.9, https://www.epo.org/law-practice/legal-texts/html/guidelines/e/f_iv_3_9.htm, accessed December 4, 2020.

两个电磁辐射信号,它们分别对应不同的光波长;

——根据步骤 A,B 和 C 标准化上述电磁信号,用以提供标准的电磁信号;

——根据步骤 D 和 E,以上述标准的电磁信号为基础,确定血氧饱和度。

权利要求 2 一种脉搏血氧饱和仪,装有电磁探测器的适于执行权利要求 1 之方法步骤的装置。

权利要求 3 一种计算机程序(产品),由引起权利要求 2 之设备执行权利要求 1 之方法步骤的指令组成。

权利要求 4 一种存储权利要求 3 之计算机程序的计算机可读的媒介。①

最后一种类型是在分布式计算环境中实现的发明,它在物联网时代发挥着越来越重要的作用。使用物联网技术的发明离不开这三个必要的环节:(1)利用嵌入式的感应器,探测和捕获物体周围环境的数据(包括但不限于地理位置、天气、心率和机器运转情况等);(2)通过互联网络传输数据,并且常常基于云技术的应用存储数据;(3)进行数据分析,辅助作出具体的决定。② 这一类发明的权利要求可能指向分布式系统中的每一个物体,和/或整个系统以及相应的方法。例如,接入网络的客户端(即智能手机)、服务器系统、获取存储或者处理云计算的资源,执行文件共享的点对点网络中的设备、使用区块链维护分散式账簿、与专门网络相交互的自动驾驶车辆。在分布式计算环境中,必然需要借助传感器、存储服务器、终端设备和物理结构意义上的网络等硬件作为实现发明的技术

---

① EPO, Guidelines for Examination, Part F, Chapter IV, §3.9.2, https://www.epo.org/law-practice/legal-texts/html/guidelines/e/f_iv_3_9_2.htm, accessed December 4, 2020.

② Mauricio Paez and Mike La Marca, "The Internet of Things: Emerging Legal Issues for Businesses", *Northern Kentucky Law Review*, Vol. 43, 2016, p. 31.

手段，它们赋予相关的方法、装置、设备和系统技术性，而免于被列入 EPC 第 52（2）条所列举的不授予专利权的客体。

典型的权利要求形式和内容如下：

> 权利要求 1 一种发射器设备，包括通过执行步骤 A 和步骤 B 为数据编码的装置，以及将已编码的数据传输至一台接收器设备。
>
> 权利要求 2 一种接收器设备，包括用于接收来自于一台发射器设备的已编码数据的装置，以及通过执行步骤 C 和步骤 D 解码数据的装置。
>
> 权利要求 3 一种系统，包括权利要求 1 所述的发射器设备和权利要求 2 所述的接收器装置。
>
> 权利要求 4 一种计算机程序（产品），由一组指令构成，当该程序被第一台计算机运行时，第一台计算机通过执行步骤 A 和步骤 B 为数据编码，并将已编码的数据传输至第二台计算机。
>
> 权利要求 5 一种计算机程序（产品），由一组指令构成，当该程序被第二台计算机运行时，第二台计算机接收来自于第一台计算机的已编码数据，并通过执行步骤 C 和步骤 D 解码所接收的数据。

依据 EPO 技术上诉委员会在 *Hitachi* 案中的裁决，一个物体的物理特征或者一项活动的本质可能暗示着发明具有技术性，通过使用技术手段从事非技术性活动同样可以获得技术属性。但是，如果专利权利要求书中没有指明技术手段特征，发明仅仅具备使用技术手段的可能性不足以避免被排除在可专利客体之外，即使说明书叙述了特定的技术性实施例。在 *PITNEY BOWES* 案中，上诉委员会认为权利要求 1 涉及寄件者回复邮局关于未成功投递通知的方法，并没有提及任何被用于实施所描述活动的技术手段。尽管其中某些步骤通常利用计算机来实施，尤其是步骤（d）执行搜索模式，然而计算机这一技术特征却没有出现在权利要求中,所以发明只是纯粹的非技术性活动,落入 EPC 第 52(2)条列举的客体例外范畴。① 此外,诸如"系统""装置"这类用语需要仔细审查,若从上下文不能推断出这些措辞排他性地指向一个技术实体,则系统可能指向一个金融组织,装置可能指的是组织的一个构成单位。②

(二)欧洲专利组织成员国对于"任何硬件"标准的质疑

EPC 是授予欧洲专利的法律依据,但是它的成员国与欧盟成员国并不完全重合,欧洲专利必须经过欧洲专利组织成员国国内的法定程序确认有效,才能产生与本国专利相同的法律效力,因而在欧洲并没有出现单一的跨国专利只是多个国家层面的专利。③ 目前,负责处理具有单一效果的欧洲专利有效性和侵权纠纷的统一专利法院尚未正式建立。各成员国国内法院和行政机关解释适用 EPC 有关条款处理纠纷时,只遵循本国司法先例,而不受 EPO 所作决定的约束,导致专利权人需要付出高昂的成本分别在不同的成员国进行维权诉讼,④ 各国法院的判决结果也存在冲突,缺乏法律的确定性。英国和德国是欧洲专利组织成员国,同时也是专利法律制度最为发达的欧洲国家,对于欧洲专利制度影响深远。关于发明的技术性的阐释,英国和德国法院与 EPO 判例法存在一定的分歧。

1. 英国

早期英国法院审理软件相关发明的专利适格性也是从 EPO 判例法 *Vicom* 案确立的"技术贡献"标准出发,将发明作为一个整体,只不过对于发明的技术贡献设定了更加严格的条件。在 *Merri Lynch*

---

① T 388/04, Undeliverable mail/PITNEY BOWES, [2007] OJ. EPO. 16.

② T 154/04, Estimating sales activity/Duns Licensing Associates, [2008] OJ. EPO. 46.

③ Gustavo Ghidini and Emanuela Arezzo, "Dynamic Competition in Software Development: How Copyrights and Patents, and Their Overlapping, Impact on Derivative Innovation", *Queen Mary J Intell Prop*, Vol. 3, 2013, p. 295.

④ EPO, Unified Patent Court, https://www.epo.org/law-practice/unitary/upc.html, accessed December 7, 2020.

案中，英国上诉法院认为涉案权利要求使用已知的数据处理设备，根据顾客的指令，自动执行股票交易的系统仅仅是一种法律交易，没有产生技术效果。① 所谓的技术贡献，应当是以新的结果形式出现，与现有技术相比存在技术进步。之后的 *Gale's Application* 案中，英国上诉法院强调基于权利要求的实质内容而不是撰写形式判断发明的可专利性。② 本案中的发明是一种存储在计算机只读存储器中的用于计算平方根的迭代算法，上诉法院认为涉案权利要求本质上是针对计算机程序的权利要求，作为特定的指令，体现在一种常见类型的只读存储器电路中，这些指令没有表明计算机外部的技术流程或者解决计算机内部的技术问题，属于英国专利法第 1（2）条③规定的不能获得专利保护的客体。而上诉法院在 *Fujitsu* 案中对于技术贡献的解读明显不同于 EPO 上诉委员会在 *Vicom* 案中的意见。本案中涉及的发明是为半导体和超导体设计，塑造合成晶体结构的方法和装置，操作者利用计算机程序将反映两个晶体结构的数据转换成为反映合成结构物理布局的数据，生成新结构的显示图像。英国上诉法院按照"技术贡献"判断法驳回了该项专利申请，认为发明唯一的进步之处在于加快合成结构的描绘速度，没有改变计算机的一般功能。④ 同样是通过计算机程序的运行提高数字图像的生成速度和质量，EPO 上诉委员会认定 *Vicom* 案中的方法是适格的专利客体，

---

① Merrill Lynch's Application, [1989] R. P. C. 561 CA.

② Gale's Application, [1991] R. P. C. 305, 327 – 328.

③ It is hereby declared that the following (among other things) are not inventions for the purposes of this Act, that is to say, anything which consists of —
(a) a discovery, scientific theory or mathematical method;
(b) a literary, dramatic, musical or artistic work or any other aesthetic creation whatsoever;
(c) a scheme, rule or method for performing a mental act, playing a game or doing business, or a program for a computer;
(d) the presentation of information; but the foregoing provision shall prevent anything from being treated as an invention for the purposes of this Act only to the extent that a patent or application for a patent relates to that thing as such.

④ Fujitsu Ltd. 's Application, [1997] R. P. C. 608 CA.

英国上诉法院却判定该案中的发明仅仅是专利法第 1（2）条规定的从事智力活动的方法。

自 PBS 案起，EPO 不再适用"技术贡献"标准评判可专利客体，逐渐形成一套新的专利适格性判断方法，即"任何硬件"标准，英国法院对于这一标准表示强烈反对。在 Aerotel v. Telco 案中，英国上诉法院指出采用"任何硬件"的判断方法，似乎为任何计算机程序在实践中满足可专利性开辟了道路。① 根据 EPO 上诉委员会的裁判逻辑，将 EPC 第 52（2）条排除的客体解释为任何抽象或者无形的事物，如不可以被授予专利权的计算机程序仅仅为抽象的指令序列，而记录于磁盘或者硬盘驱动器上的程序指令能够使计算机执行该程序，则属于适格的专利客体，英国上诉法院认为 EPO 上诉委员会对 EPC 第 52 条所作的解释过于狭隘。EPC 第 52（2）条规定的除外专利客体对应的是不同的政策考量，制定者意欲排除的计算机程序不止是一系列抽象的指令，还包括表现为实际可操作形式的计算机程序。因此，英国知识产权局和法院系统拒绝参照 EPO 判例法确立的"任何硬件"标准审查确定发明的专利适格性。在英国，可专利客体的判断方法具体分为四个步骤：（1）合理解释专利权利要求；（2）认定发明的实际贡献；（3）考察权利要求是否完全落入被排除的专利客体范围；（4）检验发明的实际贡献或者宣称的贡献是否本质上属于技术贡献。

另外，英国上诉法院还批判了 EPO 相关规则将发明是否具有技术性的问题转移至新颖性和创造性评价阶段。就发明的技术性问题究竟应该在客体审查阶段，还是在新颖性和创造性等发明专利的实质性要件审查阶段考虑，英国上诉法院提出质疑，因为每个阶段的审查均是以那些被认定的技术因素作为基础。即使依照 EPO 现行的客体适格性判断方法和标准，被认定为符合 EPC 第 52 条规定的发明，仍然需要通过新颖性和创造性测试，与适用 Vicom 案确立的

---

① *Aerotel v. Telco*, Macrossan's Application, [2007] R. P. C. 7 CA, at 115.

"技术贡献"标准所得出的可专利性结论并无二致。① 可以说，Aerotel案进一步加剧了英国与EPO在计算机实施的发明之可专利性问题上的观点对峙。此案之后，英国专利政策更是倾向于将上述"四步测试法"中的第三个步骤解读为如果计算机实施的发明落入不能被授予专利权的客体类型，尽管部分权利要求是新颖的，实现了发明步骤，作出了技术贡献，审查员依然会驳回全部专利权利要求。② EPO技术上诉委员会并没有接受英国上诉法院的批评意见，而是在 Duns Licensing 案中谴责"四步测试法"违反 EPC 善意解释原则。③

2008年发生的 Symbian 案缓和了英国法院与 EPO 之间的紧张关系，然而它们各自遵循的可专利客体判断方法并未根本改变，不可调和的意见分歧始终存在。该案所涉及的是一种映射计算机设备中动态链接库的方法，它能够避免通过有序系统相连的现有技术中出现的问题和潜在的不稳定性。④ 在运用"四步测试法"判断相关发明的专利客体适格性时，英国上诉法院认定第二步所要求的实际贡献，在本案中是指凭借权利要求的某些特征，该程序使计算机的运行更加快捷和稳定。并且权利要求没有完全落入被排除的客体范畴，因为它附带产生更好的计算机运行效果，所以本案中的发明是可以被授予专利权的客体。与英国上诉法院在此之前审理的 Fujitsu 案中的观点相比，程序的运行加快了计算机处理特定任务的速度也构成足以获得专利保护的技术贡献，事实上有限地放宽了技术贡献的衡量尺度。2008年底，英国知识产权局基于 Symbian 案的判决，发布了一项实践通知，其中明确规定程序引起计算机运行更快或者更稳

---

① Noam Shemtov, "The Characteristics of Technical Character and the Ongoing Saga in the EPO and English Courts", *J. Intell. Prop. L. & Prac.*, Vol. 4, 2009, p. 510.

② Robert B. Franks, "United Kingdom", in Gregory A. Stobbs ed., *Software Patents Worldwide*, Kluwer Law International, 2008, p. 72.

③ T 154/04, Estimating Sales Activity/DUNS LICENSING ASSOCS., [2008] OJ. EPO. 46, 70.

④ Symbian Ltd. Comptroller-General of Patents, [2009] R. P. C. 1, 16–17.

定,可以被认为提供了技术贡献,即便发明只解决了编程领域内的问题。① 正如英国上诉法院在判决中所指出的那样:英国知识产权局与 EPO 彼此之间"可能有判断方法或原则之间的差异,但是一方必须尽量最小化具体专利案件中最终结果的不同"。②

2. 德国

德国《专利法》第 1（1）、(3) 和（4）条之规定几乎与 EPC 第 52（1）—（3）条的规定完全一致。③ 尽管德国是大陆法系国家,不像英、美等判例法国家强调遵循先例原则,但是德国专利商标局的审查员也会直接参考联邦专利法院和德国最高法院的判决,因而这些判决有着指导实践的重要意义。④ 德国最高法院申明与 EPO 判例法保持一致,但是在具体案件中作出的解释却有所不同。有观点认为德国对待软件专利的态度比 EPO 更加谨慎。⑤ 具体而言,德国法院和专利商标局判断计算机实施的软件相关发明是否属于可以被授予专利权的客体,通常分为两个步骤:一是判断要求保护的客体是否为德国专利法第 1（1）条规定的技术发明。如果发明使用了

---

① UKIPO, Practice Notices: Patent Act 1977: Patentability of Computer Programs (December 8, 2008).

② Symbian Ltd. Comptroller-General of Patents, [2009] R. P. C. 1, 18.

③ Section 1 Patentgesetz, (1) patents shall be granted for any inventions, in all fields of technology, provided that they are new, involve an inventive step and are susceptible of industrial application. (3) The following in particular shall not be regarded as inventions within the meaning of paragraph 1: (a) discoveries, scientific theories and mathematical methods; (b) aesthetic creations; (c) schemes, rules and methods for performing mental acts, playing games or doing business, and programs for computers; (d) presentations of information. (4) Paragraph 2 shall exclude the patentability of the subject-matter or activities referred to therein only to the extent to which a European patent application or European patent relates to such subject-matter or activities as such.

④ Hans Wegner, "Germany", in Gregory A. Stobbs ed., *Software Patents Worldwide*, Kluwer Law International, 2008, p. 10.

⑤ Susan J Marsnik and Robert E Thomas, "Drawing a Line in the Patent Subject-Matter Sands: Does Europe Provide a Solution to the Software and Business Method Patent Problem", *B C Int'l & Comp L Rev*, Vol. 34, 2011, p. 318.

一种技术设备（计算机等），则认定该发明具有技术性；[①] 既有技术特征，也有非技术特征的专利权利要求，不管其所包含的技术特征是否为已知的在先技术均可通过客体适格性审查的第一道门槛。[②] 二是根据专利法第1（3）（4）条的规定判断要求保护的发明被排除可专利性与否。划分可专利客体与不可专利客体的界限基准是发明包含为解决具体技术问题，使用技术手段的技术说明（technical instruction）。[③]

在计算机软件领域，相关发明解决的常见技术问题包括减少存储空间、提高带宽通信能力和加快计算速度等。专利申请文件中针对需要解决的技术问题还必须明确阐述采用的特定技术手段。第二步是判断发明的创造性的基础，因为只有那些对于技术方案有贡献，至少是有影响的特征才会被纳入创造性评价范畴。从上述判断方法和标准来看，在德国，计算机实施的发明专利适格性要求高于EPO的相应要求，特别是第二个步骤中有关技术说明的判定，EPO并不在可专利客体审查阶段予以考虑；但在实践中，德国专利商标局和法院将更多的注意力放在计算机实施的发明之创造性上，极少以客体不适格为理由，驳回专利申请。[④] 可见，德国计算机实施的发明之可专利性审查重点，整体上呈现与EPO相同的趋势。

三 典型不可专利的客体

由本章第一节的论述可知，EPC第52（2）条以不完全列举的方式限定了可以获得专利保护的发明。那些被排除在可专利客体之外的事物本质上不具有技术性。专利制度的正当性理论中最为普遍

[①] Flugzeugzustand, BGH, X ZB 1/15, dated 30 June 2015.
[②] Anti-blockiershytem, BGH, X ZB 19/78, dated 13 May 1980.
[③] Elektronischer Zahlungsverkehr, BGH, X ZB 20/03, dated 24 May 2004.
[④] Sabine Kruspig, Claudia Schwarz, *Legal Protection for Computer-Implemented Inventions: A Practical Guide to Software-Related Patents*, Netherlands: Kluwer Law International BV, 2017, location 4326.

接受的是社会契约论，即授予发明人垄断权，是其智力性努力取得充分回报的方式。作为对价，发明人需要公开发明的必要特征以及再造或者重现发明的手段，从而激励社会公众围绕特定发明进一步开展创新，被授予独立于原有发明的新的垄断性权利，实现创新的良性循环，有利于社会整体技术进步。技术发明尤其是计算机软件相关发明具有鲜明的智力成果累积特征，发现、科学理论和数学方法等不可专利客体是再度创新的基本工具，授予它们专利权会显著增加持续创新的成本，产生抑制创新的副作用。软件和人工智能算法的优化实际上"是从一组可选的解决方案中'找出'一个解决方案。该任务与数学中的优化问题紧密相关，优化问题中的系统的所有可能状态都有一个目标函数，需要找到目标值的最大状态"。[①] 以神经网络训练为例，其目的在于误差最小化，等同于找到一个计算复杂（非线性）函数最小值的方法。早期 EPO 的审查实践中，认定申请专利的计算机实施的发明必须采用技术手段能够达到一定的技术效果方可满足 EPC 第 52（1）条之规定，也是出于避免第一发明人占用抽象性数学和科学概念的考虑。[②] 只有当这种智力性概念具化为满足社会需求的技术应用时，才有可能被授予专利权。计算机实施的发明可指向 EPC 第 52（2）条例举的任何一项不可专利客体，其中从事智力活动的方案或商业方法可以依靠通用计算机这一技术实施手段通过客体适格性测试。除此之外，计算机软件领域内，针对能够被授予专利权与不能够被授予专利权的数学方法、信息展示和数据结构之间的界限有必要进行深入分析。

（一）数学方法

被 EPC 第 52（2）条举例排除的数学方法是指纯粹的数学方法，

[①] ［意］皮埃罗·斯加鲁非：《人工智能通识课》，张翰文译，人民邮电出版社 2020 年版，第 26—27 页。

[②] Gustavo Ghidini and Emanuela Arezzo, "Dynamic Competition in Software Development: How Copyrights and Patents, and Their Overlapping, Impact on Derivative Innovation", *Queen Mary J Intell Prop*, Vol. 3, 2013, p. 286.

它的专利权利要求没有叙述任何技术手段。正处于迅速发展阶段的机器学习等人工智能技术很大程度上依赖于计算模型和算法的开发与改进，EPO认为这些计算模型和算法本身仅具有抽象的数学属性。权利要求中使用"支持向量机"、"推理机"或"神经网络"这类表述，需要结合上下文，判断权利要求是否指向没有暗示技术手段的抽象模型和数学算法。如果专利申请文件仅指明了使用数学方法计算数据或者参数的技术属性，不足以构成EPC第52（1）条保护的发明，还必须涵盖技术实施手段特征，否则由此产生的方法即使不被认定为单纯的抽象性数学方法，也会落入不能被授予专利权的智力活动方法范畴。此处的技术手段可以是利用计算机建立数学模型。

比如一种用于文本文件计算机分型的方法发明，首先构建一个分类模型，它以一组已经事先分类定义的文件为基础，将向量空间分解为若干子空间，每一个子空间由代表一个或者多个文件的相应向量组成并且对应各自的类型，进行超平面计算。其次，根据已建立的分类模型，将未定义文件表示为具体的向量，再确定它所属的子空间。接下来，该文件将被划分为所属子空间对应的类型。再者，这一方法还要计算"最大间距"，即已计算得出的超平面周围的间距，而不包括任何与已分类文件对应的向量。基于每个分类进行中的文件与已计算的超平面之间的距离，给出分类文件的置信度。[①] 该方法中不止一个步骤涉及数学运算，使用数学方法处理的数据具有确切技术含义而非抽象的通用数据，同时明确方法的技术实施手段是利用计算机建立分类模型，属于符合EPC第52（1）条之规定可以被授予专利权的客体。当然，该发明最终因缺乏创造性未能获得专利授权。

（二）信息展示

信息展示可以被理解为向用户传达视觉、听觉或者触觉等不同形态的信息，它既与信息的认知性内容有关，也就是内容和含义仅

---

① T 1358/09，Classification/BDGB ENTERPRISE SOFTWARE，2014.

与人类使用者相关的数据，也包括展示行为，但不延伸至用于产生这些信息展示的技术手段。因为使用技术手段展示信息可能指向处理、存储和传输信息的特定技术系统。专利权利要求中包含数据编码方法、数据结构和电子通信协议技术特征，它们涉及的是功能性数据而不是认知性数据，则相关发明不被认为是排除可专利性的信息展示。在 PHILIPS 案中，涉案专利权利要求 4 是一种在权利要求 1 的图片检索系统中使用的记录载体。EPO 技术上诉委员会依据 BBC 彩色信号案[1]的裁决，认为探讨信息展示的可专利性时，区分不同的信息类型是合理举措。[2] 所谓认知性信息在该案中特指人物或者地貌等图片本身，功能性数据是指有关图片线条同步、线条数值和地址的数据结构，丢失功能性数据会损害技术系统的运行，在极限情况下，造成系统完全中断。可见，功能性数据可以被定义为影响整个系统或者计算机程序运行的数据。在 FUJITSU 案中，被用于检索数据库中的记录的索引结构，因控制了计算机执行检索操作的方式，也被认定为功能性数据。[3] 按照计算机实施的发明之专利适格性一般判断方法，权利要求作为一个整体，指向或者表明使用任何技术手段（比如计算机显示器）展现信息，那么应当肯定相关发明的技术性。所以，关于信息展示的可专利性主要从展示的信息类型和展示信息的方式两个角度考察。

（三）数据结构

在狭义上，数据结构可以被视作计算机程序中所用数据的具体表现形式（representation of data）。依据前述 PHILIPS 案的判决，信息表现不同于信息展示，前者是指作为一种象征或者符号；后者意味着将信息直接呈现于人类面前。[4] 信息表现只有通过技术手段的处

---

[1] T 163/85, Colour television signal/BBC, [1990] OJ. EPO. 379.
[2] T 1194/97, Data structure product/PHILIPS, [2000] OJ. EPO. 525.
[3] T 1351/04, File search method/FUJITSU, 2007.
[4] T 1194/97, Data structure product/PHILIPS, [2000] OJ. EPO. 525, 528.

理，例如可以解释数据结构中二进制数字（bits）的读取设备，才可以为人们所利用。EPO 为数据结构的可专利性设置了较低的起点，以物理手段表现的数据结构不排除在可专利客体之外，如使用数据格式和/或结构的计算机实施方法，或在介质或电磁波载体上表现的数据格式和/或结构。但是，只有功能数据才能对发明产生的技术效果作出贡献，功能性数据固有地包含或反映了与使用数据的设备相对应的技术特征，这属于发明的创造性评价过程中的考量因素。*PHILIPS* 案中的功能性数据结构本质上构成了系统发明的技术特征。

第四节　日本专利制度中计算机实施的发明专利适格性

一　法定发明的构成要件

日本专利法第 2 条第 1 款规定的发明是指利用自然规律作出的具有一定高度的技术思想创造。构成法定发明需要满足五个要件：利用自然规律；具有可再现性；技术思想；创造和高度性。对于计算机实施的发明，或者 JPO《专利和实用新型审查手册》中所称的计算机软件相关发明而言，被认定为受专利法保护的发明所面临的主要障碍来自于"利用自然规律"和"技术思想"要件。它们通常符合其他三项要件。可再现性要求是从利用自然规律要件派生而来，强调发明的效果可以重复出现。计算机实施的发明依靠程序的运行实现预期目标，程序的机器代码可以为计算机反复读取，并且现代软件的兼容性使之可以在不同的通用计算机上运行。创造要件是为了区别人类智力活动的创造成果与单纯的发现，计算机实施的发明显然不属于自然界既存现象的发现。而"一定高度"是发明专利相对于"实用新型"而言，在实务中，该要件对判定可专利的发明没有实质性限制意义。

(一) 利用自然规律

自然规律指在"自然"领域（自然界）根据经验所发现的规律。① 自然规律本身（如能量守恒定律、万有引力定律等）、违反自然规律的发明（如永动机）和没有利用自然规律的发明均不是法定的发明，其中没有利用自然规律的发明一般包括除自然规律以外的其他法则（如经济规律）、人为安排（如游戏规则）、数学公式、人类智力活动以及仅仅利用前述四种对象的发明。若计算机实施的发明在整体上属于这些没有利用自然规律的情形，则不能被授予专利权。游戏规则、会计学和经济学原理不属于自然规律，游戏机和会计处理装置作为机器发明其中的自然规律利用性却得到了认可。② 利用计算机实施的方法发明不同于嵌入计算机程序的机器或者装置发明。例如，在模拟电路的方法案中，东京高等法院判定发明的内容"仅仅是纯粹地明确记载了数学计算顺序"，③ 而没有表明现实电路的构成部件和电气特性，不属于利用自然规律的技术思想。在哈希函数案中，知识产权高等法院判定生成一组二进制值的短缩表示方法是一种数学算法，"使用现有的演算装置来演算计算公式，不过是上述数学课题的解法或者说实施数学计算顺序的结果而已。这样的结果并不是利用了自然规律并与技术思想结合的结果"。④ 再如，一种在远程游戏玩家之间进行的 *shogi* 日本棋牌游戏的方法，尽管游戏方法中使用了聊天系统作为实施手段，但是作为整体来看，该方法仍然只是未利用自然规律的人为安排。⑤ 软件相关的商业方法专利申

---

① ［日］青山纮一：《日本专利法概论》，聂宁乐译，知识产权出版社2014年版，第89页。

② 参见知识产权高等法院："游戏机"案，平成21年6月16日判决·判时2064号，第124页；知识产权高等法院："会计处理装置"案，平成21年5月25日判决·判时2105号，第105页。

③ 东京高等法院平成16年12月21日判决·判时1891号，第139页。

④ 知识产权高等法院平成20年2月29日判决·判时2012号，第97页。

⑤ 日本特许厅：《专利和实用新型审查指南》，第三部分第一章第2.1.4节之示例5。

请同样如此,在积分管理装置案中,知识产权高等法院认为涉案经营模式发明中的动作步骤也可以由人来进行,因而否定了其自然规律利用属性。① 根据以往的司法案例和专利审查实例,利用计算机执行人为安排、计算数学公式和从事商业活动,发明的唯一技术特征是通用计算机,遵循整体判断原则,该发明不能被认定为日本专利法第2条第1款规定的发明。

2008年,知识产权高等法院判决的"双向牙科治疗网络"案② 被视作采用比较宽松的标准肯定发明利用自然规律的代表性案例。该案中的发明是一种用于辅助作出最合理的牙科治疗和修复计划,选择最合适的材料的方法和系统。JPO以发明的特定事项是把牙科医生依据其主体性精神活动而进行的判断和计划……作为"手段"表达出来而已作为理由,驳回了专利申请。申请人上诉至知识产权高等法院,该院认为如果申请专利的权利要求记载了一定的技术手段,那么需要进一步辨别发明的本质是精神活动本身,还是辅助人类的精神活动或提供替代精神活动的技术手段,前者应当被排除在可专利的对象之外,后者则属于专利法第2条第1款所规定的发明。综合涉案发明的权利要求和说明书中描述的发明目的和相关细节可知,"发明是具有'装备了数据库的网络服务器'、'通信网络'、'设置在牙科治疗室的计算机'以及'可以显示和处理图像的装置'的,基于计算机而运行的,为辅助牙科治疗而提供技术手段的技术方案。"③ 如是说,记载"一种计算装置,通过计算机执行'$s = (k+1)(2n+k)/2$',来计算出自然数n至$n+k$的和"的权利要求,只是笼统地写明由计算机执行的数学公式计算,没有利用自然规律。若专利权利要求和说明书中阐述了与每一步算法相对应的"输入单元"、"计算单元"和"输出单元"等具体的技术手段,则属于法定

---

① 知识产权高等法院平成18年9月26日判决·平成17(行ケ)10698。
② 知识产权高等法院平成20年6月24日判决·判时2026号,第123页。
③ [日]增井和夫、田村善之:《日本专利案例指南》,李扬等译,知识产权出版社2016年版,第8页。

的"发明"。①

比较而言，虽然 EPO 与 JPO 和日本法院都以技术手段作为出发点，判断计算机实施的发明之专利适格性，但是 EPO 目前采取的"任何技术手段"或称"任何硬件"标准更加类似于专利客体要件的形式审查，因为申请专利的权利要求中只要存在计算机或者其他装置作为方法的实施手段，或者直接撰写为存储计算机程序的载体等产品发明，便足以通过专利授权的入门审查。日本对待软件相关发明的态度更为严格，可专利客体的判断过程中也融入了说明书详细记载要件，审查员和法官在掌握发明的实质内容的基础上，认定其是否为利用自然规律的技术思想的创造。

日本逐步放宽软件相关发明的审查标准受到 *State Street Bank* 案后美国专利政策的影响。然而，与美国不同的是，美国法院尤其是联邦最高法院的判决推动着 USPTO 审查基准的变化，日本法院却不太可能与 JPO 唱反调，行政机关实行的政策相对比较稳定，JPO 的动向大致反映了日本国内的立场。② 2001 年，日本召开的产业结构审议会知识产权政策分会上，探讨了"利用自然规律"要件在以计算机科学、生物技术为主导的新技术领域中延续的意义，会议指出"利用自然规律"要件与"技术思想的创造"要件相结合是排除抽象构想、人为安排等可专利性的根据，假设删除这两个要件，受日本专利法保护的对象可能会无限制扩张，导致专利授权混乱的状况，因此专利法中关于发明定义的修订被暂时搁置。也有日本学者认为，如同"门诊挂号发号方法"案③和"电子翻译机"案④中的发明一样，既没有发明事物和机械处理技术，也没有发明编程的专利申请

---

① ［日］青山纮一：《日本专利法概论》，聂宁乐译，知识产权出版社 2014 年版，第 92 页。
② 张玲：《日本专利法的历史考察及制度分析》，人民出版社 2010 年版，第 221 页。
③ 大阪地方法院平成 5 年 11 月 30 日判决·判时 1483 号，第 111 页。
④ 东京高等法院平成 6 年 12 月 20 日判决·判时 1529 号，第 134 页。

人可能仅凭借已有的编程方法垄断特定处理技术的实施，显然对于申请人的利益给予了过度的保护。① 这种情况下，专利申请人唯一的智力创造是将社会生活中既存的规则和机械处理方法以某种程序语言的形式撰写为机器可读的代码。按照日本专利审查指南的规定，计算机编程语言属于没有利用自然规律的人为安排。此类发明即使作为法定的发明获得承认，但鉴于发明的新颖性和创造性要求，它们依然难以获得日本专利法的保护。

（二）技术思想

技术思想是指"为了实现一定目的的具体的手段"，具体手段需要具备具体形态和构造，与此同时，这种手段能够实施，并且具有可重复性。② 个人技能、单纯的信息表示和单纯的美学创作（如绘画、雕刻等）被排除在技术思想之外。③ 个人技能通过个人经验获得，作为知识，由于缺乏客观性而不能与他人分享，"棒球的直线投球法"就属于这种情况。计算机实施的发明可能指向不可专利的单纯信息展示，其特征仅在于信息的内容，主要目标是展示信息。例如，计算机程序列表，也就是说，仅仅通过将计算机程序打印到纸张上，或者显示在屏幕上的方式展示计算机程序。由于没有计算机程序运行产生的功能和效果，没有必要授予专利权；如果代码的表达具有独创性，可以构成文字作品，获得著作权法保护。但如果信息的展示中存在技术特征（展示本身、展示手段、展示方法等），则要求专利保护的发明不被认定为单纯的信息展示。比如用于测试电视机显示性能的模式，该模式本身是一项技术特征。另外，在视频记录介质案中，东京高等法院认为将卡拉 OK 设备中即将演唱的歌词部分进行着色的方式，是具有技术特征的信息展示，可以成为法

---

① ［日］田村善之：《日本知识产权法》，周超、李雨峰、李希同译，知识产权出版社 2011 年版，第 182 页。
② 参见李明德、闫文军《日本知识产权法》，法律出版社 2020 年版，第 274 页。
③ 日本特许厅：《专利和实用新型审查指南》，第三部分第一章第 2.1.5 条。

定的发明。① 实践中,"技术思想"要件与"利用自然规律"要件相辅相成,有着紧密的联系,只有利用自然规律的问题解决方案才可能重复使用,发明的构成和产生的效果体现了其利用自然规律的程度。因此,判断发明是否属于技术思想的创造时,应当从整体上考察发明是否利用了自然规律,既使其中包含了人为的判断与取舍,也不影响最终的专利适格性认定结论。

二 客体适格性判断的双重视角

JPO 判断软件相关发明的专利客体适格性的过程可以分为两个步骤,其中第一个步骤是根据审查指南第三部分第一章关于专利和实用新型的适格性规定,认定要求专利保护的软件相关发明是否属于"利用自然规律的技术思想的创造"。如果审查员无法通过第一个步骤就发明的专利适格性作出结论,则需要按照基于软件立场的思想,判断要求专利保护的发明是否为"利用自然规律的技术思想的创造"。反之,如果第一步的判断已然能够定性软件相关发明是否属于法定的发明,则不再需要进行第二个步骤。②

(一) 一般视角

具有以下两种情形的软件相关发明,构成整体上利用了自然规律的"发明":一是控制某一装置(如电饭煲、洗衣机、发动机、硬盘驱动器、核酸放大器等)或者执行与这一控制相关的处理。此类发明可以进一步细分为三个子类别:(1)控制目标设备;例如一种服务器,用于接收多位用户预先设定并存储于终端设备上的信息,再计算每位用户回家时间,据此设置电饭煲煮饭时间,从而使电饭煲在最先回到家中的用户到达前完成煮饭,该发明便是基于某项功能控制终端装置(电饭煲)。(2)根据特定装置的用途实现其运行的控制。例如一种电力控制系统,它实现了系统中不同装置的用途,

---

① 东京高等法院平成 11 年 5 月 26 日判决·平成 9(行ケ)206。
② 日本特许厅:《专利和实用新型审查手册》,附录 B 第一章第 2.1.1 节。

销售由发电装置生产并传输至商用电力系统的电,存储由发电装置生产并传输至电池的电,释放购买的电量、从电池传输至电子设备。(3) 对于由多个相关装置组成的完整系统进行协调控制。例如一种货物投递的方法,包括一辆载有货物供给机制的运输车辆以及能够自动飞行的无人机。整体而言,货物的投递是各个装置之间协作运行而实现,即货物供给机制和无人机分别执行来自于控制服务器的指令,并可以通过控制服务器进行相互通信,确保运输车辆可以抵达无人机起降位置,执行货物投递任务后,顺利返回运输车辆所在地。①

二是具体执行以技术性能为基础的信息处理,技术性能包括但不限于物体的物理、化学、生物和电子性能,例如发动机转速及其转动温度、基因序列与活体特征的表达之间的关系、相互结合的物质之间的物理或化学关系。现实中,这类发明或是通过计算处理表明物体技术性能的数值、图像等获得预期的数值、图像等,或是通过利用某一物体的特定状态与达到这一状态相应的现象之间的技术关联,执行信息处理。比如,一种预防二次事故的程序,它运用了交通事故发生与车辆速度和加速度变化率以及所在位置周边车辆的速度之间的关联性,具备确认事故发生,并将相关信息发送给其他车辆的功能。此外,美国 *Diehr* 案中的方法发明正是根据橡胶制品塑形效果与压膜时间之间的技术关系,采用计算机程序精准计算和控制生橡胶置于模具中的时间,依照日本现行的专利客体适格性判断标准,该发明在日本同样属于受专利法第 2 条第 1 款保护的对象。

事实上,从一般视角能够判断客体适格性的软件相关发明,往往是那些与有形事物有直接联系或者发生物理作用的发明,软件与其他机械部件或装置一样,只是承担整个发明中的一个或者多个功

---

① 日本特许厅:《专利和实用新型审查手册》,附录 B 第一章第 2.1.1.1 节之 (1)。

能，按照日本专利制度中传统的发明认定标准，即可比较容易地判定发明属于利用自然规律的技术思想的创造。这类发明在前述美国或者欧洲专利制度中通常也作为可以被授予专利权的客体。在美国，鉴于发明依靠软件运行控制了具体的装置，或者处理涉及技术性能的信息，进而改变事物状态，符合"机器或者转换"标准，构成抽象思想的实际应用，是美国专利法意义上的发明。在欧洲，这些发明采用计算机处理器、服务器、网络以及其他互联设备（如运输车辆和无人机等）作为技术实施手段，属于 EPC 第 52（1）条规定的可专利客体。需要遵循下述基于软件立场的思想判断的发明，往往没有肉眼可见的有形产品生成，而是由软件和计算机等硬件结合，处理没有反映物体技术性能的数据，它们作为日本专利法保护的对象更具争议性。

（二）基于软件的视角

对于计算机实施的软件相关发明，如果软件执行的信息处理，通过使用硬件资源来具体实现，该软件也属于"利用自然规律的技术思想的创造"。具言之，根据预期的使用，通过软件和硬件资源的合作构建特定的信息处理器或它的操作方法，其中的软件以及存储软件的计算机可读介质和信息处理器均是可以被授予专利权的客体。所以，以软件为视角，符合日本专利法第 2 条第 1 款的相关发明之权利要求必须包括：输入数据（到处理装置）→处理步骤的详细描述（由输入数据的处理装置所执行）→输出数据（从处理装置）→硬件资源的具体描述（由处理装置使用）。[①] 依照日本专利审查指南的要求，判断"软件执行的信息处理，通过使用硬件资源来具体实现"与否，应当结合权利要求书、说明书、附图的内容和申请时的

---

① ［法］丹尼尔·克罗萨、［英］亚历克斯·加迪纳、［德］福尔克·吉姆萨、［奥］约尔格·马切克：《适用于计算机领域从业人员的专利法实例——计算机实现的发明的保护方法》，冯于迎、冯晓玲、胡向莉译，知识产权出版社 2016 年版，第 22—23 页。

公知常识，计算机程序执行的算法中的主要步骤以及每一个步骤对应的具体硬件资源须明确记载或者暗含于上述专利申请文件与公知常识中。

例如，一种用于创作一组文件中特定主题文件的总结（summary）的计算机，其中包括通过分析该主题文件，提取其中的一句话或者多句话以及每一句话中的一个或者多个词语；以每一个词在所述主题文件中出现的频率为基础，计算被提取的每一个词语的 TF 值，和词语在本组所有文件中出现频率的倒数（IDF）；计算每一句话中所含词语的总 TF-IDF 值，作为衡量每句话的重要性的指标，从特定的主题文件中选择一定数量的句子，并将它们按照句子的重要性指标降序排列，于是便生成了一篇总结。尽管权利要求涉及的唯一硬件是计算机，但是将申请时的公知常识纳入考量范围，基于创作文章总结的预期使用，通过软件和硬件合作的具体方式或步骤执行特定信息计算或处理，对于领域内的普通技术人员而言是显而易见的，因为计算机通常由中央处理器、内存、存储装置、输入和输出装置组成。由此认定该计算机构成了利用软、硬件资源合作实现预期目标的信息处理器装置。① 若专利权利要求撰写为"一种计算机，由为输入文本数据配置的输入装置，为处理已输入文本数据配置的处理装置，为输出已处理文本数据配置的输出装置组成，该计算机用于创作利用所述处理方式输入的文件的总结"，综合说明书、附图和申请时的公知常识解释其中的词语含义，同时考虑权利要求的整体表述，其并未记载执行特定计算和信息处理的具体手段或过程。② 当然，这不意味着专利权利要求中叙述了"计算机""中央处理器"和"存储器"等硬件资源，发明就一定可以被授予专利权。客体要件的审查不是形式审查，而是根据发明目的和实现目的的具

---

① 日本特许厅：《专利和实用新型审查手册》，附录 B 第一章第 2.1.1.2 节之（2），示例 4。

② 日本特许厅：《专利和实用新型审查手册》，附录 B 第一章第 2.1.1.2 节之（2），示例 3。

体手段在实质上认定发明"通过软件进行的信息处理是使用硬件资源而实现"。可见，以软件和硬件协同工作的方式实现信息处理目的的装置或者方法专利申请案，须明确阐述计算和处理数据的手段或过程，才能达到 JPO 授予软件相关发明专利权的准入门槛。

需要注意的是，要求专利保护的发明类型，或者说专利权利要求类型在形式上的改变（如从方法发明改写为产品发明）不影响软件相关发明的可专利性，发明能否成为日本专利法保护的对象取决于权利要求中文字含义的解释。对于软件相关的从事商业活动的方法，能否落入"利用自然规律的技术思想的创造"范畴不在于它是否具有某个特征，而是由软件执行的信息处理是否通过使用硬件资源具体实现所决定。举例言之，发明是关于一种存储通过网络分布的文章的方法，包括下列步骤：

——通过一种接收装置接收经由通信网络发布的文章；
——通过一种显示装置显示所接收的文章；
——使用者核查期望的关键词是否存在于已接收文章的文本中，如果存在，向文章存储执行装置发出"保存"指令；
——通过文章存储执行装置存储前述文章。

该权利要求记载了接收、显示和文章存储执行装置，但是这些装置只是计算机的通用功能，除此之外的方法步骤也并不是具体的手段而是使用者的智力活动。因此，权利要求中的客体没有根据预期的使用，通过软、硬件资源的协作构建具体的计算机信息处理器。

同样的权利要求主题，如果以软、硬件相结合的技术实施手段替代上述权利要求中的自然人智力活动的过程，则属于法定的发明：

——通过一种接收装置接收经由通信网络发布的文章；
——通过一种显示装置显示所接收的文章；
——通过文章存储确认装置确定期望的关键词是否存在于

已接收文章的文本中，如果存在，从该确认装置向文章存储执行手段发出"保存"指令；

——通过文章存储执行装置存储前述文章。①

经过比较不难发现，以上两个权利要求的唯一区别是步骤3，确认所接收文章是否符合使用者预期，以及给出"保存"指令的方式。预期的使用是仅保存包含事先确定的关键词的文章，据此，后一发明利用软件和硬件的协同工作实施了具体的计算或信息处理。因为即使权利要求中没有明确记载通信网络以外的硬件资源，依据本领域公知常识可知，与软件配合执行文章接收、显示和存储装置的硬件资源显然还包括用户计算机的中央处理器、显示器、随机存储器（RAM）等。所以，后一权利要求记载的发明是日本专利法第2条第1款规定的"利用自然规律的技术思想的创造"。

与美国和欧洲专利制度不同，日本专利法从正面直接定义了"发明"的概念，即利用自然规律作出的具有一定高度的技术思想创造。JPO发布的专利审查指南在此基础上，进一步界定了被排除在法定发明之外的对象。从日本专利法规定的"发明"定义来看，技术性是计算机实施的发明被授予专利权的肯定要件。联合国教科文组织专家小组将技术定义为"人类在与自然彼此相互作用时，用来扩展他们肌肉、感觉和智慧的一切手段与方法——在创造文化价值方面起着重要作用。"② 由是可知，手段或方法是技术概念的落脚点，也是技术的现实体现。在日本，即使不能基于一般立场认定计算机实施的发明是否利用了自然规律，从软件的视角判断相关发明的专利适格性，也要求以软、硬件相结合的手段执行数据计算或处理，这种手段必须是具体而非抽象的，借以软件的运行使通用计算

---

① 日本特许厅：《专利和实用新型审查手册》，附录B第一章第3节，Case 2-2。
② 郎贵梅：《专利客体的确定与商业方法的专利保护》，知识产权出版社2008年版，第67页。

机成为能够实现特定目标的信息处理装置。JPO 审查软件相关发明专利客体适格性的标准稍严于 EPO 采用的判断标准，尽管均是围绕发明的技术性，特别是技术手段展开分析，但是在欧洲专利制度框架下只要专利权利要求中涵盖了计算机、网络或者其他可编程装置，初步认定（prima facie）计算机程序实现了发明中至少一个技术特征，即满足 EPC 第 52（1）条的规定，属于可专利的客体。而 JPO 审查软件相关发明的客体要件不完全依赖于专利权利要求的文字表达，还要参考说明书、附图以及本领域公知常识，以软件和硬件协作方式实现的发明，其专利申请文件需要明确记载或者结合公知常识可以推知程序算法与执行各步骤的硬件资源之间的一一对应关系。

在 JPO 与 EPO 联合发布的《计算机实施的发明/软件相关发明比较研究报告》[①] 中，双方遵照各自的可专利客体判断方法和标准，就同一专利申请案作出了不同的结论。例如，关于无人驾驶汽车调配方法的发明，该方法在一个由汽车调配服务器、可移动终端设备和无人驾驶车辆组成的系统中实施。首先，汽车调配服务器接收由终端用户提出的在指定地点调配汽车的需求；接下来，服务器为该用户调配车辆。EPO 认为权利要求已经明确了方法发明的技术实施手段，属于 EPC 第 52（1）条保护的专利客体。相反地，JPO 却认为这一发明的权利要求虽然记载了"无人驾驶汽车"，却没有阐述发明如何控制特定装置（无人驾驶汽车）或者基于装置的技术性能进行信息处理，也没有说明如何根据预期的使用（调配无人驾驶车辆）执行具体的计算或者信息处理。无论从一般视角还是从软件的视角，该发明都无法构成日本专利法第 2 条第 1 款保护的对象。虽然均以技术性作为宗旨，划分可以被授予专利权与排除在专利客体之外的发明，JPO 和 EPO 为专利授权的第一道门槛设定了不同的高度。对于申请欧洲专利的软件相关发明而言，只要使用了计算机、服务器、

---

① EPO & JPO, *Comparative Study on Computer Implemented Inventions/Software Related Inventions*: Report 2018.

网络等现代信息处理技术手段,即具备获得专利权的资格。在客体审查阶段,EPO 只关注技术手段的有无,而不考虑技术手段的详细程度,JPO 则要求软件与硬件合作计算或处理数据的具体手段或过程。正如日本学者所言,软件相关发明与机械或者电器这些在自然规律利用性的充足度上不会产生问题的发明类型相比,发明内容在专利申请文献中是否有完整的记载,其作用不仅仅是停留在单纯的公示要件的充足性问题上,对于"发明"的适格性也有着重要意义。①

实际上,科学技术知识可以分为科学理论知识和应用技术知识两类。科学理论知识是对于一般事物的抽象认识,而应用技术知识是对于个别事物的具体观察和研究。② JPO 作此要求可以及早地避免专利申请人先占科学技术领域的基本理论,而 EPO 现行的可专利性判断方法有赖于后续的创造性审查实现这一目标。当前,过于宽泛的功能限定权利要求成为计算机实施的发明专利的主要特征之一,权利人要求保护的是某种效果本身而不是产生效果的特定方式,在一定程度上赋予了专利权人市场垄断地位。JPO 认为可以被授予专利权的软件相关发明应是"通过软件进行的信息处理是使用硬件资源而实现",意味着发明需要限定一种实现信息处理功能的具体结构,可以缓解过于宽泛的软件专利权利要求带来的不利后果。

另外,日本专利审查部门和法院衡量计算机实施的发明之专利适格性没有像美国那样,要求申请专利的客体具有发明性(inventiveness),无需将相关发明中抽象思想之外的其他因素(计算机、服务器、互联网络等)与本领域内的常规活动进行比对。尽管 JPO 从软件的角度考察发明是否属于"利用自然规律的技术思想的创造",也会引入公知常识的考量,但其目的是为了确定权利要求中未

---

① [日]田村善之主编:《日本现代知识产权法理论》,李扬等译,法律出版社 2010 年版,第 91—92 页。

② 李扬:《知识产权的合理性、危机及其未来模式》,法律出版社 2003 年版,第 94 页。

明确记载而是间接暗示的执行信息处理的硬件资源，只要软、硬件结合的技术手段足够具体，就属于日本专利法规定的"发明"，与美国判例法确立的两步测试框架中用于寻找发明性概念的"本领域公知、例行和常规活动"的作用完全不同。至于硬件资源本身及其部署和架构的常规性，它们是否改进了现有技术不在专利客体要件的审查范围。

三　特殊对象的专利适格性

（一）人工智能算法

算法（algorithm）这个单词源于 9 世纪波斯数学家 al-Khowarazmi 的著作，数学对于人工智能而言，主要有三个方面的贡献：逻辑、计算和概率。[①] 无论是用于逻辑演绎的算法，还是基于可以用算法表示的函数，或者说可计算的函数解决易处理的人工智能问题[②]，又或者利用概率规则进行人工智能系统中的不确定推理，都离不开数学学科的支持，数学是推动人工智能从设想飞跃到正式科学的基本工具。同美国、欧洲等主要国家或地区的专利制度实践一样，JPO 和日本法院也将纯粹的数学公式或者函数作为不可专利的对象。即使申请专利的权利要求指向完成特定公式的计算设备，它由输入装置、计算装置、输出装置和数学公式构成，如果没有记载如何以软件和硬件协作的具体手段或者步骤实现计算数学公式的预期目的，依然被排除在可专利客体之外。但是，在前述权利要求的基础上，明确数学公式的计算不需要乘除装置，而是使用存储在某个位置的平方数值表格，并且由加减器和数字移位器组成的运算装置读取表格中的平方值执行数学计算，则属于日本专利法第 2 条第 1 款保护

[①]　[美] 罗素（Stuart J. Russell）、诺维格（Peter Norvig）：《人工智能：一种现代的方法》，殷建平、祝恩、刘越、陈跃新、王挺译，清华大学出版社 2013 年版，第 9—10 页。

[②]　如果解决一个问题的实例所需时间随实例的规模成指数级增长，那么该问题被称为不易处理的问题。

的"发明"。①

抽象的人工智能算法无法被授予专利权，用于解决具体问题的算法应用却有可能落入法定的发明范畴。例如，日本专利审查指南中例举的"用于分析住宿环境声誉的训练模型"，实质上是利用神经网络计算，将输入的有关住宿环境声誉的文本数据（例如在旅游点评网站上发布的关于某酒店的评价）经过计算输出为量化的数值。该模型由两个神经网络构成，第二个神经网络接收来自第一个神经网络的输出，第一个神经网络的权重训练采取的方式是使输入层中的每一个输入值与其所对应的输出层中的输出值相等，第二个神经网络的权重训练也采取同样的方式。这两个权重计算分别代表输入的文本数据中特定词语出现的频率，和输出的量化数值。结合说明书中的描述，该模型会被用作构成人工智能软件一部分的程序模块，计算机的中央处理器按照存储于内存中的训练模型发出的指令，执行具体的计算。所以，权利要求中描述的"模型"本质上属于一种计算机程序。考虑到发明的预期目的"准确分析酒店声誉"已经通过软、硬件相结合的具体手段或步骤得以达成，形成了特定的信息处理系统，这一训练模型是可以被授予日本专利权的对象。② 从宏观角度看，神经网络扮演着计算机中计算单元的角色，它可以经过大量实例训练，快速执行复杂的信息处理。在许多专利申请案中，没有明确定义输入特征值，因此 JPO 强调审查确定输入特征值的必要性。

由是可知，运用人工智能算法进行计算的输入值限定了算法应用的领域或者所要解决的问题，若训练模型中的输入值仅仅是通用数据而被授予专利权，将导致个别专利权人独占数学算法和公式，加重人工智能技术创新的成本，阻碍产业的未来发展。虽然该发明

---

① 日本特许厅：《专利和实用新型审查手册》，附录 B 第一章第 3 条，Case 2-1。
② 日本特许厅：《专利和实用新型审查手册》，附录 B 第一章第 3 条，Case 2-14。

中的输入值没有预先选定,但是通过执行形态学分析确定的不同词语在文本中的出现频率,可以视作输入特征值的候选者。另外,这类发明在日本能够成为专利法保护对象,要求"通过软件进行的信息处理是使用硬件资源而实现",输入特征值的确定性也是评判实施手段或者步骤具体与否的一项关键指标。

(二)数据结构

在日本,允许直接以具有一定结构的数据或者数据结构的形式撰写权利要求,而不必考虑它们是否存储在一定介质上。如果计算机执行的信息处理受制于数据的结构,则认为数据结构或者结构化数据的属性与计算机程序相似,此时适用计算机程序的专利客体适格性判断标准,就其是否属于日本专利法第2条第1款就规定的"发明"作出认定。举例而言,下面这一项数据结构权利要求与计算机程序具有相似属性,因为它规定了计算机执行的信息处理操作:

一种内容数据的数据结构,它被由显示部分、控制部分和储存部分组成的计算机所使用,并存储于计算机储存部分,包括:

一个用于识别内容数据的主 ID;

图像数据;和

一个表明主 ID 其他内容数据的后续内容 ID,其中包括在图像数据之后显示的图像数据,该数据结构被用于这一处理流程,即在显示部分显示图像数据后,控制部分从存储部分获取其他内容数据。

此外,通过软件(等同于计算机程序的数据结构)和硬件资源(显示部分、储存部分以及计算机内部其他类似组件)相互合作的具体手段或流程,实施以"顺序展示图片"为预期使用目的的具体信息计算或处理,属于"利用自然规律的技术思想的创造",可以被授予专利权。反之，如果要求专利保护的数据结构只是表明了其所包含的数据元素的内容和顺序，没有指示计算机如何进行数据信息处理，该数据结构属于人为安排而非"利用自然规律的技术思想的创造"，不可以被授予专利权。数据结构或结构化数据能够获得专利保护的前提是具有确定的结构，否则，即使使用了特殊的信息处理手段，所产生的数据仅仅是单纯的信息展示，不在法定的发明之列。比如，一种通过计算机实施特殊的信息处理而创造的虚拟空间字符（character），虽然权利要求中将要求保护的对象描述为"字符"，但它实际上以数字和模式相结合的形式表达，显然属于一种数据，缺少能够规定计算机信息处理操作的结构，不是日本专利法保护的对象。①

第五节　我国专利制度中计算机实施的发明专利适格性

根据清华大学中国科技政策研究中心发布的《中国人工智能发展报告2018》，我国已超越美国和日本，成为全球人工智能专利布局最多的国家，尤其在人工智能技术应用的国际市场上，我国具有领先优势。② 国内外涉及人工智能等新技术和新领域新业态的发明创造不断涌现，为了贯彻我国关于全面加强知识产权保护的一系列方针政策，落实创新驱动发展战略，回应创新主体对进一步明确此类发明专利申请审查规则的需求，国家知识产权局于2019年修改了《专利审查指南》第二部分第九章的相关内容。③ 在可专利客体审查方面，除了确立整体判断原则，不因权利要求中包含算法或商业规

---

① 日本特许厅：《专利和实用新型审查手册》，附录B第一章第2.1.2节。
② 清华大学中国科技政策研究中心：《中国人工智能发展报告2018》，第2—4页。
③ 国家知识产权局：《关于〈专利审查指南第二部分第九章修改草案（征求意见稿）〉的说明》，第1页。

则和方法特征而简单地排除其可专利性，还在坚持原有的技术方案"三要素"的基础上，细化审查标准，新增审查示例。我国《专利法》第2条第2款将发明定义为一种技术方案，对于计算机实施的发明仍然适用"技术方案"的一般判断方法。因此，需要对我国专利审查和司法部门以往适用的专利客体适格性判断方法和标准进行回顾，分析新修改的专利审查规则是否解决了历史遗留问题，是否符合人工智能等新技术和新领域新业态发展趋势。

一 可专利客体判断方法和标准在我国的演变

对于既包含算法或者商业规则和方法等非技术特征，又包含计算机、网络等技术特征的发明，我国曾经采取的审查政策和思路主要分为以下几个阶段：

（一）2004年以前

在2004年之前，我国专利行政审查部门通常以此类发明属于专利法第二十五条规定的"智力活动的规则和方法"为理由，驳回专利申请。审查思路是围绕技术方案的"三要素"展开分析和说理。[①] 法院所持观点与专利行政部门基本相同。例如，在陈景模诉专利复审委员会案中，涉及的发明是一种有"四声"（包括轻声）的汉语拼音文字（必要时附带"语法符号"）用于电子计算机、检索、出版等，中国专利局认定该发明是一种没有使用任何自然力的信息表述，只需要人们对它去进行理解和思维，所以不能授予专利权。北京市中级人民法院支持了专利局及专利复审委员会的驳回决定，并认为原告申请专利的发明只是一种经他设想的拼音文字规则，用以代替现有的汉语拼音方案和方块字，人们熟记这些规则或概念就可以实现这一申请内容。尽管申请案中多次提出发明可以应用于电子

---

① 刘铭：《涉及商业方法的专利申请的审查思路》，《中国知识产权报》2014年6月20日第11版。

计算机等，但并未公开应用申请内容的计算机和其他专用设备的技术方案，因而判定该专利申请为智力活动规则和方法。①

我国《专利审查指南》第二部分第九章也相应地作出规定："汉字编码方法属于一种信息表述方法，它与声音信号、语言信号、可视显示信号或者交通指示信号等各种信息表述方式一样，解决的问题仅取决于人的表达意愿，采用的解决手段仅是人为规定的编码规则，实施该编码方法的结果仅仅是一个符号/字母数字串，解决的问题、采用的解决手段和获得的效果也未遵循自然规律。"② 除非汉字编码方法与计算机或者键盘相结合，作为一种计算机汉字输入方法或者信息处理方法，是可以获得专利保护的客体。可见，我国专利审查部门和司法机关早期对待计算机实施的发明采取了相对粗放的判断方式，似乎申请专利的发明方案中含有计算机、键盘等硬件，就等于利用了自然规律，这对于有经验的专利代理人而言，不过是一种文字游戏罢了。③

（二）2004 年至 2008 年

针对计算机实施的商业方法发明，国家知识产权局于 2004 年 10 月发布了《商业方法相关发明专利申请的审查规则（试行）》（已废止），其中规定在判断申请是否属于"完成一种商业规则运作的技术方案"时，要求申请专利的方案与最接近的现有技术相比，解决了技术问题，采用了非公知的技术手段，实现了符合自然规律的技术效果，并因此对最接近的现有技术作出实际的技术贡献，才构成专利法所保护的技术方案。若将申请案与最接近的现有技术对比，不同之处仅在于非技术性商业活动规则、或者除了非技术性商业规则之外，只是与公知计算机和网络技术的简单叠加或拼凑，应当认为相关发明是利用已有的技术手段完成商业活动规则，不能被授予专

---

① 北京市中级人民法院（1998）中经字第 39 号行政判决书。
② 国家知识产权局：《专利审查指南》，第二部分第九章第 4 节。
③ 崔国斌：《专利法：原理与案例》，北京大学出版社 2016 年版，第 122—126 页。

利权。确定最接近的现有技术必须通过检索获得客观证据予以证明。事实上,是否利用已有或者公知的技术手段实施解决问题的方案,不影响发明的技术性判定。以类似于发明的创造性标准评判其是否属于可专利客体,对于专利适格性要件与创造性等实质授权要件之间的界限作模糊化处理,可能将一部分有价值的软件相关发明排除在专利权保护范围之外,因为公知或者已有技术特征的组合也能够带来技术上的贡献。2006 年修改的专利审查指南已不再要求进行现有技术检索。

（三）2009 年以后

2004 年的《商业方法相关发明专利申请的审查规则（试行）》于 2008 年 4 月废止后,2009 年国家知识产权局在其内部的《审查操作规程》中,规定了与商业方法发明专利申请相关的事项,① 进而形成了三种思路并行的审查方式,即"（1）直接根据说明书背景技术或公知常识判断是否属于专利保护客体；（2）根据检索结果,引证对比文件后判断是否属于专利保护客体；（3）可以依据检索到的现有技术评述新颖性或创造性。"②

实践中,考虑到检索成本以及自由裁量的空间,审查员倾向于采取第一种审查思路认定发明的专利客体适格性。司法机关也遵循了相似的可专利客体判定路径。例如,在陈洪瑞诉专利复审委员会案中,原告申请的"一种批量现钞智能管理方法及其装置"被国家知识产权局以本申请说明书不符合《专利法》第 26 条第 3 款的规定为由,驳回申请,专利复审委员会维持驳回决定。北京市高级人民法院认为涉案权利要求 1 中的方法发明所使用的力传感器和计算机技术都是本领域公知的,发明没有给力传感器的硬件结构和内容性能,或是现有的计算机处理技术带来任何技术上的改进,其本质上

---

① 杨延超：《APP 专利保护研究》,《知识产权》2016 年第 6 期。
② 刘铭：《涉及商业方法的专利申请的审查思路》,《中国知识产权报》2014 年 6 月 20 日第 11 版。

属于人的思维活动，按照人为设定的规则来实施现钞管理，没有解决技术问题，也没有利用技术手段。此外，涉案发明所达到的效果是提高了现钞管理的便利性，不具有技术性，故本案中批量现钞智能管理方法不属于2001年《专利法》以及2003年《专利法实施细则》第2条第1款规定的技术方案。① 基于相同的理由，权利要求2中的相关装置也不能被授予专利权。

在张江红诉专利复审委员会案中，专利复审委员会同样认为涉案专利申请"一种利用互联网和中转设施实现零售生鲜农产品类电子商务物流配送管理方法"，解决的是零售生鲜农产品配送成本高、配送不及时和配送效率低的问题，使用的是计算机和网络通信领域公知的设备和处理技术，采用该方案达到的效果是提高企业物流配送效率，保障消费者及时得到生鲜农产品，涉案专利申请所述方案解决的问题、采用的手段和达到的效果都是非技术性的，不属于专利法意义上的技术方案。北京市高级人民法院支持了专利复审委员会的决定，而后原告张江红向最高人民法院申请再审，最高人民法院予以驳回。依据最高人民法院的裁定理由，虽然涉案发明中采用了软硬件设备和数据处理过程，但是它们均服从和服务于商业管理意义上的总体操作方案，属于实施商业方案的具体手段和措施，没有改变涉案专利申请作为商业管理方案的本质属性。只有在这些设备和信息数据处理，发生结构、性能等方面的技术改进才有可能构成专利法保护的客体。② 由此看来，无论是行政审查，还是司法裁判均是从要求专利保护的方案所解决的问题、采用的手段和获得的效果三个方面出发，着眼于发明对于现有技术作出的贡献，判定它是否属于适格的专利客体。这一专利客体适格性判断方法以技术贡献为核心，若没有产生实际的技术贡献，即使使用了具体的技术手段，依然无法将不可专利的智力活动规则和方法转变为技术方案。

---

① 北京市高级人民法院（2010）高行终字第1407号行政判决书。
② 最高人民法院（2015）知行字第21号行政裁定书。

上述判断方法接近于 EPO 在 *Vicom* 案中确立的"技术贡献"标准，对于利用计算机等技术手段实施数学计算或者商业活动等不能被授予专利权的事物，须发生物理实体变化的效果，才有资格获得专利法的保护。如果运行计算机实施的发明仅仅在人为制定的规则等非技术领域内产生一定的效果，那么它不属于可专利的客体。只不过 EPO 在 *Hitachi* 案中已经明确不再适用"技术贡献"标准判定申请专利的发明是否符合 EPC 第 52（1）条之规定，而我国专利法规定的技术方案"三要素"中的"技术效果"要素仍然与此有着紧密的联系，能否称之为与信息时代的数字网络环境相适应？另外，我国专利审查部门和法院判断技术方案"三要素"中的"技术手段"要素往往会结合公知常识，但是关于计算机实施的发明是否因使用了公知技术手段而不予专利保护这一问题，尚未形成比较一致的意见。而根据我国《专利审查指南》第二部分第一章第 2 节之规定，未采用技术手段解决技术问题，以获得符合自然规律的技术效果的方案，不属于专利法第 2 条第 2 款规定的客体。在美国，采用计算机等通用信息处理装置执行基本的经济原理等抽象思想，改进了计算机功能或者其他技术领域，则属于抽象思想的实际应用，可以获得美国专利法的保护；如果仅仅将计算机作为执行抽象思想的工具，则相关发明指向专利客体司法例外之一的"抽象思想"。[①] 换句话说，使用公知技术手段的发明，只要能够带来特定的技术效果，依然构成美国专利制度中适格的客体。

2017 年，国家知识产权局修改《专利审查指南》，其中第二部分第一章第 4.2 节补充规定，权利要求在对其进行限定的全部内容中既包含智力活动的规则和方法的内容，又包含技术特征，则就整体而言并不是一种智力活动的规则和方法，不应当依据专利法第 25 条排除其获得专利权的可能性。然而，这一规定对于行政审查和司法实践没有多少现实的指导意义，通过以往的审查实例和判例可知，

---

① *TecSec, Inc. v. Adobe Inc.*，978 F. 3d 1278（2020）.

计算机实施的发明是否属于专利法第 2 条第 2 款规定的技术方案主要围绕其构成"三要素"展开分析。2017 年修改的审查指南中的相应规定，只是确立了不宜采取简单粗暴的方式对待计算机实施的商业方法或者数学算法等发明的原则，即不直接根据《专利法》第 25 条否定其可专利性。这实际上是将行政审查和司法实践中已经普遍遵循的不成文规则写入《专利审查指南》，却没有解决技术方案"三要素"说理不充分的问题，上述有关发明采用的"技术手段"和获得的"技术效果"判定中存在的困惑仍未消除。

二 我国计算机实施的发明专利保护现状

2019 年新增的《专利审查指南》第二部分第九章第 6 节在前述审查原则和方法的基础上，细化了审查标准。尤其针对人工智能、互联网＋、大数据和区块链等新技术领域内的发明申请，利用审查示例的方式，揭示了这类发明专利客体要件审查的特殊性，有助于厘清实践中长期存在的不确定性问题，主要体现在以下几个方面：

（一）通用数学建模方法属于智力活动的规则和方法

专利法意义上的发明是指发明人研究出的、能够在实际应用中解决技术领域的某种问题的方法或设计。解决"数学领域"问题的发明，一般被排除在可以获得专利保护的发明之外。[①] 根据我国《专利审查指南》第二部分第一章第 4.2 节之规定，数学理论和换算方法属于智力活动的规则和方法，不能被授予专利权。例如，就一种建立数学模型的方法申请专利，但申请文件中并没有描述该数学建模方法的具体应用领域。尽管权利要求中提及了作为处理对象的训练样本特征值、提取特征值、标签值、目标分类模型以及目标特征提取模型，却没有明确处理对象的限制因素，它们仅仅是抽象的通用数据，利用通用数据对数学模型进行训练等处

---

① 张晓都编：《郑成思知识产权文集·专利和技术转让卷》，知识产权出版社 2017 年版，第 5 页。

理过程只是一系列抽象的数学方法步骤，生成的结果也是抽象的通用分类数学模型，而且该方案中不包括计算机及其硬件资源等任何技术特征。因此，该发明属于抽象的数学方法的优化，而非可专利客体。[①]

需要强调的是，即使明确了数学建模方法的应用领域和处理数值的特征或含义，数据处理模型也不一定构成技术手段。以"一种基于大数据的人员价值计算方法"为例，其中包括以下步骤：

步骤一：从大批量简历中提取人员数据；

步骤二：根据打分体系对步骤一所提取的基础信息、教育或工作经历数据进行打分；

步骤三：构造具有组织结构先验的稀疏组结构惩罚函数，将打分后的字段代入函数模型，从基础信息、教育或工作经历、行为数据及心理学分析数据中选择字段；

步骤四：使用步骤二中打分后的字段，以预测薪资为目标，以步骤三选择出的字段作为自变量，修订后的期望薪资作为因变量，使用最小二乘回归方法建立回归模型，计算各字段的系数；

步骤五：从数据库中获取新的人员简历，提取各字段数据，代入打分体系进行打分，根据步骤四得到的系数，计算得到该人员简历所对应的人员价值。[②]

以上权利要求记载的技术方案属于人力资源管理领域，模型中的参数是人为主观选择和设定，我国专利行政部门认定该方案解决的问题是评价人员价值问题并非技术问题，所采用的评价手段是通

[①] 参见国家知识产权局《专利审查指南》，第二部分第九章第6.2节之（1）。

[②] 肖光庭主编：《新领域、新业态发明专利申请热点案例解析》，知识产权出版社2020年版，第66—68页。

过数学模型计算人为选择的各考量因素与期望评价对象之间的关系，不是符合自然规律的技术手段，获得的效果也仅仅是为人力资源决策提供参考依据而非技术效果，故此该解决方案不构成可以被授予专利权的客体。

由此推知，倘若申请专利的数学建模方法与具体的应用领域相结合，限定数学方法处理的数据以及采用的技术手段，则可以构成我国专利法保护的技术方案。鉴于此，诸如前述被 EPO 认定为具有技术性的"一种用于文本文件计算机分型的方法发明"，以及被 JPO 认定为法定发明的"用于分析住宿环境声誉的训练模型"，在我国同样属于可专利客体。当然，关于数学理论和运算方法的应用领域涉及广义的"工业"概念，不仅包括机械工程，也包括农业、林业、渔业、采矿业和商业等。没有确定实际用途的发明之所以不能被授予专利权，是因为如此会阻碍后续的发明。①

（二）人工智能算法的实际应用可能构成技术方案

通说认为，人工智能的诞生以三种资源为支撑：基础生理学知识和脑神经元的功能；命题逻辑的形式分析；以及图灵的计算理论。早期从事人工智能研究的科学家们提出了一种人工神经元模型，将每个神经元被描述为"开"或"关"的状态，其中某个神经元对足够数量的临近神经元刺激的反应，可以被定义"开"的状态。设想这种神经元状态相当于提出对其足够刺激的一个命题。例如，科学家们证明了任何可计算的函数都可以通过相连神经元的某个网络来计算，并且所有逻辑连接词（与、或、非等）都可以借助简单的网络结构来实现。② 本书认为人工智能算法本质上属于科学理论，它解释了脑神经元功能如何在由电流产生和改变引起的数字计算环境中

---

① Nobuhiro Nakayama, *Patent Law*, Translated by Foundation for Intellectual Property, Institute of Intellectual Property, Tokyo: Koubundou, 2016, p. 121.

② ［美］罗素（Stuart J. Russell）、诺维格（Peter Norvig）：《人工智能：一种现代的方法》，殷建平、祝恩、刘越、陈跃新、王挺译，清华大学出版社 2013 年版，第 16—17 页。

发挥作用的规律。所谓"科学理论是解释自然现象或者自然规律的，它要解决的问题是：事物'为什么'以一定的形式存在或运动。发明则是运用自己规律的，它要解决的问题是事物'怎样'一定的形式存在或运行。"① 这意味着唯科学理论可以被证明，正如人工神经网络的一般工作原理只是说明了为什么能够通过数学计算和逻辑分析在最大程度上模拟人脑认知功能，至于怎样模拟人脑认知活动需要结合具体的处理任务或应用问题予以具化。故此，人工智能算法的实际应用可能构成专利法保护的发明。

正如有学者所言，在利用计算机运行之前，人工智能算法作为独立且抽象的方案存在于人的脑海中。因为程序算法对现实世界的物理因素（计算机）有着直接的依赖，从而使程序算法成为操作机器的方法，② 也就是抽象思想的实际应用，而不是抽象思想本身。那么，能够操控计算机运行的算法首先必须满足输入数据的确定性，通过计算机实施信息处理的对象不能是通用数据，否则该算法仍然不过是抽象的方案，无法构成具体可操作的技术方案。例如，"一种卷积神经网络模型的训练方法"，为了使训练好的 CNN 模型在识别图像类别时，能够识别任意尺寸的待识别图像，需要获取多个训练图像，模型训练方法的各步骤中处理的数据均为具体的图像数据。明确人工智能算法处理的数据特征后，才有必要根据技术方案"三要素"判定方法发明是否属于我国专利法保护的客体。具体而言，前面提到的 CNN 模型训练方法解决了初始模型仅能识别具有固定尺寸的图像的技术问题，利用计算机在不同卷积层上对图像执行不同处理和训练的手段，可视为利用自然规律的技术手段，最后，训练好的模型获得了能够识别任意尺寸待识别图像的技术效果。因此，

---

① 张晓都编：《郑成思知识产权文集·专利和技术转让卷》，知识产权出版社 2017 年版，第 6 页。

② 崔国斌：《专利法上的抽象思想与具体技术——计算机程序算法的可专利性分析》，《清华大学学报》（哲学社会科学版）2005 年第 3 期。

该发明构成我国专利法第2条第2款规定的技术方案。①

如果一项申请专利的发明只是对算法本身的改进，那么它仍然属于不可专利的智力活动规则和方法。举例言之，"一种遗传算法的改进方法"，其特征在于：

> 对染色体进行编码并生成初始种群后，分别计算每个个体的适应度，并判断是否获得全局最优解；
>
> 若否，对模拟退火算法按照第一策略采用尺度变换，将所述每个个体的适应度代入经尺度变换后的模拟退火算法，并根据所述经尺度变换后的模拟退火算法的计算结果保留特定个体；
>
> 根据第二策略自适应调整所述特定个体的交叉率及变异率，进行交叉和变异操作后产生新的种群；重新计算所述新的种群中每个个体的适应度，并重复上述步骤，直至获得全局最优解。②

该权利要求描述的是一种对通用的遗传算法自身进行优化的问题解决方案，由于没有进一步应用于具体的技术领域，故而并未脱离不可专利的智力活动规则和方法属性，它依然被排除在适格的专利客体范围之外。当前人工智能领域内的基础算法数量极其有限，示例中提到的遗传算法也在此之列，它模拟了生物界在自然选择和自然遗传过程中发生的繁殖、交叉和基因突变的现象。基础算法之外的人工智能算法只有符合技术方案"三要素"以及其他专利授权条件时，才能够被授权专利权。如此既可以激励人工智能产业下游企业积极开展专利布局，又不会阻碍上游产业的技术研发。③

---

① 参见国家知识产权局《专利审查指南》，第二部分第九章第6.2节之（1），例2。

② 肖光庭主编：《新领域、新业态发明专利申请热点案例解析》，知识产权出版社2020年版，第93—96页。

③ 王翀：《人工智能算法可专利性研究》，《政治与法律》2020年第11期。

(三) 计算机实施的纯粹商业方法不可专利

计算机实施的纯粹商业方法是指申请专利的方法权利要求中除计算机这一技术特征外，再无其他技术特征，方法发明整体上没有解决技术问题，也没有获得技术效果。举例言之，一种消费返利的方法，其特征在于，包括以下步骤：

用户在商家进行消费时，商家根据消费的金额返回一定的现金券，具体地：

商家采用计算机对用户的消费金额进行计算，将用户的消费金额 R 划分为 M 个区间，其中，M 为整数，区间 1 到区间 M 的数值由小到大，将返回现金券的额度 F 也分为 M 个值，M 个数值也由小到大进行排列；

根据计算机的计算值，判断当用户本次消费金额位于区间 1 时，返利额度为第 1 个值，当用户本次消费金额位于区间 2 时，返利额度为第 2 个值，依次类推，将相应区间的返利额度返回给用户。①

以上权利要求中唯一的技术特征是计算机，从整体上来讲，计算机仅仅是执行人为设定的消费返利规则的工具。依照权利要求描述的方案，它所解决的是如何促进用户消费的经营问题，而非技术问题，执行上述方法获得的效果是提高用户消费意愿，进而增加商家所获利润，不属于利用自然规律的技术效果。此外，我国专利行政审查部门认为如本权利要求所述的商业方法实施手段——计算机，没有受到自然规律的约束，不是专利法规定的技术手段。依据我国《专利审查指南》的相关规定，涉及计算机程序的发明所采用的技术手段，是通过在计算机上运行程序从而对外部或内部对象进行控制或者处理来反映。但是，计算机程序运行的一般效果即是控制或改

---

① 国家知识产权局：《专利审查指南》，第二部分第九章第 6.2 节之 (1)，例 5。

变电流，正如 EPO 判例法所指出的那样，如果将电流视为无形的物理实体，很难据此否认计算机程序的运行产生了技术效果，或是如我国《专利审查指南》所称，实现对内外部对象的控制或处理。那么，该计算机实施的商业方法究竟采用了技术手段与否值得商榷，除非审查指南进一步限定"外部或内部对象"的范围。

比较容易理解的是诸如"共享单车的使使用方法"等发明，构成我国专利法保护的技术方案。因为商业方法发明中涉及的计算机程序与终端设备、服务器等硬件共同实现了对用户使用共享单车行为的控制和引导。其中所使用的遵循自然规律的技术手段，是通过对位置信息、认证等数据进行采集和计算的控制而反映，将关于"位置信息和认证的数据"认定为程序运行的处理对象与前一示例中的程序处理对象"消费金额"有何区别？或许可以将位置信息视为一种外部技术数据，然而将服务器认证数据认定为技术数据未免有些牵强。另外，我国专利审查部门认定该共享单车使用方法，解决了技术问题，也就是匹配共享单车的位置并获得共享单车的使用权限，并获得了相应的技术效果。[①] 与 EPO 不同，在我国商业方法发明不因采用了计算机等自动化实施手段而当然地成为适格的专利客体，还需比照技术方案的"三要素"逐一进行甄别。可专利的商业方法发明应当在改变计算机内部电流的基础上，产生进一步的技术效果。

就计算机实施的商业方法发明而言，它们是否满足技术方案"三要素"仍然存在较大的不确定性。第一，在商业方法发明的目的方面，从事金融、保险、电子商务等领域活动的方法步骤以及相应的系统或装置也可能解决技术问题。如前述陈洪瑞诉专利复审委员会案中涉及的"一种批量现钞智能管理方法及其装置"，事实上是利用传感器和计算机等信息处理设备实现对现钞出入库的电子化实时监控。更直白地说，它是"一种自动数钱的方法和设备"，其发明目的等同于传统的验钞机，如果传统的验钞机可以被认定是为了解决

[①] 国家知识产权局：《专利审查指南》，第二部分第九章第 6.2 节之（1），例 3。

技术问题而利用技术手段，并获得技术效果的技术方案，那么为什么本案中的发明没有解决技术问题呢？① 第二，在实施商业方法的具体手段方面，新修改的《专利审查指南》已不再要求实施手段的非公知性，而是围绕其是否利用了自然规律作出判断。由于程序本身能够为计算机可读的媒介所记录，而且作为信号被传输时可以利用电子流程控制，即使不考虑程序运行的最终效果，例如控制工业过程、处理外部技术数据、改善计算机内部功能等，也不能就此否定它的技术性。然而利用计算机实施的符合自然规律的技术手段在我国仍然缺乏相对明确的定义，特别是所控制或处理的"内外部对象"包括哪些尚有疑义，如内部电流、外部非技术性数据等是否涵盖其中。第三，在执行解决方案所获得的效果方面，如果软件相关的商业方法发明只是利用计算机编程技术提高商业活动的运作效率，或者减少了机器的计算时间，是否可以归入技术效果范畴，目前我国专利行政审查和司法部门持相对保守的反对观点。国内有学者认为，随着人工智能和大数据技术的发展，它们所表征和利用的规律从自然规律拓展到其他客观规律（如消费者习惯），商业方法获得专利保护需求也逐步增加。② 综上，导致专利法保护的技术方案及其三项构成要件各自含义和相互关系模糊不清的根源在于缺乏"技术"概念的统一定义。

三 待解决的问题

长久以来，准确定义"技术"概念是世界性难题。技术（Technology）一词古希腊语 Techno，意为"（应用于工业）的实用科学"，以及 Logy，意为"系统的学问或理论"。③ 布莱克法律词典中将技术解释为：（1）以同时期科学和计算机知识为基础的现代设备、机器

---

① 参见崔国斌《专利法：原理与案例》，北京大学出版社 2016 年版，第 128—129 页。
② 刘强：《人工智能算法发明可专利性问题研究》，《时代法学》2019 年第 4 期。
③ 参见郑成思《知识产权法》，法律出版社 1997 年版，第 55 页。

和方法；(2) 科学和数学发现的实际应用，尤其是工业上的应用。[①] 美国曾在1996年修改的《与计算机有关的发明审查指南》中提到了技术定义：将科学与工程（Engineering）应用到机器及程序（Procedure）上，以便增进或改善人类之条件，或至少有某些方面改善人类之效率。[②] 尽管技术性是能够获得专利保护的发明的基本属性，各国或地区专利法却都没有直接为"技术"下定义，而是适应技术和产业发展的现实状况，逐步演化形成了一系列判断发明技术性的标准和考量因素。

在WIPO讨论制定《专利法实体条约》[③]的过程中，美国建议将TRIPS协议中规定的"所有技术领域的发明"改为"所有活动领域的发明"，而我国及欧盟国家对此表示强烈反对，考虑到"技术领域"这一措辞可以产生必要的限制作用，坚决主张保留该措辞。[④] 这表明了"技术"概念对于各国专利制度的重要意义，同时，正是由于这种重要性，各国立法普遍采取了更为灵活的非明线规则。从上面关于技术的不同解释和定义来看，其要点有二："科学知识"和"实际应用"。科学知识是技术的基础，技术是科学知识的实际应用，它可以具体表现为一种设备、机器或者方法，而且作为技术，对于科学知识的应用必须能够在产业中实施，并产生积极的效果。如前文所述，此处的"产业"应当作广义理解。

我国专利法将发明规定为对产品、方法或者其改进所提出的新的技术方案，符合专利法基本原理，也与国际上通行的关于发明的定义相一致。例如，WIPO主持起草的《发展中国家发明示范法》

[①] *Black's Law Dictionary*, edited by Bryan A. Garner et al., Thomson Reuters, 10th edition, 2014, p. 1692.

[②] USPTO, Examination Guidelines for Computer-Related Inventions, 1996, 转引自郎贵梅《专利客体的确定与商业方法的专利保护》，知识产权出版社2008年版，第66页。

[③] Substantive Patent Law Treaty, 由于发展中国家的反对，该条约的制定目前处于停顿状态。

[④] 尹新天：《中国专利法详解》（缩编版），知识产权出版社2012年版，第17页。

第 120 条规定，发明是"发明人的一项思想，能在实践中解决技术领域的某一特定问题。"① 以及前面介绍到的日本专利法，也将发明定义为"利用自然规律作出的具有一定高度的技术思想创造"。其中强调的技术思想的创造，相当于我国专利法规定的技术方案，与作为版权保护客体的"具有独创性的表达"区别开来。此外，出于鼓励工业领域内有市场（潜在）应用价值的智力创新成果之立法宗旨，② 单纯提出课题或构思而未提出解决特定技术问题的具体技术方案不能称作法定的发明。③ 我国《专利审查指南》进一步界定技术方案是"对要解决的技术问题所采取的利用了自然规律的技术手段的集合"，一般须同时具备"技术问题＋技术手段＋技术效果"三要素。然而囿于"技术"概念的模糊性，用三个以"技术"为限定的名词解释另一个同样构造的名词，只会陷入文字游戏的恶性循环之中。行政审查和司法实践中关于技术领域的认定往往带有主观经验主义的色彩。的确，以目的、手段和效果为切入点，判断申请专利的发明是否为技术方案具有逻辑合理性。但是，将技术方案的"三要素"标准适用于计算机实施的发明的可专利性判断中，会在公共政策层面以及具体规则的操作层面引发一系列问题。

（一）难以契合我国强化知识产权保护的方针政策

由比较法的视角来看，美国也是从目的、手段和效果三个方面出发，区分不可专利的抽象思想与可专利的抽象思想之实际应用。如此造成的直接后果是削弱了认定结论的可预期性，以及 USPTO 与法院、和各级法院之间适用法律的统一性。不可否认的是，美国现行的专利客体适格性判断方法和标准有其自身独特的历史背景和政策考量。美国联邦最高法院在可专利客体方面的政策转变可能与非

---

① 吴汉东等：《知识产权基本问题研究》，中国人民大学出版社 2004 年版，第 383 页。
② 张玉敏：《专利法》，厦门大学出版社 2017 年版，第 50 页。
③ 冯晓青、刘友华：《专利法》，法律出版社 2010 年版，第 54—55 页。

显而易见性要件本身的不确定性,以及对于软件相关发明的非显而易见性标准较低有关。而且 *State Street Bank* 案之后低质量专利数量的增加,以及专利主张实体的出现,迫使法院为了遏制这些问题利用美国专利法第 101 条规定的客体要件作为过滤工具。① 而这些问题在我国当前所处的经济发展阶段并没有突出表现,更没有因此阻碍软件信息产业内正常的市场竞争。

相反地,我国尚处于追赶欧美发达国家新技术发展步伐的进程中。2016 年 5 月,中共中央、国务院发布并实施《国家创新驱动发展战略纲要》,其中明确指出全球新一轮科技革命、产业变革和军事变革加速演进,以智能、绿色、泛在为特征的群体性技术革命将引发国际产业分工重调整,我国既面临赶超跨越的难得历史机遇,也面临差距拉大的严峻挑战。在这一背景下,纲要将推动产业技术体系创新,创造发展新优势作为首要战略任务,加快工业化和信息化深度融合,把数字化、网络化、智能化、绿色化作为提升产业竞争力的技术基点。并将加快建设知识产权强国作为战略保障之一,促进创新成果知识产权化。② 2020 年,习近平在中共中央政治局第二十五次集体学习时强调,要健全大数据、人工智能、基因技术等新领域新业态知识产权保护制度。③

在专利领域,依次从技术问题、技术手段以及技术效果的角度考察发明的技术性,若软件相关发明无法满足其中任何一项要素,均会被排除在可专利客体之外。看似完整严谨的专利客体评价体系之下,判断一项发明是否解决了技术问题,以及是否获得了技术效果,难免依靠法官或审查员在无数个案中积累的、并不十分可靠的

---

① Jeffrey A. Lefstin, Peter S. Menell, and David O. Taylor, "Final Report of the Berkeley Center for Law & Technology Section 101 Workshop: Addressing Patent Eligibility Challenges", *Berkeley Tech. L. J.*, Vol. 33, 2018, p. 581.

② 参见中共中央、国务院 2016 年 5 月发布的《国家创新驱动发展战略纲要》。

③ http://www.gov.cn/xinwen/2020-12/01/content_ 5566183.htm,最后访问日期:2020 年 12 月 24 日。

经验或直觉。① EPO 在 *PBS* 案中彻底放弃过去遵循的"技术贡献法",转而适用相对宽松且容易判断的"任何技术手段法",很有可能是出于政治因素的考量,缩小当时的欧洲与美国专利制度在授予软件专利权问题上宽严尺度的差距。②

相比于技术问题和技术效果的判定,发明所使用的技术手段通常以计算机、服务器和网络及其组成部分等硬件体现,判定结论的客观性和确定性更强。所以,对于申请欧洲专利的软件相关发明而言,可以相对轻松地通过专利授权的第一道门槛。但这并不意味着任何应用了技术手段的方法都可以被授予专利权。它们仍然必须是新颖的,针对技术问题提出了非显而易见的技术解决方案,并且必须适于工业应用,③ 即发明符合专利授权的实质性要件。单独来看,美欧在判断计算机实施的发明专利客体适格性时,采用了完全不同强度的标准。然而,将它们的客体判断标准分别置于各自设立的可专利性整体框架下,又并无不妥,甚至可以说各要件之间宽严相济,协调统一。美国 *Alice* 案确立的"两步测试法"强调抽象思想的实际应用对于计算机功能或者其他技术领域的改进,是为了弥补相对较低的非显而易见性标准导致的专利过度授权问题。与之相反,欧洲虽然扩张了可专利的客体范围,但是按照"问题解决法"对于计算机实施的发明提出了较高的创造性标准。我国在客体要件方面的考量因素更接近于美国法,而在发明的创造性评价上采取与 EPO 类似的判断方法,④ 似乎为计算机实施的发明获得专利保护设置了双重严苛的障碍。尽管 2019 年新修订的《专利审查指南》以审查示例的方式放宽了符合《专利法》第 2 条第 2 款规定的发明范围,却没有改

---

① 参见崔国斌《专利法:原理与案例》,北京大学出版社 2016 年版,第 59 页。
② William Cornish, David Llewelyn, Tanya Aplin, *Intellectual Property: Patents, Copyright, Trade Marks and Allied Rights*, London: Sweet & Maxwell, 2013, p. 842.
③ T 258/03, Auction Method/HITACHI,[2004] OJ. EPO. 575.
④ 参见中国国家知识产权局和欧洲专利局《计算机实施发明/软件相关发明专利审查对比研究报告(2019)》,第 18 页。

变技术方案"三要素"的审查基准，也没有进一步阐释三项构成要素在计算机领域的确切含义以及相互关系，难以实质性提高计算机实施的发明专利授权结果的可预期性与稳定性。

(二) 技术方案"三要素"的判定结果缺乏可预期性

除技术手段之外，技术问题与技术效果实质上是同一事物的两个方面，解决某个技术问题，即意味着获得了技术效果。一般而言，在专利申请案中，描述计算机实施的发明拟解决的技术问题是针对所属领域现有技术的消极方面，技术效果则是克服这些消极方面而产生的相对积极的效果。例如，上述《专利审查指南》中的示例"一种卷积神经网络模型的训练方法"，它所解决的技术问题被认定为"如何克服 CNN 模型仅能识别具有固定尺寸的图像"，获得的技术效果是"训练好的 CNN 模型能够识别任意尺寸待识别图像"；再如，"一种区块链节点间通信方法及装置"，专利局认定它所解决的技术问题是"联盟链网络中如何防止区块链业务节点泄露用户隐私数据"，实现的技术效果是"提高区块链数据安全性"。① 根据审查指南的规定，技术问题与技术效果是两个互相独立的技术方案构成要件，然而在行政审查和司法裁判过程中，对于这两个要件的判定往往存在着逻辑和表述重复的弊端。

我国专利行政部门一方面强调不应当割裂技术三要素关系、孤立地从某一个要素进行客体适格性判断。另一方面，又肯定了"技术问题和技术效果是相互对应的，如果一个解决方案能够解决技术问题，必然会带来相应的技术效果；而技术手段通常是由技术特征来体现的，能够解决技术问题并获得技术效果的手段，才能构成技术手段。"② 既然"技术问题"和"技术效果"要素存在绝对的对立关系，就没有必要重复论述特定发明是否满足这两个技术要素，将

---

① 国家知识产权局：《专利审查指南》，第二部分第九章第 6.2 节之 (1)，例 4。
② 李永红主编：《"互联网+"视角下看专利审查规则的适用》，知识产权出版社 2017 年版，第 91 页。

这两个要素合而为一或许是更加合理的做法。另外，它们与"技术手段"要素之间的主次关系也并不明朗。专利行政部门认为"技术方案的判断，需要分析为解决其问题采用了何种手段，这种解决手段是否建立在技术约束的基础上"，① 可见对于"技术手段"要素的判断应当结合其在方案中发挥的作用得出结论，即"技术问题"和"技术效果"要素充当着约束"技术手段"要素的配角，"技术手段"要素在专利客体适格性判断过程中占据主导地位。更为重要的是，在客体审查阶段，判定发明解决的问题与获得的效果，无需进行现有技术检索，而是在很大程度上依赖于专利申请文件的撰写质量，以及审查员的主观认知和他所掌握的发明所属技术领域的知识水平，可能出现说理不充分的现象，加剧了客体适格性认定结论的不确定性。

1. 技术问题

鉴于计算机实施的发明具有跨学科性，它的创造既需要计算机软件领域的相关知识，也离不开金融、商务、医学等应用领域的知识。因此，在不比对本领域现有技术的情况下，很难准确界定这类发明是否解决了技术问题。计算机实施的发明可能在解决非技术问题的同时，也解决了技术问题。比如美国法院审理的 *DDR Holdings, LLC v. Hotels.com, L. P.* 案涉及的发明是为了在不减少主网页访客量的同时，扩大商业机会，其中使用动态生成双源复合性网页，改变传统的互联网超链接协议，克服了计算机网络领域既存问题。② 若是从发明目的出发，判断计算机实施的发明是否属于可专利客体，"技术问题"要件发挥的作用主要在于剔除单纯改进经济活动规则等抽象思想的发明，或是纯粹为了绕开而非解决现有技术问题的发明。如 EPO 裁决的 *Hitachi* 案中，涉案权利要求仅仅是通过改变拍卖规则

---

① 李永红主编：《"互联网+"视角下看专利审查规则的适用》，知识产权出版社 2017 年版，第 91 页。

② *DDR Holdings, LLC v. Hotels.com, L. P.*, 773 F. 3d 1245 (Fed. Cir. 2014).

以规避时间戳信息带来的传输延迟问题,并不是采用技术手段解决了这一问题。① 按照 EPO 的可专利性审查方法,虽然没有依据 EPC 第 52 条否定该发明的专利客体适格性,但是由于这一问题解决方案中的特征没有对发明的技术性作出贡献,不符合 EPC 第 56 条规定的创造性要求。

2. 技术效果

至于"技术效果"要件,我国《专利审查指南》规定发明须获得符合自然规律的技术效果,却没有具体解释计算机网络环境中产生的"符合自然规律的技术效果"之含义。正如上文所述,利用软件运行承担特定方法中的部分或全部步骤,如果产生物理实体改变的只是计算机内部晶体管中的电流,能否称之为"符合自然规律的技术效果",现行审查指南中并未给出明确的答案。结合新增的审查示例可知,采取训练人工神经网络模型的手段,提高计算机图像识别能力属于符合自然规律的技术效果,可以将之理解为处理外部技术数据或改善计算机内部性能的发明,而成为我国专利法第 2 条第 2 款保护的对象。这里的疑问是如何定义外部技术数据和计算机内部性能?

如果从功能性角度考虑,软件的本质就是一种为了控制计算机功能、其他设备或者技术流程的信息处理手段,由软件运行而生成功能性输出。所以,软件相关发明的功能性才是专利保护的适当主题。② 哪些功能可以获得我国专利法保护尚有待于专利行政部门和法院进一步厘清。对此,美国 MPEP 梳理了一些公知、常规的计算机功能以供审查员参考,是值得我国专利行政部门借鉴的有益经验。USPTO 还为客观判定软件相关发明对于计算机功能的改进规定了若干程序性以及实体性规则,比如基于本领域普通技术人员的视角、满足说明书充分公开的要求等(具体内容见本章第二节),这

---

① T 258/03, Auction Method/HITACHI, [2004] OJ. EPO. 575.

② Charlotte Waelde et a., Contemporary Intellectual Property: Law and Policy, 3rd edn, Oxford: Oxford University Press, 2014, pp. 515 – 516.

在一定程度上缓解了技术效果判定主观性过强的问题。比较而言，我国专利行政审查部门和司法机关仍然需要细化技术方案"三要素"的判断规则和标准。当然，我国也有审查员基于个人积累的工作经验，提出判断申请专利的发明是否改变了"计算机系统内部性能"时，应重点关注计算机作为可以实现不同任务目标、运行各类应用软件的信息处理设备，其固有的性能是否因该计算机程序而发生了变化。用于衡量计算机系统内部性能的主要指标包括：运算速度、字长（计算机在同一时间内处理的二进制位数）、内存容量（主存）、外存容量（硬盘）、外部设备的配置及扩展能力、软件配置等。① 然而这些指标并没有明确落实在《专利审查指南》等面向社会公开的法律规范性文件中，无法为专利实务工作者和理论研究人员提供有针对性的指导。

从以上列举的能够改变计算机系统内部性能的积极因素来看，我国专利客体适格性判断标准比较墨守成规，依然沿袭传统的"技术贡献"理论。对于利用机器学习等人工智能技术实现自动化的算法相关解决方案，只有减少了训练样本数量从而节省计算机存储空间和运算资源的专利申请，才可以称之为"技术方案"，而市场上大量普及和推广的人工智能软件似乎都难以企及这样的技术高度。

3. "技术方案"三要素的相互关系

关于构成技术方案的三个要件：拟解决的技术问题、采用的技术手段和获得的技术效果，彼此之间的关系没有明确规定。而行政审查和司法实践中倾向于将三者置于同等重要的地位，用以判定相关发明的专利客体适格性。有学者认为"通过技术手段解决的问题都是技术问题，通过技术手段实现的效果都是技术效果。……技术方案的判断，重点是判断该方案是否采用了技术手段。"② 或许该论

---

① 肖光庭主编：《新领域、新业态发明专利申请热点案例解析》，知识产权出版社2020年版，第19—20页。

② 陈健：《商业方法可专利性判断标准研究》，《暨南学报》（哲学社会科学版）2013年第1期。

述有些过于绝对，但是欧洲和日本保护计算机实施的发明专利的发展历程表明，它们的确将客体审查的重点转向了技术方案中所使用的技术手段。以日本为例，能够获得日本专利法保护的软件相关发明必须利用自然规律，然而为自然规律利用性之充足度划定一个界限，明确应该考虑哪些要素，运用怎样的标准是非常困难的。在实务中，则是立足于软件相关发明的处理对象或是能够在硬件资源上运行的状态，"在书面审查主义之下，以专利申请的范围为中心，依照详细说明书中对发明特定事项的限定或详细的记载内容"[①] 进行可专利客体判断。这一客体适格性判断路径实质上运用了客体要件与发明公示要件协调性分担的解释论。日本专利法规定发明公示要件的旨趣在于促进发明专利在社会中的应用与推广，为了确保本领域技术人员能够全面把握发明的内容，要求专利申请人详细记载实施发明的技术手段。这样既有助于提高专利授权结果的可预期性，也可以使发明专利真正成为具有社会价值的无形资产。该思路或许可以为我国完善涉及计算机程序的发明专利客体审查基准和要点带来一定的启发。

第六节　不同专利制度之间的共识与分歧

从最初的拒绝为软件专利提供保护，到美国 *State Street Bank* 案引领全球明显扩张了利用计算机实施的商业方法发明的专利保护范围，经过几十年的发展和演进，包括我国在内的世界主要国家就计算机实施的发明之专利适格性已经达成了一定的共识，同时在具体的判断方法和标准上也仍然存在着不同的意见分歧。

[①] ［日］田村善之主编：《日本现代知识产权法理论》，李扬等译，法律出版社2010年版，第92—93页。

一 已达成的共识

(一) 可专利客体是一种技术方案

我国与欧洲和日本专利制度明文规定可以获得专利保护的客体必须具有技术性。美国专利法虽然没有明确可专利客体与技术性之间的关系,但是理论界和实务界也提出过采用"技术工艺测试法"(technological arts test)判断申请专利的发明是否属于美国《专利法》第101条规定的客体。具体而言,该测试法是考察要求专利保护的发明是否对于技术工艺作出贡献,是否解决了技术问题,又或者是否落入技术工艺范畴。[1] 1970 年,CCPA 曾在 *In re Musgrave* 案中指出,之所以要求被授予专利权的方法等发明属于技术工艺,是为了与促进"实用技术"进步的宪法目的相一致。[2] 尽管 CAFC 早在 *In re Bilski* 案中已经揭示了"技术工艺测试法"的固有缺陷:"这一测试的基本框架不够清晰,因为'技术工艺'或'技术'的概念不仅模糊而且不断变化。如委员会所正确指出的那样,最高法院、本院和本院前身从未明确表示接受此类测试法。"[3]

但是事实并非如此,随着美国联邦最高法院在 *Alice* 案中确立专利适格性"两步测试法",实质上支持了"技术工艺测试法"。将它用于专利适格性判断需要考虑要求保护的"发明性概念"是否应用了科学原理或者自然法则,而且"发明性概念"本身必须是新的技术,为了解决曾经被认为棘手的问题,以新的方式运用科学原理或者自然法则。[4] *Alice* 案后 CAFC 越来越强调计算机实施的发明对于计

---

[1] Jeffrey A. Lefstin, Peter S. Menell, and David O. Taylor, "Final Report of the Berkeley Center for Law & Technology Section 101 Workshop: Addressing Patent Eligibility Challenges", *Berkeley Tech. L. J.*, Vol. 33, 2018, p. 564.

[2] *In re Musgrave*, 431 F. 2d 882, 893 (C. C. P. A. 1970).

[3] *In re Bilski*, 545 F. 3d 943 (Fed. Cir. 2008).

[4] *I/P Engine v. AOL*, 576 F. Appx. 982, 992 – 996 (Fed. Cir. 2014) (Mayer, J., concurring).

算机性能的改进，认为可以获得专利保护的相关发明指向为解决软件技术方面问题的方案的具体实施。① 可见，美国司法判例中认定专利法意义上计算机实施的发明，要利用符合自然规律的技术手段，解决软件技术问题，获得改进计算机性能的技术效果，与我国专利法保护的技术方案之含义基本相同。

作为专利客体的技术方案，应当包括两层含义：除了前面所述的技术属性外，还应当构成具体的能够重复实施并达到一定效果的方案。发明与以观点或者意识形态存在于人类大脑中的思想不同，须具备完全外化的形式，达到能够为他人感知和确定的技术方案的程度。这是由于法律是一种行为规范，它所调整的对象只能是行为，不能是思想。② 所以，客体要件与发明的实用性要件以及说明书充分要求有着天然的紧密联系。国内有学者认为，各国专利实质审查侧重于发明的新颖性和创造性审查，而实用性要件则主要用于区分可专利客体与不受专利法保护的客体。③ 我国《专利审查指南》第二部分第九章第 5 节规定了涉及计算机程序的发明专利申请的说明书及权利要求书的撰写要求，如说明书附图中应当给出该计算机程序的主要流程图，以惯用的标记性程序语言简短摘录某些关键部分的计算机源程序（无需提交全部计算机源程序）；权利要求应得到说明书的支持，从整体上反映该发明的技术方案，记载解决技术问题的必要技术特征，而不能只概括地描述该计算机程序所具有的功能和该功能所能够达到的效果。④ 在我国，说明书和权利要求的撰写是独立于专利适格性的专利授权条件，目前的《专利审查指南》没有明确规定在客体审查阶段，如何体现与融合说明书充分

---

① See *Enfish, LLC v. Microsoft Corp.*, 822 F. 3d 1327（Fed. Cir. 2016）；*TecSec, Inc. v. Adobe Inc.*, 978 F. 3d 1278（2020）.
② 刘春田：《知识产权法》，中国人民大学出版社 2014 年版，第 156 页。
③ 郎贵梅：《专利客体的确定与商业方法的专利保护》，知识产权出版社 2008 年版，第 62 页。
④ 国家知识产权局：《专利审查指南》，第二部分第九章第 5 节。

公开要件。

　　在这一方面，美国和日本等域外专利审查实践作了更好的说明。美国学者认为，软件相关发明在专利法上的主要问题不再是能否予以专利保护，而是如何划定保护范围，说明书充分公开要件对此发挥着重要作用。① 例如，USPTO 适用两步测试判断申请专利的软件相关发明，属于抽象思想本身还是抽象思想的实际应用，首要考量因素是发明改进了计算机功能或者其他技术领域。其中需要评估说明书是否披露了足够的细节，使本领域普通技术人员将要求保护的发明认定为提供了某种技术改进。反之，如果说明书仅仅是宣称发明作出了技术改进，却没有阐述足以使改进之处对于本领域普通技术人员显而易见的必要细节，审查员不能认定发明改进了技术。

　　日本专利法意义上的"发明"同样需要从两个角度进行判断。首先，关于软件相关发明是否利用了自然规律，JPO 采取了相对宽松的标准，能够通过在遵照自然法则运转的计算机硬件上运行，来实现预期的效果即肯定软件相关发明的专利客体适格性。其次，发明公示要件，作为划定实质上能够授予专利权的发明范围所必需的法律要件，并通过它的适用带来限定发明保护范围的作用，具体指日本专利法第 36 条第 4 项规定的详细说明书中实施可能要件，② 第 36 条第 6 项第 1 号规定的专利申请范围内支持要件，以及第 36 条第

---

① Rober P. Merges, "SYMPOSIUM: Frontiers of Intellectual Property: Software and Patent Scope: A Report from the Middle Innings", *Tex. L. Rev*, Vol. 85, 2007, p. 1627.

② 日文原文：4 前項第三号の発明の詳細な説明の記載は、次の各号に適合するものでなければならない。一　経済産業省令で定めるところにより、その発明の属する技術の分野における通常の知識を有する者がその実施をすることができる程度に明確かつ十分に記載したものであること。二　その発明に関連する文献公知発明（第二十九条第一項第三号に掲げる発明をいう。以下この号において同じ。）のうち、特許を受けようとする者が特許出願の時に知つているものがあるときは、その文献公知発明が記載された刊行物の名称その他のその文献公知発明に関する情報の所在を記載したものであること。

6项第2号规定的明确性要件。① 概言之，专利申请的范围和详细说明书的记载内容是判断软件相关发明专利适格性的前提，结合软件相关发明的自然规律利用充足性和专利申请资料记载内容的完整性要求，就其是否属于日本专利法保护对象作出结论。②

（二）遵循整体判断原则

所谓整体判断原则是指将专利权利要求作为一个整体来对待，不因为权利要求中包含商业，方法或者算法等智力活动规则特征而否定其可专利性，各国专利审查指南和判例法均以整体判断原则为指导。该原则最早适用于1981年美国联邦最高法院审理的 *Diehr* 案，法院认为应当将计算机程序算法与具体的机器或物理步骤相结合，整体考虑要求保护的方法是否构成专利法意义上的发明。③ 遵循整体判断原则，认定计算机实施的发明是否属于专利法保护的技术方案，既不能肢解权利要求，单独分析其中某个要素的可专利性，也不能凭直觉或经验忽略部分非技术要素或者已知要素，仅考虑剩余部分要素的可专利性。国家知识产权局2019年修改的《专利审查指南》已经确立了整体考虑原则，综合权利要求中记载的全部特征，认定发明是否采用符合自然规律的技术手段解决了技术问题，并获得了技术效果。然而，如前所述，将抽象思想或智力活动规则与计算机及其运行过程组合起来，很难客观界定它们作为一个整体的技术性。整体论本身就是一项抽象的专利适格性判断原则，并没有明确计算机实施的发明各要素或组成部分之间相互关系的应然状态。

与整体审查原则相对立的是"新颖点规则"，即将申请专利的问

---

① 日文原文：6第二項の特許請求の範囲の記載は、次の各号に適合するものでなければならない。一 特許を受けようとする発明が発明の詳細な説明に記載したものであること。二 特許を受けようとする発明が明確であること。

② ［日］田村善之主编：《日本现代知识产权法理论》，李扬等译，法律出版社2010年版，第85页。

③ 崔国斌：《专利法上的抽象思想与具体技术——计算机程序算法的可专利性分析》，《清华大学学报》（哲学社会科学版）2005年第3期。

题解决方案分割为若干要素，将它们分别与在先技术对比，只有那些没有被在先技术覆盖或揭示的新颖点（要素）才会纳入专利客体审查范围。如果挑选出的新颖点本身属于专利法意义上的客体，则肯定发明整体的专利适格性。我国过去也曾适用"新颖点规则"判断发明专利申请是否构成专利法意义上的发明。在胡恩厚诉专利复审委员会案中，北京市中级人民法院认为涉案方法发明"HEH 图书目录卡编印方法"除了使用现有公知技术外，并未使用自然规律和自然力，没有符合专利法要求的技术特征的内容，不应授予发明专利权。① 假如按照"新颖点规则"判断计算机实施的发明的专利客体适格性，将会有一批此类发明被排除在专利保护范围之外。以"共享单车的使用方法"发明为例，手机等终端设备、服务器、共享单车及其车身上的二维码等构成要素，单独来看，均已被在先技术所揭示，新颖点可能来自于分布式系统中各个模块之间的架构或者无定点取还的非技术性商业模式，仅因新颖点本身的不可专利性，而不授予计算机实施的商业方法等发明专利权，无法适应"互联网+"产业融合发展的新趋势。

可以说，整体判断原则的确立一方面为计算机实施的发明获得专利保护奠定了基础，另一方面也是造成客体适格性判定结论不可预期的主要因素之一。鉴于此，USPTO 发布的 2019 PEG 中规定，在两步测试框架下分析特定发明的专利客体适格性，不仅要考虑权利要求中的所有限制因素，还要考虑这些限制因素如何相互影响以及相互作用，从而确定计算机实施的发明是否将抽象思想整合成为其实际应用。也有反对观点认为美国专利行政审查和司法实践中采用的"两步测试法"，尤其是其中的第二个步骤寻找"发明性概念"的环节，去除掉那些被视为常规性限制因素，实际上违背了整体判断原则，明显抬高了计算机实施的发明专利准入门槛。② 换个角度来看，整体判断原则也发挥着协调不同利益需求的作用，以公共政策

---

① 北京市中级人民法院（1993）中经初字第 422 号行政判决书。
② USPTO, *Patent Eligibility Subject Matter: Report on Views and Recommendations from the Public*, 25 July 2017, p. 31.

为导向，在鼓励创新与抑制专利投机、维持正常市场竞争秩序之间寻求平衡。①

暂且不问美国法中关于"发明性概念"的定义及其认定标准是否适当合理的问题，不可否认的是整体判断原则应当包括两层含义：第一，全面考虑权利要求中的全部技术特征和非技术特征。其中某一项或者几项特征可能会对于客体适格性判定结论产生至关重要的影响，比如人工智能算法的输入特征值或者应用场景因素，与物联网技术相关的发明中分布式架构因素等。第二，分析权利要求整体的技术性。国家知识产权局在对新修改的《专利审查指南》第二部分第九章所作的解读中提到，"如果直接忽略这些智力活动规则和方法等特征，或者将它们与技术特征割裂开来，则无法客观评价发明的实质贡献，不利于保护真正的发明创造。"② 正如 EPO 对于计算机实施的发明之创造性审查过程中，为了确定最为接近的在先技术，会考量为发明的技术性作出贡献的全部特征，不排除单独看来属于非技术特征，却在发明背景下，为了技术性目标产生了技术效果的特征。

综上，就整体判断原则的适用效果需要辩证地看待，由于计算机实施的发明往往将技术要素与非技术要素交织在一起，无法完全按照各自在发明中所占比例大小等定量方式客观判定其技术性，因而带来一定的模糊性和不确定性；同时，整体判断原则允许审查员和法官着眼于当前的技术和产业发展形势加以灵活适用。而技术方案的具体认定标准又是审查员和法官自由裁量的底线，这也表明尽量清晰界定技术方案"三要素"的内涵与外延，以及确立三者中核心要素的重要性。

---

① 张韬略:《美国〈专利客体适格性审查指南〉的最新修订及评述》，《知识产权》2020 年第 4 期。

② 国家知识产权局:《2020 年〈专利审查指南〉第二部分第九章修改解读》，https://www.cnipa.gov.cn/art/2020/1/21/art_66_11475.html，最后访问日期：2020 年 12 月 30 日。

（三）无需检索和对比现有技术

历史上，各主要国家和地区审查计算机实施的发明是否属于专利保护客体，都曾经将申请专利的发明与现有技术相比较。如 EPO 早期采用"技术贡献法"认定发明的技术性，也就是符合 EPC 第 52(1) 条规定的客体，要求发明对于未排除可专利性的技术领域有一定的贡献，客体标准也融入了该条款所述的其他要求，特别是新颖性和创造性，所以不可避免地需要考虑现有技术。随着"技术贡献法"的摒弃，认定专利法意义上的发明不再与现有技术进行对比。美国联邦最高法院审理的 Flook 案，更是将计算机程序算法视作现有技术，若要求保护的发明与现有技术之间唯一的区别是数学算法，只有当算法的实施具有新颖性和非显而易见性时，发明才满足专利适格性。[①] 如此，则倒置了新颖性和非显而易见性等专利实质要件与客体要件的审查顺序。目前 USPTO 发布的 MPEP 明确禁止将专利客体适格性审查与新颖性和非显而易见性审查混为一谈。而它们之间的基本区别在于是否检索现有技术。对待既含有技术特征也含有算法、商业方法等非技术特征的发明专利权利要求，我国专利行政审查部门也曾经在一段时期内，要求软件相关商业方法发明对于最接近的现有技术做出实际贡献才构成专利法保护的技术方案。2006 年后，我国《专利审查指南》已不再要求于客体审查阶段进行现有技术检索。

虽然无需检索和对比现有技术，然而在我国专利审查和司法实践中，依然会根据说明书阐述的背景技术和公知常识判断计算机实施的发明是否属于专利法意义上的发明，可能因使用了通用计算机等公知技术手段而否认相关发明构成技术方案。常见的公知常识包括采用充分说理的方式证明的惯用手段，和教科书、工具书中披露的技术手段。[②] 美国当前的专利制度也存在类似问题，从本领域公

---

① *Parker v. Flook*, 437 U. S. 584, 600 (1978).
② 参见周亚沛《现有技术的属性及认定》，《专利代理》2018 年第 3 期。

知、例行和常规活动中筛选出发明性概念，法院常常以权利要求仅仅记载了"在具有一般功能的计算机上使用抽象的数学公式"、"以纯粹的常规方式利用计算机执行数学公式"或"利用常规的计算机活动，在计算机上实施一般化步骤"[①] 等理由判定相关发明不属于美国《专利法》第 101 条保护的客体。

不管是国内法院认定的"公知技术手段"，还是美国法院认定的"常规的计算机活动"，主要由申请人提交的说明书内容以及法官的个人主观认识所决定。美国法院甚至会判断权利要求中额外的限制因素单独或者整体上是否明显超出抽象思想本身，与上面提到的整体论相悖，即便是美国《专利法》第 103 条规定的非显而易见性，也是只是遵循整体判断原则。美国学者质疑联邦最高法院确立的两步测试框架，试图通过第 101 条规定的专利客体适格性要求涵盖新颖性、非显而易见性以及书面说明书和可实施性等全部专利授权条件，为客体审查制造了更多的困惑。[②] 可见，不宜以公知常识衡量申请专利的发明是否属于专利法保护的技术方案，它应作为本领域普通技术人员掌握的一般知识用于评价发明的创造性，否则将导致部分潜在的可专利发明被拒之门外。

二 存在的主要分歧

（一）技术贡献是否纳入专利客体适格性评价范畴

通过上述关于美、欧、日与我国计算机实施的发明专利客体适格性分析可知，不同专利制度在这一问题上的主要分歧为是否需要考虑相关发明对于所属技术领域的技术贡献。欧洲专利制度受到美国专利政策和内部产业呼声的影响，在强化计算机实施的发明专利

---

① Ben Hattenbach and Gavin Snyder, "Rethinking the Mental Steps Doctrine and Other Barriers to Patentability of Artificial Intelligence", *Columbia Science and Technology Law Review*, Vol. 19, 2018, p. 334.

② David O. Taylor, "Confusion Patent Eligibility", *Tennessee Law Review*, Vol. 84, 2016, pp. 180–181.

保护进程中，明确给出了否定答案。至于其中的原因，EPO 上诉委员会在 PBS 案中解释道，当审查涉及的发明是否属于 EPC 第 52（1）条意义上的发明时，EPC 并没有为区分发明的新特征与已从现有技术中可知的特征提供基础，也就是缺失适用所谓的"技术贡献法"的法律基础。[①] 产业界对此转变也表示支持，商业软件联盟（Business Software Alliance）作为 G3/08 案法庭之友，认为相比于难以在实践中统一适用的"技术贡献"和"进一步的技术效果"标准，Hitachi 案确立的"技术手段"标准能够为发明的技术性评价带来更具可预期性和一致性的方法。[②] 日本专利审查和司法实践也没有强调技术贡献是软件相关发明成为专利法保护对象的必要因素，而是侧重于考察发明的自然规律利用属性，如果软件和硬件资源的结合作为整体构成了具体的信息处理装置或操作方法，则属于日本专利法第 2 条第 1 款规定的发明。事实上，日本专利制度对于软件相关发明的专利适格性判定同样聚焦于发明为实现预期目的所采取的具体技术手段。

目前来看，我国和美国是技术贡献论的拥护者。尽管各自的专利立法没有明确将发明对于技术领域的贡献程度作为衡量专利适格性的标准，但是在实践中，审查员或法官判断计算机实施的发明是否属于专利保护的客体时，通常会引入技术贡献的考量。在我国，计算机实施的发明只有在满足技术方案"三要素"的前提下，才属于专利法意义上的发明。对于"技术效果"要素进行文义解释，"效果"一般是由某种力量、做法或者因素产生的结果（多指好的），[③] 然而好坏是相对概念，不与相关技术领域的现状或长期未能

[①] T 931/95, Controlling Pension Benefit Systems Partnership/PBS PARTNERSHIP, [2001] OJ. EPO. 441.

[②] G 3/08, Business Software Alliance Amicus Brief, 30 April 2009, p. 2. http：//documents. epo. org/projects/babylon/eponet. nsf/0/F1C1E2626C0CB240C125777400498044/ $File/g3-08_ amicus_ curiae_ brief_ BSA_ en. pdf, accessed December 31, 2020.

[③] 中国社会科学院语言研究所词典编辑室编：《现代汉语词典》（第 7 版），商务印书馆 2012 年版，第 1447 页。

解决的问题对比，无法评价按照专利申请案中记载的技术实施手段而产生的结果是否带来了更好的技术效果。即使在客体审查阶段，不检索现有技术而是依据说明书记载的发明背景，或者本领域普通技术人员具备的公知常识，粗略判断申请专利的软件相关发明获得的技术效果，实质上也是在寻找发明对于所属技术领域的贡献。不在法定的范围内检索现有技术，并以此作为客体审查的基准，只能增加客体适格性认定结论的主观任意性。

美国学者认为，专利适格性分析的关注点不应在于专利权人的权利要求范围是否与发明对现实世界的实际贡献相匹配。审查员和法官不能通过认定专利权人的发明的重要性，以及未来创新的重要性，平衡专利权人所需的激励与抑制进一步创新的风险。① 相对于现有技术，专利权人是否作出了重要的贡献，在专利法律体系和逻辑上，应属于创造性或非显而易见性要件需要解决的问题。根据我国《专利法》第 22 条第 3 款之规定，创造性是指与现有技术相比，该发明具有突出的实质性特点和显著的进步。在现有技术基础上的进步本身就是一种积极的技术效果，如果硬性区分技术方案"三要素"中的技术效果要件与创造性要件中的技术进步，除了后者要求达到显著的程度之外，更为关键的是发明的创造性评判采取相对客观的标准，站在"本领域普通技术人员"这一法律拟制人的立场上，综合参考检索到的现有技术，判断发明是否显而易见。②

因此，软件及其相关商业方法等发明为计算机技术领域作出的贡献，是否影响此类发明构成专利法保护的技术方案，不仅关系着个案中客体适格性判断方法和标准的可预期性及一致性，而且根本上是由不同专利授权条件所承担的职能和他们之间的关联性所决定，各个国家和地区立法、司法和行政部门对此持有的观点或多或少有

---

① Mark A. Lemley, Michael Risch, Ted Sichelman & R. Polk Wagner, "Life After Bilski", *Stan. L. Rev.*, Vol. 63, 2011, p. 1315.

② 参见李明德《知识产权法》，法律出版社 2014 年版，第 130 页。

所不同。

(二) 专利客体要件与实质性要件的区别和联系

一项发明能够被授予专利权,既要符合专利法规定客体要件,也满足新颖性、创造性和实用性三个实质性要件。当然,说明书充分披露有关技术方案也是获得专利保护的前提条件,它一般被规定在专利法中客体要件和实质授权要件之外的独立条款。例如,我国《专利法》第26条第3款规定,说明书应当对发明或者实用新型作出清楚、完整的说明,以所属技术领域的技术人员能够实现为准;必要的时候,应当有附图。摘要应当简要说明发明或者实用新型的技术要点。《美国专利法》第112(a)和(f)条[①]分别规定了说明书应当包括发明的书面描述,及其制造和使用行为与过程、最佳方案,以使本领域任何技术人员可以实施;和功能性权利要求的限制。就计算机实施的发明而言,前面提到了软件工程的研发起始于抽象概念,所以专利申请人撰写的权利要求书和说明书也可以在十分抽象的层面记载发明的内容,并对要求专利保护的范围作出过于宽泛的界定。鉴于此,专利法上关于说明书公开的相关要求在计算机软件领域有着举足轻重的作用。

历史上,客体要件与新颖性和创造性等专利实质要件共同构成可专利性的内在要求,作为单一的考量因素。只不过后来随着专利法的历史沿革,它们逐渐获得了独立的法律地位,但是彼此之间仍

---

① 35 U. S. C. 112 Specification (a) IN GENERAL. —The specification shall contain a written description of the invention, and of the manner and process of making and using it, in such full, clear, concise, and exact terms as to enable any person skilled in the art to which it pertains, or with which it is most nearly connected, to make and use the same, and shall set forth the best mode contemplated by the inventor or joint inventor of carrying out the invention. (f) ELEMENT IN CLAIM FOR A COMBINATION. —An element in a claim for a combination may be expressed as a means or step for performing a specified function without the recital of structure, material, or acts in support thereof, and such claim shall be construed to cover the corresponding structure, material, or acts described in the specification and equivalents thereof.

然存在紧密的联系。① 同时，目前各国专利制度普遍承认申请专利保护的客体属于专利法意义上的发明是专利实质授权条件审查的前提条件，新颖性、创造性和实用性都只是对于法定"发明"的界定。因此，实务中一般按照客体审查在先，实质审查在后的顺序进行。

EPO 技术上诉委员会在 *Duns Licensing Associate* 案中指出，从 EPC 第 52（1）条的措辞以及在可专利性标准的语境下所使用的"发明"术语来看，发明、新颖性、创造性和适于工业应用的不同要求是相互分离且独立的标准。② 我国《专利法》第 2 条第 2 款为能够获得发明专利的技术方案所作的界定也出现了"新的"一词，这并不意味着该条款规定的发明定义本身也包含了新颖性要求。《专利法》第 22 条第 2 款是判断发明是否具备新颖性的直接法律依据，此处用于限定技术方案的措辞"新的"，只是考虑到"发明"术语本身就有创新的含义。③《专利审查指南》也明确指出，《专利法》第 2 条第 2 款"不是判断新颖性、创造性的具体审查标准"。④ 1952 年《美国专利法》的颁布，国会参、众两院就此出具的报告也对新法中不同的可专利性要求，以及它们之间的相互关系予以说明，⑤ 其中的主要观点与我国国家知识产权局和 EPO 基本相同。这说明可专利客体要件与新颖性、创造性等实质授权要件各司其职，作为一个整体，确保授予为计算机相关技术领域作出贡献的真正有价值的发明专利权，可视之为各个国家和地区已经达成的共识。然而，行政审查和司法实践似乎偏离了该基本原理，尤其是我国和美国

---

① Anton Huges, *The Patentability of Software: Software as Mathematics*, Oxford: Routledge, 2017, pp. 48 – 49.

② T 154/04, Estimating sales activity / DUNS LICENSING ASSOCIATES, [2008] OJ. EPO. 46.

③ 尹新天：《中国专利法详解》（缩编版），知识产权出版社 2012 年版，第 18 页。

④ 国家知识产权局：《专利审查指南》，第二部分第二章第 2 节。

⑤ S. Rep. No. 82 – 1979, 1952, at 6, as reprinted in 1952 U. S. C. C. A. N. 2394, 2399.

在专利客体适格性判断中考虑"技术效果"或"改善计算机内部功能"等因素,将计算机实施的发明之技术属性与创造性或非显而易见性纠缠在一起。美国联邦最高法院在 Mayo 案中甚至明确否定了行政部门的观点:美国专利法第101条规定的客体要件应当相对容易满足,而第102、103和112条应当对权利要求进行必要的筛查。[1]

综上,专利法意义上的发明首先应当是一种技术方案。其次,可专利客体的判断标准应独立于专利实质性要件判断标准,同时各个要件的宽严尺度须相互协调,整体上为计算机实施的发明获得专利权设置合理的准入门槛。再者,判断计算机实施的发明是否属于受保护的专利客体应尽量像新颖性和创造性评价一样,引入比较客观的判断方法和标准,克服专利适格性认定的主观任意性。最后,一个国家和地区专利制度保护的客体范围也与其自身的产业发展需求,可专利性法律体系以及特定客体的域外专利保护趋势有关。

本章小结

判断计算机实施的发明之专利客体适格性是对于发明的技术性判断。我国《专利法》第 2 条第 2 款将发明定义为一种技术方案,专利行政部门进一步明确规定技术方案需要同时具备三个构成要素,即技术问题、技术手段和技术效果。我国专利审查或司法实践往往从目的、手段和效果三个方面判定计算机实施的发明是否属于我国专利法保护的客体,也就是发明的技术贡献论。尽管 2019 年新修改的《专利审查指南》采取例举的方式,为一部分人工智能算法的应

---

[1] *Mayo Collaborative Services v. Prometheus Laboratories, Inc.*, 132 S. Ct. 1289, 1303-04 (2012).

用或软件相关商业方法获得专利保护提供了可能，但是技术方案"三要素"的审查基准并未发生实质性改变。以往实践中遗留的突出问题，尤其是"解决技术问题"要素与"获得技术效果"要素逻辑重复，技术方案"三要素"的判定缺乏可预期性，依据发明背景和公知常识考察发明带来的技术效果更是与发明的创造性评价范畴相互交叠。美国判例法确立的专利适格性"两步测试法"以判断抽象思想的实际应用和寻找发明性概念为核心。在美国，计算机实施的发明是否满足专利法第 101 条之规定，在很大程度上取决于它是否改进了计算机内部功能，最终仍然要回归到与我国相近似的技术方案判断思路。而"两步测试法"的适用缺乏一致性和可预期性也是饱受美国国内知识产权界诟病之处。无论是我国遵循的技术方案"三要素"审查基准，还是美国采用的"两步测试法"，事实上是立足于发明的技术贡献衡量它需要专利法保护与否。比较来看，美国现行的两步测试框架，与其自身特殊的软件相关发明专利保护历程、软件产业发展状况以及专利授权条件中的非显而易见性要求较低等因素有关；而我国目前所处的社会经济背景和已建立的专利法律制度与美国有着明显区别。如何构建符合国内互联网软件产业政策的专利客体适格性判断标准，推动知识产权强国建设成为亟待解决的重要问题。

欧洲和日本专利制度就计算机实施的发明之专利客体适格性所采用的判断方法和标准，或许为我国调整和完善"技术方案"三要素标准带来了新的启发和思路。EPO 明确划定了专利客体要件与新颖性和创造性等专利实质性要件之间的界限。在客体审查阶段，不需要借助现有技术，评判计算机实施的发明是否为相关技术领域作出贡献，而是强调可以获得专利保护的发明应当使用技术手段，其中包括通用计算机。当然，由于欧洲专利制度通过比较复杂的判断方法，为计算机实施的发明须达到的创造性设置了较高的门槛，计算机程序、商业方法等发明专利在欧洲没有发生过度泛滥的现象。而日本基于软件的视角，审查计算机实施的发明是否利用了自然规律，侧重于为实现信息处理目的而采取的软、硬件相结合的具体手段。日本与欧洲专利制度同样将可专利客体的审查重点放在技术手段上，与此同时，日本还运用了"发明"要件与发明公示要件协调性作用分担的解释论。

第 三 章

计算机实施的发明之新颖性

  根据我国《专利法》第22条第2款之规定，判断计算机实施的发明是否具备新颖性，需要进行两个方面的考量：是否属于现有技术；以及是否存在抵触申请。抵触申请是指包括申请人自己在内的任何人在当前申请的申请日以前提出，并在申请日以后公布的包含相同技术方案的专利申请。美国、欧洲和日本专利法也有类似的规定。① 只不过EPC第54（3）条将抵触申请纳入了现有技术范畴。② 而且为了更好地适应经济全球化和贸易一体化进程，目前各个主要国家或地区均已采取"绝对新颖性"标准，即无论是以出版物方式公开的现有技术，涵盖专利文献和非专利文献，还是通过公知公用公开的现有技术都扩展至世界范围。对于计算机实施的发明而言，一方面整体适用发明的新颖性判断的一般方法和原理；另一方面由于自身的跨学科性等特点，其新颖性判断有一些特殊的注意事项，例如现有技术检索范围的确定等。

---

  ① 例如《美国专利法》第102条；EPC第54条；以及《日本专利法》第29条。
  ② EPC Art. 54（3）: Additionally, the content of European patent applications as filed, the dates of filing of which are prior to the date referred to in paragraph 2 and which were published on or after that date, shall be considered as comprised in the state of the art.

第一节 新颖性一般原理

一 新颖性理论基础

之所以要求能够被授予专利权的发明应当具备新颖性,是由专利法的立法目的所决定。如果发明人完成了前所未有的发明创造,对现有技术作出了新的贡献,他向社会公众披露其发明创造的实质内容,以换取专利法赋予的有限期间内的独占权,从而通过技术公开和推广应用,实现促进社会整体技术进步的宗旨。与之相反,已为公众知晓的发明创造,公众有自由予以实施应用的权利,若将其纳入专利独占权范围内,会损害社会公众的利益。[①] 可见,新颖性要件是在专利客体要件的基础上,对于技术方案提出了更高的要求。经过客体审查确认发明的技术属性后,对比判断发明与现有技术有无区别(新颖性),以及区别大小(创造性),才能比较全面客观地评价发明的技术贡献,各要件之间存在环环相扣的递进式关系。美国参众两院的报告指出,美国专利法第 102 条关于新颖性的要求,实际上包括了第 101 条所述的"新的"一词的扩充(amplification)和定义(definition)。[②]

二 新颖性判断的基本方法和标准

(一)单独对比原则

一般来讲,发明的新颖性判断遵循"单独对比"原则,美国法上称之为"单一来源"原则,[③] 也就是只能将发明专利申请的各项权利要求与每一项现有技术单独进行对比,而不允许与两项以上的现有技术组合相比较,认定一项权利要求所记载的技术方案是否具

[①] 尹新天:《中国专利法详解》(缩编版),知识产权出版社 2012 年版,第 180 页。
[②] S. Rep. No. 82 – 1979, 1952, at 6, as reprinted in 1952 U. S. C. C. A. N. 2394, 2399.
[③] 参见李明德《美国知识产权法》,法律出版社 2014 年版,第 44—45 页。

备新颖性。这里的"一项现有技术"是针对物理意义上独立存在的各项现有技术而言，比如一份已公开的专利文献，或者已出版的论文、文章（对比文件），又或者已为公众知晓的一台设备、一个产品或一种制造方法。

认定现有技术的时间节点原则上为专利申请日以前，同时不同国家或地区专利法又都规定了优先权制度，和不丧失新颖性的"宽限期"或"优惠期"制度。优先权制度可以分为国际优先权和国内优先权，我国《专利法》第29条对此作了规定。国际优先权制度源于《巴黎公约》第4条，它适用于专利、实用新型、外观设计和商标注册申请，旨在于避免因制作多份不同语言版本的专利申请文件，在各国提出专利申请的时间相隔过长而导致后续专利申请丧失新颖性。专利申请优先权是指申请人在一个成员国首次提出专利申请后，于法定期限内在其他成员国就"相同发明"申请专利时，可以将首次申请的申请日视作其他申请的申请日。发明专利申请国际优先权的期限为首次提出申请之日起12个月。本国优先权制度的设立则是为了方便国内申请人在提交专利申请后，出于多种考虑放弃该申请而提出新的包含相同发明的替代性申请，在12个月内可以将首次申请的申请日作为在后申请中"相同发明"部分的优先权日。所谓宽限期，是指在专利法规定的特定条件下，发明创造在申请日之前的某些公开行为不影响该发明创造的新颖性。依照我国《专利法》第24条之规定："申请专利的发明创造在申请日以前六个月内，有下列情形之一的，不丧失新颖性：（一）在国家出现紧急状态或者非常情况时，为公共利益目的首次公开的；（二）在中国政府主办或者承认的国际展览会上首次展出的；（三）在规定的学术会议或者技术会议上首次发表的；（四）他人未经申请人同意而泄露其内容的"，虽然通过上述四种方式公开的发明创造，事实上自公开行为发生之日起已经为公众所知，但是由于法定的新颖性宽限期制度，该现有技术不会阻碍申请人获得专利授权。

只有当一项现有技术覆盖了某项权利要求记载的全部技术特征

时，才能得出该项权利要求不具备新颖性的结论。如果权利要求所限定的技术方案与单个现有技术相比，区别仅在于所属技术领域中常用手段的直接置换，则否定发明的新颖性。此外，如果对比文件采用下位概念（具体概念）表述某一技术特征，而权利要求记载的技术特征采用了相应的上位概念（一般概念），那么应当认为权利要求记载的技术特征已经被现有技术公开。①

（二）发明与现有技术实质相同

判断发明的新颖性除了考虑权利要求的内容外，还要结合说明书中描述的发明所属技术领域、要解决的技术问题、技术方案和预期效果。其中最为重要的考量因素是技术方案，这是因为通常情况下，采用相同的技术方案，就会获得相同的有益效果，从而达到了相同的目的。若要求专利保护的发明与现有技术相比，权利要求记载的技术方案与现有技术公开的技术方案实质上相同，本领域技术人员根据两者的技术方案可以确定它们能够适用于相同的技术领域，解决相同的技术问题，并实现相同的预期效果，则认定发明专利申请不具有新颖性。② 另外，以对比文件作为现有技术时，它所揭示的技术内容不仅包括以书面形式明确表述的技术内容，还包括该对比文件"隐含的可以直接地、毫无疑问地确定的技术内容"，也就是本领域技术人员从对比文件记载的技术内容中直接地、毫无疑问地推定出来的技术内容。③

三 计算机实施的发明新颖性判断原则

2019年修改的《专利审查指南》明确规定了对包含算法特征或商业规则和方法特征的发明专利申请进行新颖性审查的原则：考虑

---

① 尹新天：《中国专利法详解》（缩编版），知识产权出版社2012年版，第191页。
② 罗东川主编：《专利法重点问题专题研究》，法律出版社2015年版，第45页。
③ 国家知识产权局：《专利审查指南》，第二部分第三章2.3节。

权利要求记载的全部特征,其中既包括技术特征,也包括非技术特征。① 但是,这只是高度概括的原则性概念,并未就具体的审查标准予以说明。如果专利申请案中的权利要求与一项现有技术相比,不同之处仅在于算法的应用领域、数据内容等非技术特征,如何评价相关发明的新颖性,现行审查指南没有给出确切的答案。在欧洲,关于权利要求中的非技术特征是否会带来新颖性的问题,判例法也没有对此作出解释。然而由 EPO 专利审查指南有关内容可知,EPO 鼓励审查员在创造性审查阶段而非新颖性审查阶段考虑权利要求中的非技术特征。②

在这方面,日本的经验和做法更加值得我国专利审查部门借鉴。对于利用计算机实施的软件相关发明,整体适用与其他类型的发明相一致的新颖性判断方法和标准,同时 JPO 审查指南就此类发明的新颖性评判过程中,需要特殊考虑的因素进行阐释。首先,若要求专利保护的发明与已为公众知晓的现有技术之间的区别仅在于数据的内容,并且该发明的结构、功能以及类似要素没有因此而与现有技术产生不同,不能认为发明具有新颖性和创造性。③ 如"具有数据结构 A 的学生学习成绩管理装置"与"具有数据结构 A 的赛马表现管理装置",二者之间的唯一区别是储存的数据内容,分别为"学生学习成绩管理数据"和"赛马表现管理数据"。同样的数据结构 A 无论应用于教育领域还是娱乐活动领域,即便计算机处理的具体数据内容不同,也无法为在后发明带来新颖性。涉及物联网的发明是指通过网络连接的多个装置和终端,通常以系统化方式实现,它们作为一个整体构成组合发明或其中部分相互连接的设备或步骤,其新颖性同样来自于发明的结构和功能。如"一种用于医疗保健系统的终端设备"与引用对比文件中公开的发明相比,具有相同的功能,

---

① 国家知识产权局:《专利审查指南》,第二部分第九章 6.1.3 节。
② 中国国家知识产权局和欧洲专利局:《计算机实施发明/软件相关发明专利审查对比研究报告(2019)》,第 12 页。
③ 日本特许厅:《专利和实用新型审查手册》,附录 B 第一章第 2.2.4(1)条。

即定期汇总从可穿戴设备中获取的生物信息，并将结果发送至服务器，再显示由服务器传输至设备的健康指标值 A，因权利要求和说明书并未记载该发明中的可穿戴设备类型和医疗保健服务器的运行与引用发明在结构和功能上有何具体区别，JPO 认定申请专利的发明缺乏新颖性。① 其次，能够传输计算机程序或数据等预先确定的信息，属于通讯网络、通讯线路或类似事物所固有的功能。因此，如果要求专利保护的发明仅通过特定媒介功能来限定，可以判定该传输媒介与一般通信网络或通信线路相同。

就人工智能领域的发明而言，它们通常可以分为三个组成部分：数据、算法和输出，其新颖性主要由逻辑结构和算法决定。互联网和大数据技术已然为数据搜集和获取提供了极大的便利，更何况许多数据原本就是公开的，数据内容的作用集中体现在认定专利法意义上的发明，输出对产品类人工智能相关发明的新颖性有一定影响。② 尤其是人工智能系统自动生成的技术方案，很有可能只是对现有的基础发明专利文件作细微文字处理，如近义词替换组合或主被动语态、语序调整等，但是核心算法实质性相同，输出缺乏多样性或者依赖自有的相似数据，不足以使自动生成的技术方案具备新颖性。③

第二节　现有技术

一　构成现有技术的一般条件

我国《专利法》第 22 条第 5 款规定，本法所称现有技术，是指

---

① 日本特许厅：《与物联网等相关技术有关的案例》之案例 37，https：//www.jpo.go.jp/e/system/laws/rule/guideline/patent/handbook_shinsa/document/index/app_z_e.pdf，最后访问日期：2021 年 3 月 17 日。
② 参见张洋《论人工智能发明可专利性的法律标准》，《法商研究》2020 年第 6 期。
③ 刘强、周奕澄：《人工智能发明专利审查标准研究》，《净月学刊》2018 年第 3 期。

申请日以前在国内外为公众所知的技术。显然，除了受到时间因素的限制以外，"是否为公众知晓"是认定构成现有技术最为实质性的条件。为公众所知的现有技术应当在申请日以前处于能够为公众获得的状态，并包含能够使公众从中得知实质性技术知识的内容。[①] 需要指出的是，这种状态必须已经实际存在，不能只是具有"处于能够为公众获得的状态"之可能性，它所强调的是有关技术信息处于公众想要知道就能知道的状态，至于公众是否已经实际获得现有技术，与认定是否构成现有技术无关。其次，这里的"公众"是指不特定的多数人，既非负有保密义务的合作伙伴、雇员或其他合同相对方等，也非所属技术领域的技术人员，更不是本领域内少数技术专家。另外，构成现有技术的技术信息必须对技术方案作了完整、清楚、准确描述，使本领域普通技术人员结合其在相关日期所具备的基本知识，能够实现所披露主题的技术教导，即充分公开（可实施）的要求。以制造、销售、进口、交换、馈赠、演示、展出等使用方式公开的技术方案，如果没有给出任何有关技术内容的说明，以致所属技术领域的技术人员无法得知结构和功能或材料成分，不属于使用公开。为公众所知的其他方式，主要是指采用诸如交谈、报告、讨论会发言、广播、电视、电影等口头公开方式使公众能够得知技术内容。通过出版物、使用或其他方式公开的现有技术均需同时满足上述公开时间、公开状态和公开内容方面的要求。

二 现有技术认定的新挑战与法律应对

（一）扩大现有技术范围

1. 跨领域检索现有技术

在 Graham 案的判决中，美国联邦最高法院早已意识到了"在给定的科学领域内，可供使用的技术范围已经被半个世纪前尚未听说

[①] 国家知识产权局：《专利审查指南》，第二部分第三章第2.1节。

过的学科所拓宽……被授予专利垄断权的人必须意识到这些情况的变化。"[①] 人工智能技术促使不同领域的科学家们展开密切合作,从早期的"互联网+"商业模式到当前引发新一轮信息技术革命热潮的"人工智能+"新领域、新业态,传统的基于个人瞬时灵感闪现的单打独斗式发明创造已不再具有任何优势。相反地,那些配备高端设备、掌握充足研究资源、执行科学研究体制的研发团队已然成为新时代的主力军。概言之,有组织、有计划的群体性创造劳动是人工智能时代创新活动的突出特点。如 2016 年由谷歌公司的瓦伦·古山(Varun Gulshan)和彭莉莉(音译)医生训练的用于诊断视网膜糖尿病的深度卷积神经网络数据集;以及由哈佛大学病理学家安迪·贝克(Andy Beck)和麻省理工学院的计算机科学家阿迪亚·科斯拉(Aditya Khosla)训练的执行癌症识别任务的神经网络。

考虑到软件相关发明的跨学科性及其广泛的应用领域,美国、日本等国家的专利行政部门对于这类发明进行实质审查时,呈现出逐渐扩大现有技术检索范围的趋势。例如,JPO《发明和实用新型审查手册》中明确规定,由于在软件相关发明领域,为了确定的目的,将在某一特定领域内采用的步骤、手段或类似的计算机技术应用于另一特定领域是一般性尝试,所以审查员通常需要扩展现有技术检索范围至特定领域以外的其他特定领域或计算机技术领域。[②] 再如,美国专利审查过程中,用于评判发明创造性的对比文件必须来自于与发明专利申请类似的技术领域,也就是申请人付出努力的领域,或者与申请人所面对的具体问题合理相关的领域。[③]

正如美国联邦最高法院在 *KSR Int'l Co. v. Teleflex Inc.* 案中所指出的那样,当一项成果可以被应用于付出努力的某一领域时,设计动

---

① *Graham v. John Deere Co.*, 383 U. S. 1, 19 (1966).
② 日本特许厅:《专利和实用新型审查手册》,附录 B 第一章第 2.2.3.1 节之(3)。
③ USPTO, MPEP, Ch. 2100, S. 2141.01 (a).

机和其他市场力量能够促使在相同或不同领域内对它作出改变。① 而司法实践中，技术进步为提高专利质量、促进跨学科创新提供了机会，因此法院为了正确判断发明的可专利性，已经扩大了类似技术领域的范围，往往会综合来自不同技术领域的对比文件判定申请专利的发明对于本领域技术人员而言显而易见。② 如 Innovention Toys, LLC v. MGA Entertainment Inc. 案中，CAFC 认为涉案专利权利要求"一款实体棋盘游戏"与在先技术对比文件记载的电子游戏属于类似的技术领域，理由是可以想象到该对比文件在电子和实体产品上都具有潜在的实施可能性。③

我国专利审查部门也会在发明专利申请所属技术领域内进行现有技术对比文件的检索，必要时检索范围扩展至功能类似的技术领域。各国专利法之所以为现有技术，或者可以理解为本领域普通技术人员掌握的技术信息，设定了一个较宽的范围，目的在于鼓励发明人不再进行重复劳动，在尝试发明新的解决方案之前充分考察现有技术。虽然不能寄希望于发明人可以掌握如此全面的现有技术知识，但是为了确保只对作出重大技术进步的发明授予专利权，该现有技术范围的规定具有现实必要性。④ 然而国内外专利审查指南或判例法均没有明确界定与计算机实施的发明相类似的技术领域或另一特定领域的范围及判断标准。可以推断，这是因为支持软件相关发明实现预先设定的功能之架构或算法可以广泛应用于不同的领域，在社会公众看来，这些领域或许毫不相关。比如，当前的语义网络能够完成的任务类型包括："找到'马（horse）'的法

---

① KSR Int'l Co. v. Teleflex Inc., 550 U.S. 398, 417, 82 USPQ2d 1385, 1396 (2007).

② Brenda M. Simon, "The Implications of Technological Advancement for Obviousness", *Mich. Telecomm. & Tech. L. Rev.*, Vol. 19, 2013, p. 104.

③ Innovention Toys, LLC v. MGA Entertainment Inc., 637 F.3d 1314, 1323 (Fed. Cir. 2011).

④ Donald S. Chisum, *Chisum on Patents*, Matthew Bender, 2011, § 5.04A [1] [b].

语单词（文本处理），预定音乐会表演（管理系统）或者在城市中找到具有特定要求的、最便宜的酒店房间（例如禁止吸烟、特大号床、一楼）。"①

2. 信息获取和处理技术进步致使潜在的现有技术数量增加

扩大现有技术检索范围不仅由计算机实施的发明自身特点所决定，还与专利权人及其同行业竞争者能够检索到的信息和不断提高的信息处理能力有关。计算机可以被用于提升创造力，解决问题，打破概念性障碍，进入发明人记忆深处。同时，人工智能俨然成为从事科学技术研究的新型工具。发明人可以使用计算机辅助思考软件和思想模拟程序，在发明人提供的关于技术问题的细节基础上予以改良。② 可以借助人工智能系统及其相关共享平台开展的科学研究工作不仅涉及机械、医疗、生物、化学等传统技术领域，它在新型软件开发和改进过程中也发挥着举足轻重的作用。

以巴拉特·拉姆桑达尔（Bharath Ramsundar）创建的 deepchem 网站为例，作为一个开源的 Python 库，它能够帮助科学家建立发现新药物的深度学习系统。或者设计一款先进的疾病自主诊断系统，其理想方法步骤是首先利用深度学习帮助放射科或者肿瘤科等专业科室的医生了解他们所拥有的医疗影像；其次，通过谷歌公司开发的 Googlebot 系统（用于扫描全世界所有网页的"爬虫器"），全面掌握医学科学领域新近更新的研究成果；最后实现对原有每个医学图像彻底地再分析。在此过程中，步骤一和步骤二使用的模型或者带参数的函数和 Googlebot 系统可能均来自于他人已有创新成果。在这一基础上，人工智能软件的研发团队经过设计、编程、测试和调整生成疾病诊断正确率更高的计算机系统。除 Googlebot 系统之外，由该公司技术最为精密的团队历时多年打造的"谷歌大脑"为其内部

---

① ［美］史蒂芬·卢奇、丹尼·科佩克：《人工智能》，林赐译，人民邮电出版社 2018 年版，第 191 页。

② David Pressman, *Patent It Yourself: Your Step-By-Step Guide to Filing at the U. S. Patent Office*, Edited by Richard Stim, Nolo, 2011, pp. 39–42.

使用深度学习的大量研究项目提供了技术支撑。"谷歌大脑"实际上是基于深度学习理论建立的大规模分布式计算集群，相当于一个可以进行深度学习计算的高性能平台，而随着谷歌 TensorFlow 深度学习框架的开源，其他公司得益于谷歌公司研发的"谷歌大脑"而成功推出的项目也不胜枚举。① 在国家政策层面，美国白宫科技政策办公室发布的《国家人工智能研究与发展策略规划》提出，将开发人工智能共享公共数据集和测试环境平台作为重点战略方向之一，尤其是训练数据集资源的深度、质量和准确度在很大程度上影响人工智能性能。②

从专利权人的视角来看，出于防止竞争者在相关领域进行专利布局的目的，他们有可能会以自身持有的已授权专利为中心，借助人工智能算法广泛捕捉本领域内的技术信息，自动生成并公开与专利技术关联的技术方案，如此导致新颖性要件异化为排除产业竞争的利器。③ 而且这部分防御性技术文献即使进入公有领域，由于它们和受保护的专利技术密切相关，往往需要相互协作、配合使用方能产生有益的技术效果，因此专利权人主动将之公开为现有技术，社会公众受制于专利权的保护范围依旧无法自由使用，严重阻碍后续的技术创新。④

因信息处理技术进步引发的现有技术范围被动扩张，要求专利审查部门具备同样先进水平的人工智能搜索和数据挖掘技术。可供使用的技术信息数量的增加，并不意味着发明人对特定技术问题理解能力和创造力的必然提高。相反，甚至有一些观点批判海量信息

---

① 参见李开复、王咏刚《人工智能》，文化发展出版社 2017 年版，第 241 页。
② The National Artificial Intelligence and Development Strategic Plan, 2016, https://www.nitrd.gov/PUBS/national_ai_rd_strategic_plan.pdf.
③ 参见吴汉东《人工智能生成发明的专利法之问》，《当代法学》2019 年第 4 期。
④ 刘鑫、覃楚翔：《人工智能时代的专利法：问题、挑战与应对》，《电子知识产权》2021 年第 1 期。

资源弱化了研究人员的深度阅读和深度理解力。① 能够检索到的技术文献资料数量与启发本领域普通技术人员开展交叉领域的技术研发之间不存在必然联系，这受到时间和兴趣因素的制约。② 司法实践中，法院容易犯的错误是将技术人员可获取的技术信息等同于他们理解了这些技术信息，于是很自然地判定存在争议的现有技术对比文件来自类似的技术领域。而法律拟制人"本领域普通技术人员"，运用相关技术领域内公知常识和全部现有技术的自如程度应当分别达到"知晓"和"获知"的程度。所谓"获知"，不仅强调存在了解技术信息的有效途径和手段，还要求具有中等技术水平的技术人员可以理解该信息。

无论如何，如果申请专利的发明是现有技术的简单组合或者常规技术手段的替换，即使通过了新颖性审查，也难以就其创造性获得肯定性评价。至于人工智能自动生成的技术方案能否构成现有技术，首先应当满足前述现有技术认定的一般标准，即在申请日前已经在国内外公开发表，其中包括在互联网上披露的技术方案，并且对于技术方案的描述达到本领域普通技术人员可以加以实施的程度。再者，作为互联网企业的经营策略，应用人工智能算法自动生成的技术方案，往往以电子文献的形式在网络上公开，它们存在着被篡改的风险，或者可能采取加密措施致使社会公众无法获知其中的技术信息。鉴于此，各国专利审查部门就电子对比文件的引证和提供规定了程序性和实体性特殊要求。③

---

① Nicholas Carr, "Is Google Making Us Stupid?", *Atlantic*, July/August 2008; University College London, INFORMATION BEHAVIOUR OF THE RESEARCHER OF THE FUTURE: A CIBER BRIEFING PAPER, 11 January 2008, p. 31, https://www.webarchive.org.uk/wayback/archive/20140613220103/http://www.jisc.ac.uk/media/documents/programmes/reppres/gg_final_keynote_11012008.pdf, accessed January 7, 2021.

② Brenda M Simon, "Rules, Standards, and the Reality of Obviousness", *Case W Res L Rev*, Vol. 65, 2014, p. 41.

③ 郎贵梅：《专利客体的确定与商业方法的专利保护》，知识产权出版社2008年版，第96—100页。

3. 合理限缩现有技术检索范围的难题

扩大现有技术检索范围造成的直接后果即为计算机实施的发明之新颖性和创造性判定缺乏可预期性和稳定性。通常来讲，新颖性审查检索范围的限定因素主要有检索资料、检索的主题、检索的时间界限、检索的技术领域。[①] 而计算机实施的发明的主题和技术领域存在着较大的不确定性。依据我国《专利审查指南》的相关规定，应当以独立权利要求所限定的技术方案作为检索的主题，强调的是权利要求的发明构思而非其字面意义。[②] 国际专利分类号就是在正确理解申请主题的前提下划定的。但是，大多数利用计算机实施的发明既涉及技术特征，也涉及非技术特征，是计算机领域与电子商务、金融、医疗等服务行业的结合。1971年《斯特拉斯堡协定》建立的国际专利分类（IPC）也无法将所有软件专利纳入其中，只能不完全且不可靠地纵向覆盖整个软件产业中的一部分。[③] 可见，就软件相关发明所作的专利分类主要是基于专利申请人和审查员的主观意愿和认知所作的粗略判断。在美国，有专业人士以自身经历说明一项软件权利要求能否被批准授权主要取决于如何将专利申请分类，如果被分类为电子商务领域，该权利要求几乎没有可能被认定为适格的专利客体，对此在撰写专利申请材料时必须有相关的应对策略。[④] 由是观之，就计算机实施的发明申请专利权，很有可能凭借撰写技巧改变专利分类而规避被驳回专利申请的风险，影响现有技术的检索质量以及专利实质审查结论。

软件可以被视为具有一般功能的技术，能够嵌入至各式各样的

---

① 张洋：《论人工智能发明可专利性的法律标准》，《法商研究》2020年第6期。
② 国家知识产权局：《专利审查指南》，第二部分第七章第3.2节。
③ Stuart J. H. Graham & David C. Mowrey, "Submarines in Software? Continuations in U. S. Software Patenting in 1980s and 1990s", *Econ. Innovation & New Tech.*, Vol. 13, 2004, p. 446 and note 3.
④ Jeffrey A. Lefstin, Peter S. Menell, and David O. Taylor, "Final Report of the Berkeley Center for Law & Technology Section 101 Workshop: Addressing Patent Eligibility Challenges", *Berkeley Tech. L. J.*, Vol. 33, 2018, p. 591.

其他技术领域。因此,专利行政审查工作可能会犯事后诸葛亮的错误,基于大量可获取的现有技术对比文件,一些实质上并不相关的技术领域也会纳入现有技术范畴。在 In re Oetike 案中,CAFC 指出尽管某项技术来自与发明密切相关的领域,但是发明人不能合理预期该项技术会接受审查,则应当将它排除在类似技术领域之外。① 鉴于发明的可专利性审查,特别是创造性或非显而易见性审查是一种事实判断,类似技术应当限定在实际相关的领域,将特定技术归为类似技术领域,对于本领域普通技术人员而言是可以预见的。在 In re Kahn 案中,CAFC 明确提出现有技术文献是否超出努力范围,即是否合理相关,应从本领域普通技术人员的视角作出判断。②

从计算机实施的发明所具有的跨学科性出发,部分美国学者建议采取关键词搜索的方式确定现有技术,也就是在已授权专利的说明书中广泛检索"软件"或"计算机"、"程序"等关键词,再过滤掉包含另外一些关键词的专利文件。③ 泛化处理用于检索现有技术的关键词,明显超出软件相关发明所属领域的技术人员的合理预期。更何况囿于专利权利要求的抽象性,程序员在软件工程开发过程中,极少参考专利文献,④ 现有技术范围的确定也要结合计算机互联网行业的惯例。由此衍生出的另外一个问题即在专利行政审查或司法审判阶段,关于计算机、互联网、大数据或人工智能等相关领域的一般实践做法应当如何予以证明,可采纳的证据形式包括哪些(如专家证人、产业界作出的声明、同时期的出版物等)及其证据的证明力如何认定,特别是对于缺乏足够技术背景的法官来讲完成这一任

---

① *In re Oetiker*, 977 F. 2d 1443, 1447 (Fed. Cir. 1992).

② *In re Kahn*, 441 F. 3d 977, 987 (Fed. Cir. 2006).

③ James Bessen & Robert M. Hunt, "An Empirical Look at Software Patents", (Fed. Reserve Bank of Phila., Working Paper No. 03 - 17/R, 2004), https://onlinelibrary.wiley.com/doi/full/10.1111/j.1530 - 9134.2007.00136.x, accessed January 7, 2021.

④ Anton Huges, *The Patentability of Software: Software as Mathematics*, Oxford: Routledge, 2017, p. 226.

务极具挑战。

(二) 加重专利审查部门的负累

现有技术检索范围的扩大势必增加专利审查的工作量及相应的成本。按照我国《专利审查指南》中的有关规定，由于在实质审查阶段审查员一般无法得知在国内外公开使用或者以其他方式为公众所知的技术，因此，在实质审查程序中所引用的对比文件主要是公开出版物。① 下面将分别从专利文件和非专利文件两个角度分析对于专利行政审查工作的影响。

1. 专利文件

在我国，检索用专利文献主要包括国内外以电子形式、纸质形式和微缩胶片形式存在的专利说明书，和专利合作条约的国际专利申请公开说明书。② 与传统领域的技术创新成果不同，软件创新通常不发生在常规的科研机构内，因此它不像其他科学领域一样可以被正式地记录下来。专利审查机构除了在先的软件专利申请外，很难获得更多的软件文献资料。③ 而软件专利公开不足又加剧了相关领域内现有技术的短缺。

近年来，各主要国家和地区发明专利申请总量持续增长的同时，涉及计算机程序的发明专利申请和授权数量涨幅较大。以人工智能领域专利为例，2014 年起我国人工智能专利进入快速发展时期，2015 年专利授权量为 7359 件，同比增长 96.1%；2016 达到 12952 件，同比增长 76.0%；2017 年授予专利 17477 件，同比增长 34.9%，其中 2017 发明专利数量为 6475 件。④ 发达国家同样高度重

---

① 国家知识产权局：《专利审查指南》，第二部分第三章第 2.3 节。
② 国家知识产权局：《专利审查指南》，第二部分第七章第 2.1 节。
③ Julie E. Cohen & Mark A. Lemley, "Patent Scope and Innovation in the Software Industry", Cal. L. Rev. I, Vol. 89, 2001, p. 42.
④ 国家知识产权局规划发展司：《2017 年我国人工智能领域专利主要统计数据报告》，第 2 页，https://www.cnipa.gov.cn/module/download/down.jsp?i_ID=40217&colID=88，最后访问日期：2021 年 1 月 8 日。

视人工智能技术的专利保护。据统计,在所有技术类别中,包含人工智能的专利比例由 1976 年的 9% 提升至 2018 年的 42%,① 且自 2011 年至 2018 年美国人工智能专利授权率为 89%。② 可以预见,未来一段时间内人工智能领域专利申请和授权数量还会保持迅猛发展的势头。更为重要的是,由于针对计算机实施的发明检索现有技术会跨越多个技术领域,甚至从数字环境中的相关发明拓展至实体发明,随之而来的是体量巨大的潜在现有技术对比文件,无形中增加了专利行政审查部门为现有技术检索需要付出的时间和资源成本,阻碍计算机实施的发明专利审查效率的提高,难以适应软件产品快速更新迭代的特征。此外,遵循绝对新颖性原则,国外专利文献是现有技术检索过程中不可忽视的一部分,准确翻译外文专利文献对于审查员理解其中记载的技术方案尤为重要,而计算机实施的发明可能涉及不同学科的知识,审查员的知识储备和专业素质可能无法满足审查此类复杂发明的需求。当然,一些先进的人工智能技术可以作为辅助工具帮助审查员弥补自身的不足。

2. 非专利文件

计算机实施的发明所属技术领域毫无疑问与计算机软件相关,本领域技术人员也要具备计算机编程等专业知识。相比在出版物中发表研发成果,程序员更擅长通过撰写代码的方式直接解决问题,而长篇赘述的文献资料对于他们而言显得平淡无味,这也在一定程度上导致了软件相关文献数据库比较匮乏,可能无法全面反映本领域内技术现状。专利法意义上的出版物是指记载有技术内容的独立存在的传播载体,并且应当表明或者有其他证据证明其公开发表或出版的时间,包括但不限于"各种印刷的、打字的纸件,例如专利

---

① USPTO, *Inventing AI: Tracing the Diffusion of Artificial Intelligence with U. S. Patents*, October 5, 2020, p. 2, https://www.uspto.gov/sites/default/files/documents/OCE-DH-AI.pdf, accessed January 26, 2021.

② Daryl Lim, "AI & IP: Innovation & Creativity in an Age of Accelerated Change", *Akron Law Review*, Vol. 52, 2018, p. 872.

文献、科技杂志、科技书籍、学术论文、专业文献、教科书、技术手册、正式公布的会议记录或者技术报告、报纸、产品样本、产品目录、广告宣传册等，也可以是用电、光、磁、照相等方法制成的视听资料，例如缩微胶片、影片、照相底片、录像带、磁带、唱片、光盘等，还可以是以其他形式存在的资料，例如存在于互联网或其他在线数据库中的资料等"。①

前述执行人工智能算法自动生成的技术方案可存储于这些传播载体中。虽然它们不同于人们手动撰写的技术资料，却可能比常见的软件书籍、杂志或论文等出版物更具价值。例如，谷歌 DeepMind 团队推出的"神经编程解释器"（NPI）是基于人工神经网络的计算机程序，现阶段已经能够自主学习并取代初级程序员的工作进行简单的编程。又如 IBM 公司利用"研究披露"（Research Disclosure）②网站防御性公布了许多技术资料，其他申请专利的竞争者不仅需要在说明书中多次引证 IBM 公司发布的技术资料，还不得不限缩权利要求范围避免落入 IBM 公司专利权利要求范围，给同行业竞争者获得专利授权制造了更多的障碍，有利于保护专利权人自身的发明。③这也说明了自动生成的技术方案颇受计算机互联网领域技术人员的关注。认定计算机实施的发明所属领域内的现有技术，有必要考量相关领域技术人员在实际工作中会参阅哪些资料，否则结果可能会超出他们的合理预期范围。

基于以上理由，应当肯定在申请日前自动生成并公开的技术方案在满足特定要求的前提下构成现有技术。这里的要求着重强调的是由计算机程序算法生成的输出结果的质量。④ 如果自动生成的技术

---

① 国家知识产权局：《专利审查指南》，第二部分第三章第 2.1.2.1 节。
② See https://www.researchdisclosure.com/Step/FileUpload.
③ Bill Barrett, "Defensive Use of Publications in an Intellectual Property Strategy", *Nature Biotechnology*, Vol. 20, 2002, p. 191, https://doi.org/10.1038/nbt0202-191, accessed January 8, 2021.
④ Ben Hattenbach and Joshua Glucoft, "Patents in An Era of Infinite Monkeys and Artificial Intelligence", *Stanford Technology Law Review*, Vol. 19, Fall 2015, p. 41.

方案在原有权利要求用语的基础上，作出了高质量的改良，则将该文件纳入现有技术范围具有正当性。如果从技术或语法的视角考量，自动生成的技术方案只是对原有权利要求进行了无用的改变，无法达到可实施要求，本领域技术人员在解决相关技术问题时也不会注意到这份资料，那么不能将其认定为现有技术。否则，这些无意义的技术文件不仅不能扩充公共领域内总的知识储备量，反而会稀释甚至湮没那些实际上有用的技术信息，不利于社会福利和专利立法宗旨的实现。然而利用人工智能算法，以专利权人持有的发明专利为中心，可以在短时间内大量生成表面看似不相同的技术方案。当这些自动生成的技术方案打开了泄洪的闸门，涌入公共领域，审查员很难客观高效地筛选出高质量的输出。

（三）增加利用信息处理手段组合现有技术的可能性

人工智能正在渗透至越来越多的科学技术研发活动中，计算机软件领域也不例外。人工智能可以将属于不同领域的现有技术以非显而易见的、具有创造性的方式组合起来。得益于此，计算机能够处理无数的在先技术。从技术角度看，人工智能的重要价值在于提升效率，而非发明新的业务或流程。大多数情况下，人工智能并不是一种全新的业务流程或者全新的商业模式，而是对现有业务流程、商业模式的颠覆性改造。鉴于技术手段实现的容易程度或者引入人工智能对于节省经营成本和增加经济价值带来的积极作用，可以想象将通用机器学习算法与金融、广告、电子商务等行业内一般业务流程相结合生成新的计算机程序，进而申请专利的做法并不在少数。进一步拆解特定人工智能软件，它所执行的智能任务或许只是计算数学、算法、公式以及非常复杂的方程式的组合而已。另外，人工智能技术本身也可能通过组合搭配实现各种功能，如声音识别系统与机器翻译、声音合成系统的组合可以依次实现将人们输入的汉语声音翻译成英语文本，进而合成个性化定制的英语声音后再输出的功能。对此不排除这样一种可能性，即该人工智能系统整体上构成一项新的技术方案，其中执行各个环节或步骤、达到每一个子目标的技术却只是相关技术领域的常规通用技术。

美国有学者认为，医学、物理甚至烹饪技术的进步，都可能与解决电子工程领域内的问题有关。因机器功能的增强，以及这种具备创造能力的机器的普及，应当改变或废除类似技术领域的测试。① 国内也有学者认为相对于人工智能超强的推理和计算能力，人类实施的现有技术检索宽度和深度有限，这看似符合成本与效率的统一原则，但是专利制度并未赋予这种不完全检索正当性。否则将给人工智能带来无限大的空间去挖掘现有技术的组合，以致于垄断已进入公共领域的技术知识，妨碍技术创新。② 然而，即便社会公众可以自由获取和利用的技术信息总量急速膨胀，本领域普通技术人员能够在何种程度上组合可供使用的技术范围仍然是不确定的。

根据单独对比原则，无论是现有技术的简单组合，抑或是将已知技术要素以新的方式组合起来产生不曾预料到的功能或结果，因为没有任何一份现有技术对比文件覆盖了发明专利申请的全部要素，所以不能据此否定相关发明的新颖性。借助人工智能算法组合现有技术的发明能否被授予专利权，主要取决于它是否具有创造性或非显而易见性。大数据、人工智能等现代化信息处理技术是一把双刃剑，它在对确定现有技术范围和内容的法律规范提出挑战的同时，也可为专利行政审查部门所利用，显著提升审查能力和效率。这也是为何世界五大知识产权局一致承认人工智能会对专利制度产生重大影响，并同意将人工智能的应用作为五局战略合作的优先领域之原因。③

---

① Ryan Abbott, "Everything Is Obvious", *Ucla L. Rlv.*, Vol. 66, 2019, p. 37.

② 刘友华、魏远山：《人工智能生成技术方案的可专利性及权利归属》，《湘潭大学学报》（哲学社会科学版）2019 年第 4 期。

③ 参见《2018 年世界五大知识产权局统计报告》，第 vi 页，https：//www.cnipa.gov.cn/module/download/down.jsp? i_ ID = 40377&colID = 90，最后访问日期：2021 年 1 月 8 日。

三 提高现有技术检索质量的域外经验

为了缓解现有技术检索范围扩大,以及因信息处理技术进步,导致潜在现有技术数量的增加而带来的行政审查工作压力,不同国家或地区的专利行政部门采取了一系列措施,例如面向社会公众开展外包检索模式和同行评议项目(Peer to Patent),以及专利审查机构建设和智能化检索工具升级等,有助于提高现有技术检索和专利实质审查的效率和质量。

(一) 外包模式

外包模式是指将原本由审查员承担的现有技术检索工作通过签订合同的方式,外包给独立的专业机构或者私营部门负责,这些检索机构需要在专利局登记注册,日本、韩国已开展该项业务。比如,截至2018年底,JPO共有10家检索机构登记在册,该财政年度日本在先技术检索外包量为152000件,其中外国专利文献检索116000件,以此加快专利审查速度。韩国知识产权局也实行现有技术检索外包机制,减轻审查员承担的检索工作量,实现审检分离。2018年,外包独立检索机构承担了所有发明与实用新型专利申请中62.7%的检索工作。[①] 另外,还有一些由来自不同领域的专家组成的在线论坛,可以为审查员寻找相关现有技术提供咨询意见。如软件专利研究所(Software Patent Institute)是一家基于网页提供特定软件领域现有技术聚合服务的机构,这部分现有技术通常无法采取电子方法获取;Article One Partners公共社区设置大量的奖励机制面向全球的科学家和技术人员搜集现有技术,可以弥补专利审查部门在非专利文献和公知公用技术方面识别能力的不足。

(二) 同行评议项目

同行评议是USPTO发起倡议的,向社会公众开放专利审查程序

[①] 《2018年世界五大知识产权局统计报告》,第15和21页。

的在线系统，它致力于提高获得批准授权的专利质量。① 2007 年至 2009 年，USPTO 开展的第一轮试验项目，专门针对计算机软件、商业方法等领域的发明专利申请实施同行评议，经过公开需要公众评议的专利申请、评议人检索并提交现有技术文献、评议人对已提交的现有技术进行注解和评分等环节，最终向 USPTO 呈递排名前十位的现有技术文献，以供审查员参考。② 该项目由 USPTO 与纽约法学院专利创新中心联合主持，同时以延伸公共合作的理念，完善开放、高效的公共政策为宗旨，加强与澳大利亚、日本同行评议项目以及 Article One Partners 等机构的合作。除此以外，英国也曾于 2011 年启动同行评议项目。通过设立专门的网站，向科学和技术团体征集关于特定专利申请的评论和意见，大致流程与 USPTO 同行评议项目类似，只不过评议人员不仅可以浏览相关专利申请，还可以获得审查员制作的检索报告，从而更有针对性地就现有技术进行评议。③ 该项目利用与外国专利行政部门和全球性专利研究平台的合作，深入贯彻绝对新颖性原则，集思广益促进专利审查结果的客观公正性，特别是对于计算机软件等知识结构更新较快的领域，帮助审查员高质量检索现有技术对比文件。需要注意的是，其他一些比较成熟的传统技术领域并不适宜开放公众评议体系，依靠审查员自身的专业知识和工作经验完全可以检索到专利实质审查所需的现有技术，否则将不合理地延长审查周期，引起专利申请积压的问题。④

（三）机构建设和智能化检索工具

与计算机软件、人工智能相关的现有技术检索和比对往往涉及

---

① See http：//www.peertopatent.org/#，accessed January 10, 2021.
② 刘斌强、欧阳石文、曲燕：《USPTO 专利审查开放式公众评议项目》，《电子知识产权》2011 年第 5 期。
③ 卢宝峰：《英国试点允许公众参与专利审查》，《电子知识产权》2012 年第 1 期。
④ 郑树华：《浅谈"同行评议体系"对中国专利审查的借鉴意义》，《中国发明与专利》2015 年第 7 期。

不止一门学科的复杂知识，而且这些领域的最新技术情报日新月异，这对专利行政部门内部组织机构设置的科学化，以及人才培养的与时俱进提出了更高要求。以日本为例，JPO 很早之前便在审查四部增设电子商务审查室，专门负责国际专利分类 G06F17/60 涉及商业方法软件的专利申请。① 而且日本经产省委托的专家组就物联网、大数据和人工智能等新技术领域知识产权法律制度建设出具的研究报告中，建议成立跨部门专利审查小组。② 在欧洲，EPO 每年会围绕专利检索、专利审查和异议开展用户满意度调查，督促相关工作质量的提升。USPTO 则通过学术界和产业界专家的合作，积极升级和测试人工智能专利检索工具，推动人工智能在专利审查过程中的运用。其研发的新一代人工智能专利检索工具配置自动化办公模块，可以根据审查员与专利申请人及其代理人之间的交流信息自动进行信息排序和归类，大量节省了审查员处理琐碎的文件管理事务的时间。③

本章小结

新颖性要件是在客体要件的基础上，进一步限缩和定义能够被授予专利权的技术方案的范围。对于计算机实施的发明来讲，其新颖性判断方法和标准在整体上与一般发明并无区别。只不过考虑到这类发明的功能和结构由算法所决定，算法是计算机实施的发明之

---

① 张平：《论商业方法软件专利保护的创造性标准——美、日、欧三方专利审查之比较》，《知识产权》2003 年第 1 期。

② 管育鹰：《人工智能带来的知识产权新问题》，《贵州省委党校学报》2018 年第 5 期。

③ 参见《2018 年世界五大知识产权局统计报告》，第 34 页，https：//www.cnipa.gov.cn/module/download/down.jsp?i_ID=40377&colID=90，最后访问日期：2021 年 1 月 10 日。

核心，因此评价其新颖性，应当更多地关注程序算法或者与之匹配的数据结构，而不是输入或者输出数据内容。由于计算机实施的发明具有鲜明的跨学科属性，算法对应的特定功能和目标可与不同的领域相融合，这也是软件产品或服务研发活动中的常见做法，对此专利审查实践通常会将现有技术检索范围扩展至另一技术领域。然而这种扩张趋势应当限定在本领域技术人员可以预见的幅度内，现有技术范围的确定需要考量计算机互联网行业的特点，以及相关领域技术人员在实际工作中参阅的技术资料。利用人工智能算法自动生成的技术方案是否属于现有技术取决于它满足构成现有技术的一般条件与否，和生成技术方案的质量。无论是跨领域检索现有技术，还是识别高质量的自动生成的技术方案，似乎都已超出专利审查员的能力范畴。技术发达国家已经采取的在先技术检索外包模式、同行评议项目、专利行政审查部门内部机构改革和先进检索工具的研发和测试等具体措施，是可供我国借鉴的范例。

第 四 章

计算机实施的发明之创造性

我国专利法所规定的创造性,是指与现有技术相比,该发明具有突出的实质性特点和显著的进步,该实用新型具有实质性特点和进步。其中"突出的实质性特点"和"显著的技术进步"分别为:对所属技术领域的技术人员来说,发明相对于现有技术是非显而易见的;以及与现有技术相比能够产生有益的技术效果。① 美国专利制度称之为"非显而易见性",该要件规定在《美国专利法》第103条,具体含义是尽管发明没有如第102条所述的方式被完全相同地披露,但是若要求专利保护的发明与在先技术之间的不同是这样一种程度,该客体作为一个整体,在有效申请日之前,对于所属技术领域内具有一般技术水平的人员而言是显而易见的,则不能获得专利。可专利性不因作出发明的方式而否定。② 类似要件在EPC第56条被表述为"发明性步骤"(inventive step),即考虑到本领域现有

---

① 国家知识产权局:《专利审查指南》,第二部分第四章第2.2和2.3节。
② 35 U.S.C. 103 Conditions for patentability; non-obvious subject matter: A patent for a claimed invention may not be obtained, notwithstanding that the claimed invention is not identically disclosed as set forth in section 102, if the differences between the claimed invention and the prior art are such that the claimed invention as a whole would have been obvious before the effective filing date of the claimed invention to a person having ordinary skill in the art to which the claimed invention pertains. Patentability shall not be negated by the manner in which the invention was made.

技术，如果一项发明对于本领域技术人员不是显而易见的，应当认为该发明包含发明性步骤。①《日本专利法》第29条第2款也规定了"创造性"要件：如果提出专利申请之前，发明所属技术领域内具备普通技术的人员，基于前款各项所规定的发明能够轻易地作出该发明，尽管有前款之规定，申请人也不能获得专利权。②

可见，各主要国家或地区专利制度中关于"创造性"要件所使用的措辞虽有差别（本书统一使用"创造性"这一表述），但是实质内容基本相同，均以本领域普通技术人员作为创造性判断的主体，判断发明创造性的方法是与申请日以前的现有技术进行比较，判断标准为是否显而易见或者是否能容易地作出发明。对于计算机实施的发明来讲，其创造性判断与新颖性判断一样，既要遵循创造性要件的一般原理，也有不同于一般发明的特殊之处。

第一节 创造性一般原理

一 创造性理论基础

创造性要件与新颖性要件有着逻辑上的递进关系。这意味着即使是一个新的发明，但是如果新事物与此前已知的事物之间的区别无法被认为足够重大而有必要授予专利权，该发明仍然不能获得专利保护。③ 与"足够重大"相反的是，新旧事物在技术上或者字面上微不足道的差别，乃至新事物可以轻易地甚至自动地从旧的已知

---

① EPC Art. 56: An invention shall be considered as involving an inventive step if, having regard to the state of the art, it is not obvious to a person skilled in the art.

② 日文原文：特許法第二十九条之2，特許出願前にその発明の属する技術の分野における通常の知識を有する者が前項各号に掲げる発明に基いて容易に発明をすることができたときは、その発明については、同項の規定にかかわらず、特許を受けることができない。

③ S. REP. NO. 82 – 1979, 1952, at 6, as reprinted in 1952 U. S. C. C. A. N. 2394, 2399.

事物中推演出来。① 这种与在先技术相比存在的细微技术或表达差异，或许可以使申请专利的技术方案通过新颖性测试，却不能被判定为具有创造性的发明。因此，发明的新颖性和创造性在判断顺序上有先后之别。创造性是一切知识产品能够得到法律保护的根本原因，创造性是衡量其价值高低的惟一尺度。② 没有为公众已知的技术带来重大进步或突破的发明创造，缺乏专利保护的价值。假如对这些发明授予专利，将瓜分基础性发明专利权人应得的许可费，挫伤基础性发明人的积极性，也增加了不必要的社会检索和许可成本。③ 出于平衡发明人与社会公众利益的考虑，对新颖的技术方案进一步提出了创造性要求。具体到计算机实施的发明，其能否被授予专利权，是通过客体要件、新颖性和创造性要件的层层筛选，过滤掉低质量的发明，最终授予对软件相关技术领域具有真正贡献和价值的发明专利权。其中任一要件不能取代其他要件单独决定发明的可专利性，客体要件不应承担可专利性判断的全部功能，而我国与美国现行的专利客体适格性判断与创造性评价存在重叠，似有不妥之处。

二 创造性判断的基本方法和标准

（一）判断方法

有别于新颖性判断强调的"单独对比原则"，发明的创造性判断是将两个以上的现有技术结合起来与申请专利的发明对比，确定发明对于本领域普通技术人员是否显而易见。包括我国在内的不少国家均采用"三步骤"判断模式：第一，确定最接近的现有技术；第二，对比最接近的现有技术，确定要求保护的发明的区别特征及其

---

① ［美］P. D. 罗森堡：《专利法基础》，郑成思译，对外贸易出版社 1982 年版，第 124 页。

② 郑成思主编：《知识产权——应用法学与基本理论》，人民出版社 2005 年版，第 139 页。

③ Robert M. Mergers & John F. Duffy, *Patent Law and Policy: Cases and Materials*, 3nd edn, LexisNexis, 2002, pp. 646–647.

产生的技术效果,并由此确定该发明实际解决的技术问题;第三,在最接近的现有技术和其他相关现有技术的基础上,判断要求保护的发明对本领域技术人员来说是否显而易见。① 上述"三步法"类似于 EPO 适用的"问题解决法"。当然,各法域评价发明创造性的具体方法存在不同程度上的差异。

  首先,美国专利法上并没有"最为接近的现有技术"的概念。这一提法本身很可能引人误解,以为作为创造性判断出发点的现有技术只能唯一,不能多项并行。事实并非如此,作为"出发点"的相关现有技术既可能只有一项,也可能有很多项。如果确实存在多项现有技术,审查员应当尝试从每一项现有技术出发,衡量要求保护的发明的显而易见性。以"一种用户词参与智能组词输入的方法及一种输入法系统"的发明专利无效宣告审查为例,专利复审委员会认定权利要求 1"一种建立用户多元库的方法"的创造性时,分别以对比文件 1、2、3 作为最接近的现有技术,均得出了肯定结论。② 因此,国内有学者认为以美国法上的"相关现有技术"概念替代"最接近的现有技术"的提法更为贴切。③ 在美国,非显而易见性判断遵循 KSR 案先例,该案再次确认了 Graham v. John Deere Co. 案确立的认定非显而易见性的框架体系,④ 依次按照如下顺序进行事实审查:(1)确定在先技术的范围和内容;(2)确定权利要求与在先技术的区别;(3)分析相关技术领域内的一般技术水平;(4)评价与非显而易见性相关的客观证据。⑤ 同时,美国联邦最高法院在 KSR 案中,一方面指出了 CAFC 适用 TSM(教导—启示—激

---

① 尹新天:《中国专利法详解》(缩编版),知识产权出版社 2012 年版,第 197 页。
② 参见国家知识产权局专利复审委员会第 30349 号无效宣告审查决定,http://reexam-app.cnipa.gov.cn/reexam_out1110/searchdoc/decidedetail.jsp?jdh=30349&lx=wx,最后访问日期:2021 年 1 月 19 日。
③ 参见崔国斌《专利法:原理与案例》,北京大学出版社 2016 年版,第 266 页。
④ *Graham v. John Deere Co.*, 383 U.S. 1, 148 USPQ 459 (1966).
⑤ USPTO, MPEP §2141.

发）测试法的一系列错误，另一方面又肯定了 TSM 是判断非显而易见性时可供使用的诸多有效原理之一。美国联邦最高法院要求从技术本身出发，比较客观地判定相关发明是否显而易见，而不是将关注点放在技术之外的市场和问题解决的推动力等要素上。[①]

其次，我国和 EPO 确定最接近现有技术的考量因素与日本专利制度中用于选择最适合推理的在先技术（首要在先技术）的考量因素略有不同。对于由技术特征和非技术特征共同组成的利用计算机实施的发明专利权利要求，认定与其最接近的现有技术，EPO 会将对于发明技术性有贡献的技术特征和非技术特征均纳入考虑范围。我国新修订的《专利审查指南》也明确将"与技术特征功能上彼此相互支持、存在相互作用关系的算法特征或商业规则和方法特征与所述技术特征作为一个整体考虑"，[②] 而通常最接近的现有技术包含最多与权利要求所记载的特征共有的技术特征与非技术特征。不难看出，我国与欧洲适用基本相同的原则判断最接近的现有技术。日本专利制度并未就软件相关发明专利权利要求区分技术特征与非技术特征，而是根据常规的判断方法，从软件相关发明所属技术领域或者解决的问题，以及技术方案实施模式方面，选择与之相同或近似的首要在先技术即可。若申请专利的发明是由计算机实施的商业方法，不必要求主引用发明与该发明具有相同的商业内容。所以，在物联网背景下，即使在先技术与申请专利的发明二者被网络连接的事物不同，只要它们所属技术领域或者需要解决的问题有着某种关系或者共性，该在先技术可以作为主引用发明。[③]

另外，因前述第三个步骤涉及两个较为抽象的概念，即相关技术领域中具有一般技术水平的人员和显而易见，最易引起创造性判定的主观任意性和不确定性。关于本领域普通技术人员这一法律拟

[①] 参见李明德《美国知识产权法》，法律出版社 2014 年版，第 61 页。
[②] 国家知识产权局：《专利审查指南》，第二部分第九章第 6.1.3 节。
[③] 日本特许厅：《专利和实用新型审查手册》，附录 B 第一章第 2.2.4 节之（4）。

制人的认定,是各国在司法实践和专利审查中逐渐发展形成的基准,尤其是计算机实施的发明所属领域技术人员与传统意义上本领域技术人员的概念相比,有其自身特点,本章第二节将就此予以着重分析。至于在本领域技术人员看来,要求专利保护的发明是否显而易见,我国专利审查部门和法院聚焦于本领域技术人员是否会从现有技术中得到教导或启示,将最接近的现有技术与其他现有技术和公知常识相结合,存在构思出要求保护的技术方案的理由或动机。这一判断标准等同于美国专利法上的 TSM 测试法,其局限性在于过度依赖允许组合的现有技术数量,现有技术检索实际上是在已知申请专利的发明内容后进行,在适用过程中可能会演变成过于僵硬的公式化判定方法,片面强调公开文献的重要性和已授予专利的表面内容。美国联邦最高法院则鼓励下级法院发现新的事实,运用技术常识判断发明显而易见与否,而不能为避免出现"事后诸葛亮"式偏见,采取严格的预防性规则。①

(二) 第二考量因素

用于判断创造性的第二考量因素包括发明是否取得了商业上的成功、是否解决了人们长期以来需要解决而始终未能获得成功的技术难题、发明是否实现了超出预期的技术效果、是否克服了技术偏见等。这些因素仅仅是判断创造性的辅助因素,不能取代基于技术方案本身的"三步骤"判断模式。

随着软件相关商业方法发明的增多,在许多专利申请案中,申请人往往会以商业方法的实施带来了商业成功为理由,主张发明具有创造性。该主张或事实能够被采信的前提是申请人提出证据证明商业成功来自于发明的技术特征而不是促销手段或广告宣传等其他因素。虽然在异议程序或者诉讼阶段,就商业成功的事实比较容易提出收入利润、消费者调查等客观证据,但是难以举证证明商业成

---

① *KSR International Co. v. Teleflex Inc.*,550 U. S. 398,421,82 USPQ2d 1385,1397 (2007).

功与发明本身之间存在因果联系。EPO 上诉委员会也曾指出，一种产品的商业成功很容易归功于其他因素而不是技术性能，特别是新的生产方法、市场垄断、广告活动或有效的销售手段。[1] 更何况有关商业成功的证据通常在专利审查程序结束后很长一段时间内无法获取，[2] 而计算机实施的商业方法一旦公开容易反向推知相关的问题解决方案，为产业内其他竞争者所效仿抢占市场份额，影响其商业成功事实的认定。此外，美国法院还要求当事人提交的证明取得商业成功的证据应当与发明专利申请的权利要求范围相当。[3] 因此，商业成功等辅助因素在判定计算机实施的发明之创造性方面现实意义不大。无论是国内司法实践，还是美国、欧洲、日本等主要国家和地区作出的判例，因取得商业成功而判定发明具有创造性的案例相对较少。

三 创造性审查的整体论

与专利适格性判断原则相似，评价计算机实施的发明之创造性也需要将每一项权利要求的内容作为一个整体对待，不能将权利要求分解为商业规则等人为安排和程序化或系统化方法，日本和美国专利法不区分权利要求中的技术特征与非技术特征。我国《专利审查指南》则进一步限定纳入创造性评价范围的权利要求特征包括技术特征和"与技术特征功能上彼此相互支持、存在相互作用关系的算法特征或商业规则和方法特征"，其中"功能上彼此相互支持、存在相互作用关系"是指算法特征可以应用于具体的技术领域、解决具体的技术问题；商业规则和方法特征的实施需要技术手段的调整或改进。[4] 这一定义显得过于抽象且缺乏可操作性，EPO 判例法中

---

[1] T 478/91.

[2] Brenda M. Simon, "The Implications of Technological Advancement for Obviousness", *Mich. Telecomm. & Tech. L. Rev.*, Vol. 19, 2013, pp. 141–142.

[3] *In re Kulling*, 897 F. 2d 1147, 1149, 14 USPQ2d 1056, 1058 (Fed. Cir. 1990).

[4] 国家知识产权局：《专利审查指南》，第二部分第九章第 6.1.3 节。

关于"对发明的技术性有贡献的特征"之认定或许对于我国专利制度的完善有一定的启示。具体而言，EPO 评价数学算法或者商业活动方法等非技术特征是否为发明的技术性作出贡献，需要在发明的背景下，考虑这些非技术特征是否通过技术应用或技术实施两种方式之一，为实现技术目的产生了某种技术效果。

（一）技术应用

对于数学算法，必须达到具体技术目的而非通用目的，我国《专利审查指南》称之为解决具体的技术问题，才属于对发明技术性有贡献的特征。EPO 对此作了充分例举，以供审查员和实务工作者参考。[1] 例如，控制特定的技术系统（X 线放射装置等）或方法（钢制冷却方法）；语音信号中的信源分离，语音识别（如将语音输入映射到文本输出）；通过处理生理测定的自动化系统提供医疗诊断。可见，示例中的数学方法均与具体的应用场景相结合，而且技术目的与数学方法步骤之间须建立充分的因果联系，对技术目的进行功能性限定，记载相关数学步骤的输入和输出顺序。但是，仅仅定义输入数据的实质内容是不够的，EPO 强调数学方法是否实现技术目的主要取决于它所带来的结果的直接技术关联性。

在 *Beacon Navigation GmbH* 案中，涉案权利要求是一种能够适应用户特定需求的导航系统，它需要利用计算机执行一项优化算法。然而算法的目标只是为了在用户的认知过程中，向其展示最佳路径，用户可能按照该信息行事，但并非必须这样做，因此算法输出的数据没有直接地应用于技术方法中，不能认定该算法作出了技术贡献。[2] 即使涉案发明与既有算法相比，能够根据用户的需求，提供更多影响路径确定的选项，依然不会对其技术贡献判定结果产生任何意义。再如，*NASDAQ* 案中"用于再平衡资本化加权股票指数的装置"，在接收并计算处理与复杂系统有关的输入数据基础上，为使用

---

[1] EPO, Guidelines for Examination, Part G Chapter II, 3.3 Mathematical methods.
[2] T 2035/11, Navigation system/BEACON NAVIGATION, 2014.

者提供更多、更准确的系统物理描述，这里的系统是指由许多实体商业组织构成的系统。而输入数据是股票的相关信息，也就是认知性数据，处理这些数据的方法步骤对于发明的技术性无实际贡献。①如此看来，如果计算机实施的发明中的算法仅执行了纯粹的信息处理，输入数据也只是描述了"物理实体"的数值，离不开人类对数据的解释，输出数据只是供个人或组织作出主观选择、决策等智力活动的依据，该算法应排除在创造性评价范围之外。

进一步来讲，评判算法对计算机实施的发明的技术性贡献，有必要考虑算法的应用背景——技术方法还是智力活动方法。如果为了解决技术问题，算法与权利要求中的技术要素有着相互作用，则可以肯定算法的技术贡献。如以姿态信息、ZMP点位置信息以及步行阶段信息作为输入参数，执行模糊算法输出的数据是仿人机器人稳定状态的判定，关系着如何控制机器人进行姿势调整。②

综上所述，判断算法特征技术贡献的关键点在于输出结果，将其置于发明的整体环境中，应与技术装置、方法或系统直接相关。若算法输出结果没有产生任何有形产品，只是展示在显示装置上的信息，进而用于不可专利的商业活动或人为安排，则否定算法的技术贡献。本质上，对发明技术性有贡献的算法输出结果控制或处理计算机内外部对象，如控制外部运行装置或提高计算机内部性能等，此即我国专利制度中涉及计算机程序的发明是否构成技术方案的判断标准。在创造性评价阶段，重复关于专利客体适格性的逻辑推理过程实无必要，因为涉及计算机程序的发明产生的技术效果主要来自于不同的算法，而不是执行算法的硬件。如果在客体审查阶段，已经确定计算机实施的发明通过使用技术手段，解决了技术问题，获得了技术效果，那么可以理所当然地承认算法所作的技术贡献。欧洲专利审查程序是将算法所达到的技术目的，实现的技术效果纳

---

① T 1161/04, Stock index/NASDAQ, 2006.
② 国家知识产权局：《专利审查指南》，第二部分第九章第6.2节。

入创造性评判过程的起始步骤。EPO 对于计算机实施的发明专利适格性,仅围绕是否采取了技术手段进行判断,能够避免逻辑重复,保证专利授权程序的效率。

(二) 技术实施

1. 数学方法的技术实施

当权利要求指向数学方法的具体技术实施,并且发明的设计受计算机内部功能这一技术考量因素的驱使,该数学方法尤其适合前述技术实施,它可能独立于任何的技术应用场景而对发明的技术性产生贡献。相反地,如果一项数学方法没有满足特定技术目的,要求专利保护的技术实施也没有超出一般的技术实施,则该数学方法没有对发明的技术性作出贡献。所谓的一般技术实施包括与作为现有技术的数学方法相比,要求保护的数学方法仅仅在算法上更加高效。举例言之,在 *BDGB Enterprise Software* 案[①]中,存在争议的权利要求是一种用于文本文件计算机自动化分类的方法。EPO 技术上诉委员会认为尽管文本文件的分类十分重要,能够帮助使用者通过一些相关的认知性内容锁定文本文件,但这并不构成一种技术用途。根据文字内容判断两个文本文件是否属于同一类别也非技术问题。本案中发明涉及的数学公式单纯为了使计算机执行计算任务而采用,没有进一步考虑计算机的内部功能。就上诉人提出的该计算机分类方法可以提供比手动分类更为可靠和客观的结果这一异议理由,EPO 上诉委员会认为这只不过是涉案方法发明使用的确定性算法的内在属性。仅凭算法产生可复现结果的事实不足以表明算法作出了技术贡献。此处 EPO 关于技术用途与技术问题的解释与我国专利审查决定和司法裁决中长期以来所持观点相似,例如我国法院认为利用计算机执行现钞出入库智能监控或电子商务物流配送管理方法,不因计算机或其他信息处理技术的引入而改变其非技术问题的本质,从而将技术问题划定在相当有限的范围内。

---

① T 1358/09, Classification/BDGB ENTERPRISE SOFTWARE, 2014.

人工智能和机器学习可以应用于不同的技术领域，或存在多个技术实施例，它们是否对整个发明的技术性有所贡献，需要具体问题具体分析。上述 *BDGB Enterprise Software* 案中仅仅利用文本内容进行文件分类的方法被 EPO 认定为语言学上的用途而非技术用途，除此之外，人工智能和机器学习算法能够基于底层特征进行数字图像、视频、音频或者语音信号的分类，前者不能被称之为技术实施，后者却属于分类算法的典型技术应用。[①] 由此可见，一种数学方法是否因作出技术贡献而纳入创造性评价范畴的决定性因素是它实现了技术目的或解决了技术问题与否，EPO 与我国专利审查指南均有该原则性规定。在此基础上，EPO 强调算法输出结果与技术活动的直接关联性，以及算法的技术实施受到计算机内部功能的制约。

2. 商业方法的技术实施

在大多数情况下，作为创造性评价要素的商业方法特征往往是那些指明技术实施手段的特征，同时我国《专利审查指南》要求商业方法特征的实施需要技术手段的调整或改进。若要评价用以实施商业方法的技术手段是否需要调整或改进，离不开最接近的现有技术的确定和比较。例如，"一种动态观点演变的可视化方法"中包含人们在社交平台发表的信息所蕴含的情感分类规则，与对比文件1相比，该情感分类规则即二者的区别所在，而实施情感分类规则的技术手段是对相应数据进行着色处理，申请专利的发明不需要改变对比文件1公开的技术手段，所以上述情感分类规则与具体的可视化手段并非功能上彼此相互支持、存在相互作用关系。[②]

EPO 的审查顺序略有不同，先确定对发明技术性有贡献的特征，再以这些特征为焦点，确定最接近的现有技术。它们应当是从本领域技术人员的视角，进行技术实施方式选择的结果。假如申请专利

---

① EPO, Guidelines for Examination, Part G Chapter II, 3.3 Mathematical methods.

② 国家知识产权局：《专利审查指南》，第二部分第九章第 6.2 节之（4），例 10。

的一项发明是可供消费者获取所选产品的视听内容的计算机网络化系统,其中包括安装在各个公司卖场的计算机、中央服务器和以电子文件形式存储视听内容的中央数据库。在本领域技术人员(如软件工程师)的能力范围内,将电子文件从中央服务器发送至卖场,可供选择的技术实施手段有二:收到消费者的请求后,允许从中央数据库直接下载单个文件至计算机;或者将多个已选定的电子文件传输至卖场,并在本地数据可中存储这些文件,当卖场中的消费者发出获取视听内容的请求时,从本地数据库提取相应的文件。在权利要求中明确这两种技术实施手段中的任何之一,都可以视作对发明技术性有贡献的特征。但是,如果权利要求记载的是为每一个卖场提供不同的视听内容集,则该特征明显落入了商业领域专家的能力范畴。[①] 这一特征类似于一种广告营销策略,依然没有描述实现商业方案的技术手段,在创造性评价伊始已被 EPO 排除在考量范围之外。由此推知,一种医疗支持系统中,计算机、传感器、服务器和网络等物联网资源之间的架构属于本领域技术人员的能力范畴,而传感器获取的数据优先顺序应为行政管理规则,属于行政管理人员(如医院院长)需要考虑的事务。

另外,利用计算机实施的商业方法通常具有提高商业活动效率、为人类用户提供便利的优势,但不能由此推定商业方法或规则特征必然产生技术效果或技术贡献。在 *RICOH* 案中,涉案权利要求是一种环境影响信息系统,该系统的输入数据是有关能源消耗、二氧化碳排放量等数据,经过系统收集和处理数据,输出内容仍然是信息,即在给定的投资水平下,减少环境影响的消耗量或排放量,生成最优的改良方案。这些输出数据仅仅为经营者提供了可供参考和执行的信息,没有带来任何技术效果,因为技术效果不能单纯依靠人类

[①] EPO, Guidelines for Examination, Part G Chapter II, 3.5.3 Schemes, rules and methods for doing business.

思想的介入而产生。① 正如前述 *Beacon Navigation GmbH* 案中执行优化算法的导航系统输出结果也只是为人们的智力活动增加了有益信息，没有与任何技术设备或方法直接相连，无法据此肯定其技术贡献。

总而言之，利用计算机实施的商业经营、行政管理或自助点菜、导航等便民服务的方法及系统，即使它们的输入数据是来自于现实世界的物理参数，输出数据却仅用于不可专利的非技术领域，与现有技术相比，没有额外的区别技术特征，或区别特征对于本领域技术人员而言显而易见，那么这类方法或系统发明不具有可专利性。

第二节　本领域普通技术人员

专利法上的本领域技术人员是一个十分重要的概念，它关系着专利权利要求的解释、现有技术范围的确定、非显而易见性的判断、说明书是否充分公开的认定和等同侵权的判定等诸多关键问题。本领域技术人员是假设的"人"，假定他知晓申请日或优先权日之前发明所属技术领域所有的普通技术知识，能够获知该领域中所有的现有技术，并且具有应用该日期之前常规试验的手段和能力，但他不具有创造能力。② 《欧洲专利审查指南》中将本领域技术人员定义为技术从业者，他具有一般知识和技能，知道相关日期之前本领域的公知常识。类似于我国专利局对本领域技术人员所作的有关规定，EPO 认为本领域技术人员可以利用一切现有技术，尤其是检索报告中引证的技术文献，掌握相关技术领域内用于常规工作和实验的普通方法和能力。③ 在日本，本领域技术人员被称为"当业者"，是指

---

① T 1147/05, Environmental impact information/RICOH, 2008.
② 国家知识产权局：《专利审查指南》，第二部分第四章第 2.4 节。
③ EPO, Guidelines for Examination, Part G Chapter VII, 3 Person skilled in the art.

同时符合以下四个条件的假想的人：(1) 具有申请时要求保护的发明所属技术领域的公知常识；(2) 能够使用普通的研发技术手段（包括文件分析、实验、技术分析、制造等）；(3) 能够运用在选择材料和更改设计方面的普通创造力；(4) 能够理解申请时要求保护的发明所属技术领域内现有技术中的全部知识，以及与该发明所要解决的问题相关领域中的所有技术知识。[1]

需要指出的是，EPO还明确规定在判断发明的创造性和充分公开性时，本领域技术人员应当具有相同的技术水平。[2] 相反观点则认为本领域普通技术人员会随着适用目的的不同而变化。具体而言，在创造性评价过程中本领域技术人员扮演着问题解决者的角色，而在判定发明专利申请满足充分公开要件与否时，他又作为技术使用者的身份出现。对于计算机实施的软件相关发明而言，法院通常会认为程序员具有超凡的技能，他理所当然地能够在计算机程序中执行任何想法。[3] 这一假设使发明人或者专利申请人可以比较容易地达到公开要求，却在创造性判定环节设置了不利于他们的较高门槛。

尽管各国专利审查指南或判例法对本领域技术人员的判断标准和参考因素作了比较详细的规定，但由于概念本身的抽象性和超现实性，尤其是现实生活中不可能存在如此全面了解现有技术的"超人"，所以"本领域普通技术人员"的判定依然是专利审查和司法裁判中的难点。历史上，"本领域普通技术人员"概念的早期雏形可见于1790年美国专利法（*workman or other person skilled in the art or manufacture*），对应的含义是掌握本领域或制造业技术的工人或其他人员，但是当时引入这一概念的主要目的是为了判断专利申请文件

---

[1] T 0060/89, Fusion Proteins, 1990.
[2] 日本特许厅：《专利和实用新型审查指南》，第三部分第2章第2节。
[3] Dan L. Burk & Mark A. Lemley, "Is Patent Law Technology-Specific?", *Berkeley Tech. L. J.*, Vol. 17, 2002, pp. 1188 – 1189.

公开的充分性。① 之后，在 Hotchkiss 案中，美国联邦最高法院将"普通技工"（Ordinary Mechanic）作为可专利性判断的标准。涉案发明是关于门把手改进的技术方案，法院在判决中指出："除非（该发明的产生）需要具备比熟悉业务的普通技工更高的创造性（ingenuity）和技能，否则该方案欠缺构成发明所必需的技术和创造水平。"② "本领域普通技术人员"（person having ordinary skill in the art, PHOSITA）这一表述的直接来源是 1952 年美国专利法第 103 条关于非显而易见性要件的规定，"本领域普通技术人员"是发明之非显而易见性的判断主体。

此外，专利侵权纠纷中，权利人通常采取压低本领域普通技术人员的技术水平之诉讼策略，从而使自己的专利申请更易被判定为符合创造性要件；与之相反，被诉侵权人则会想方设法抬高这一水平。③ 需要强调的是，本领域普通技术人员只是反映了可专利性的法律标准而非任何个人或者由个人组成的团体的实际能力。司法实践中不能将特定个人的知识，如专利审查员，与本领域普通技术人员的知识画等号。因此，本领域普通技术人员的标准实质上是基于证据作出最终的法律认定结论，而不是要反映专利审查员、法官又甚至是发明人的能力或知识。由于不需要考察某个特定发明人或者技术人员的技术水平，所以从某种意义上说本领域普通技术人员的判定标准是客观的，但这并不是说它是一成不变的。④ 我国专利局内部供审查人员参照执行的文件曾明确规定："他（本领域技术人员）的技术水平随着时间的不同而不同。在同一时间，不同技术领域的普通技术人员的知识水平也不尽相同，发明所属技术领域的普通技

---

① 张小林：《论专利法中的"本领域普通技术人员"》，《科技与法律》2011 年第 6 期。

② Hotchkiss v. Greenwood, 52 U. S. 248, 267（1850）.

③ 崔国斌：《专利法：原理与案例》，北京大学出版社 2016 年版，第 259 页。

④ Dan L. Burk & Mark A. Lemley, "Is Patent Law Technology-Specific?", Berkeley Tech. L. J., Vol. 17, 2002, pp. 1184 – 1185.

术人员与审查员不同,他是为了公正地评定发明创造性而设想出的一种人。"① 纵观目前国内法院就涉及计算机程序的发明之创造性所作判决,关于本领域普通技术人员的讨论始终未得到激活,究其原因可能是由于法官缺乏足够的技术背景,特别是要审理查明作出发明创造时本领域技术人员的一般技术水平,对于法官而言确实存在难以克服的障碍。

一　普通技术人员所属技术领域的确定

作为法律拟制人,普通技术人员受到的首要限制是他所属的技术领域。法律作出如此规定的初衷在于限制其技术视野范围,考虑到跨技术领域的技术要素迁移是产生发明创造的主要途径之一,有必要在真正的技术创新和现有技术的简单拼凑之间划定清晰的界限,避免陷入后见之明的误区。② 但是,人工智能、软件相关发明具有鲜明的跨学科属性,尤其在当今这个"信息爆炸"时代,不仅人们可获取和存储技术信息的数量、手段得到了极大的丰富,甚至人工智能自动生成的技术方案超出了人脑正常的知识储备和加工能力。为了应对信息技术进步对于专利法律制度的挑战,美国、欧洲和日本等主要国家和地区均认为计算机实施的发明所属的技术领域应当是计算机和特定技术领域的结合。本领域普通技术人员既要知道计算机技术领域的普通技术知识,如系统化技术,也要了解另一技术领域(计算机程序应用领域等)的普通知识,包括显著的事实在内。③ 比如,将神经网络算法应用于图像识别和安全系统领域而创建的发

---

① 王继君:《本领域技术人员标准在创造性判断中的构建及其不足》,《专利代理》2020 年第 4 期。

② 李彦涛:《人工智能技术对专利制度的挑战与应对》,《东方法学》2019 年第 1 期。

③ 参见日本特许厅《专利和实用新型审查手册》,附录 B 第一章第 2.2.3.1 节之 (2);USPTO, MPEP § 2164.06(c);EPO, Guidelines for Examination, Part G Chapter VII, 5.4.2.4 Example 2.

明，本领域普通技术人员应是熟悉人工智能、图像识别和安全系统的人。

我国《专利审查指南》虽然没有对涉及计算机程序的发明所属技术领域明确作出特殊规定，但是指南中关于所属技术领域的技术人员有原则性规定，"如果所要解决的技术问题促使本领域的技术人员在其他技术领域寻找技术手段，他也应具有从该其他技术领域中获知该申请日或优先权日之前的相关现有技术、普通技术知识和常规实验手段的能力。"① 那么，后一技术领域也属于相关的技术领域。若存在相同或近似的技术问题，或者本领域技术人员应当了解的技术领域，相关技术领域则包括邻近技术领域或者更广泛的一般技术领域；若两个技术领域内使用相同或者近似的材料，或者对于两个技术领域而言有关一个技术问题的广泛公开争论都是普遍的，相关技术领域则是这两个并列的技术领域。概言之，确定相关技术领域需要考虑特定技术领域的技术进步和跨学科合作的普遍程度。② EPO 判例法也明确指出，如果技术转用是常规实验工作的组成部分，本领域技术人员会将相邻技术领域的技术手段转用至其从事的技术领域。③ 计算机实施的发明之实质就是以计算机程序的运行代替人类在某个领域内的体力或智力活动，将一个领域中使用的算法、系统设计和编程等计算机技术运用于另一个领域十分常见。在不同应用场景下，软件相关发明所要解决的技术问题有可能相同，如提高数据处理速度和容量，减少误差等，其他应用领域的算法和编程技术也会给予研发人员技术启示。因此，我国涉及计算机程序的发明所属技术领域也可以是计算机与其他领域结合的特定技术领域，在这一问题上与国外专利制度并无差异。

---

① 国家知识产权局：《专利审查指南》，第二部分第四章第 2.4 节。
② Lodewijk W. P. Pessers, *The Inventiveness Requirement in Patent Law: An Exploration of Its Foundations and Functioning*, Kluwer Law International, 2016, p. 267.
③ T455/91, OJ 1995, 684.

二 相关技术领域内的一般技术水平

美国判例法指出判定本领域技术人员所具有的一般技术水平时需要考虑以下因素:(1)本技术领域中遇到的问题类型;(2)解决这些问题的在先技术方案;(3)进行创新活动的速度;(4)技术复杂性;(5)本领域现役员工的受教育程度。① 需要指出的是,以上因素在个案判断中并非全部予以考量,有可能其中某一项或者某几项因素占主要地位。例如在 *Northern Telecom v. Datapoin* 案中,地区法院认为不能因为快速的技术演变和本技术领域具有较高的复杂程度而认定计算机科学领域的一般技术水平较高。② 本案仅仅根据本领域现役工作人员的受教育程度和他们的工作经验确定了本领域普通技术人员的技术水平,而排除了"进行创新活动的速度"和"技术复杂性"因素的适用。

虽然美国判例法确立了用于判断发明所属技术领域一般技术水平的多项因素,但是由于缺乏明确的解释和指导,在司法适用中仍然存在较大的不确定性。如对于"本领域现役工作人员的受教育程度"因素通常会作出扩大解释,除了学历教育以外,还包括通过专业培训和职业经历获取的知识和经验;"创新速度"因素在司法实践中则常常被忽略;而"技术复杂程度"因素与本领域技术人员具有的一般技术水平之间的关系并不明朗。如果特定领域的技术不太复杂,是否意味着该领域的从业者缺乏经验,从而更容易得出发明非显而易见的肯定结论?还是因某个领域的技术不太复杂,本领域普通技术人员容易理解申请专利的技术方案,发明被认定为显而易见的可能性更高?因此,"技术复杂程度"因素给下级法院的适用带来了一定的困惑。关于"现有技术问题"和"在先解决方案"因素,在司法实践中,法官往往基于主观描述的现有技术问题和潜在的解

---

① *In re GPAC*, 57 F. 3d 1573, 1579 (Fed. Cir. 1995).
② Northern Telecom v. Datapoin, 9 U. S. P. Q. 2d 1577 (N. D. Tex. 1988).

决方案作出显而易见与否的认定,而不是判定这些问题和解决方案对于本领域一般技术人员的教导。可见,上述多因素测试法对于客观认定本领域一般技术水平,促进非显而易见性审查的发展,提高可预期性所起到的作用有限。

从本领域普通技术人员的视角,可以将非显而易见性审查视作判断本领域一般技术水平是否能够弥补现有技术与申请专利的发明之间的逻辑差异。由此出发,有美国学者建议将这五项因素修改为:(1)特定技术领域的可预期性;(2)本领域现役工作人员的经验;(3)现有技术问题和解决方案;(4)本领域长期以来的需要和其他人创造发明的失败。① 就第一项因素而言,在计算机编程领域,若为了解决 X 型问题,适用算法 Y 或许是典型做法,那么即使该算法包含多个组成部分,并且对它进行实际应用时,需要理解复杂的数学问题,利用 Y 算法在本领域普通技术人员可以预见的新场景中作出改进的发明,有可能是缺乏创造性的发明。第二项因素的考察重点在于本领域普通技术人员的问题解决能力而非学历水平,对此可以借助有代表性的员工所接受的培训、在本领域所花费的时间长短,员工通常所具有的专业知识和技能等指标予以衡量。第三项因素的判断路径是基于本领域早前从事的工作和当时可供使用的所有方法,评价本领域普通技术人员是否有可能从现有技术归纳推导出发明人的解决方案。最后,对于法官来讲,他们只是外行人,倘若不考虑"本领域长期以来的需要和其他人创造发明的失败"等次要因素,可能低估或者高估在其不熟悉的领域内,新颖且可获利的发明将遇到的困难。②

根据前述内容可知,假设的本领域普通技术人员应当全面了解相关技术领域的现有技术,包括在大脑中形成深层记忆并能够熟练

---

① Joseph P Meara, "Just Who is the Person Having Ordinary Skill in the Art-Patent Law's Mysterious Personage", *Wash L Rev*, Vol. 77, 2002, p. 290.

② *Reiner v. I. Leon Co.*, 285 F. 2d 501, 503 – 504 (2d Cir. 1960) (Hand, J.).

运用的普通技术知识，以及通过检索工具可以获知的现有技术，而且随着时间的推移，他所掌握的技术知识也在不断增加。显然，这只是一个理想状态，特别是在涉及软件、人工智能的发明所属技术领域，即便是本领域专家也无法知晓和检索到涵盖不同学科的全部现有技术。鉴于人工智能可以存储、调用和处理海量数据，操作速度也非人力所能及，国内外理论界和实务界有观点认为应当将本领域普通技术人员界定为人工智能系统，至少是具有与人工智能复杂度相匹配的技术知识和能力的本领域技术人员。① 但是，这一主张违背现行专利法基本原理，在立法没有对此作出回应前，难以赋予其正当性。另外，在对已有技术知识进行综合、概括、分析、推理、判断的基础上，本领域技术人员还具有采用常规方法解决问题的能力，却并不倾向于通过独特的视角或者艰苦的劳动进行创新。总得来看，本领域技术人员的一般技术水平可以分为知识结构和能力结构两个部分。

行政审查和司法实践中，应当将本领域技术人员所具有的技术知识与其获得的学历证书区别开来。这是因为需要在特定技术领域内实践的专业知识通常来自于工作经验而非学历教育。在 *Hiyamizu* 案中，专利审查员将本领域普通技术人员界定为具有博士学位和工程师从业资格或每周在半导体研发领域工作至少 40 个小时的科学家；然而 USPTO 专利上诉委员会对此予以否定，认为本领域技术人员的一般技术水平并不需要通过学位证书来衡量。② EPO 以例举的方式提出了类似的观点：作为技术熟练的从业者，本领域技术人员可能是高级的研究人员，也可能是没有任何正式学历但经验丰富的

---

① 王翀：《人工智能算法发明可专利性问题研究》，《政治与法律》2020 年第 11 期；Liza Vertinsky &Todd M. Rice, "ThinkingAbout Thinking Machines: Implications of Machine Inventors for Patent Law", *B. U. J. Sci. & Tec. L.*, Vol. 8, 2002, p. 595; Ryan Abbott, "I Think, Therefore I Invent: Creative Computers and the Future of Patent Law", *B. C. L. Rev.*, Vol. 57, 2016, pp. 1125 – 1126.

② *Ex parte Hiyamizu*, 10 USPQ2d 1393, 1394 (Bd. Pat. App. & Inter. 1988).

贸易专家。① 德国法院更是对创造性判断主体作出限缩性解释——本领域技术人员具有的知识和能力是从专业培训和工作经验中得来的知识和能力。②

（一）创造性判断的参照系——人类还是虚拟的人工智能系统

现代人工智能机器不仅可以承担传统软件的基本功能，即执行数学计算以及对大量的数据进行语义分析，它还可以创作音乐、写新的文章和诗歌，画肖像画以及研发计算机软件。美国联邦最高法院在 KSR 案中指出，法律拟制的本领域普通技术人员是具有一般创造力的人，而不是机器人（automaton）。③ 按照牛津英语词典的解释，机器人是指能够以机械的、不带情感的方式模拟人类行为的机器。④ 著名的"图灵测试"正是为了解决人工智能领域存在争议的"计算机是否有智能？"问题。经过几十年的发展，人工智能的确在语音和图像识别、游戏玩法等领域取得了长足进步。只不过现阶段，以及未来很长一段时间内，人类社会仍将处于"弱人工智能时代"，⑤ 科学家们致力于实现的"强人工智能"则不仅强调系统的表现和结果，更关注执行任务的方式是否与人类相同。

目前看来，再智能的机器也不能产生人类的感情意识，人类学习好像是在试错的过程中，凭借经验和直觉获取知识；而利用人工智能开发的程序只能在有限的领域内按照明确定义的规则解决问题，它缺乏人类社会的常识和一般问题求解能力。运行环境的结构化程

---

① Lodewijk W. P. Pessers, *The Inventiveness Requirement in Patent Law: An Exploration of Its Foundations and Functioning*, Kluwer Law International, 2016, p. 267.

② 赵晓鹏：《德国联邦最高法院典型案例研究·专利法篇》，法律出版社 2019 年版，第 24 页。

③ KSR Int'l Co. v. Teleflex Inc., 550 U. S. 398, 421 (2007).

④ *Oxford English Dictionary*, OUP, 3rd edn, 2011.

⑤ 弱人工智能主要关注的是得到令人满意的执行结果，在所不问是否使用与人类相同的方式执行任务。

度是影响机器处理问题效果的首要因素，而人类社会本身是杂乱无章的，意外事件层出不穷，这也是为何真正取得成功的人工智能技术局限于个别领域。以 Dreyfus 为代表的一批学者质疑强人工智能的实现可能性，认为在生理或心理方面，人类大脑的工作都无法被计算机所模拟，人类思考的方式也不能使用符号、逻辑、算法或数学进行形式化。① 在跨领域推理方面，如果不是程序开发者专门用某种属性将不同领域关联起来，人工智能系统很难像人类一样，具有触类旁通、联想类比的能力。

因人工智能系统与人类在知识结构、问题处理方式以及工作环境方面的差异，将人工智能系统法律拟制为"本领域普通技术人员"并不具备理论基础和技术条件。在人工智能领域，产业界的主流观点依然是认为将人工智能的计算力和人类的脑力相结合是未来的技术发展趋势，而非以人工智能取代人类，人工智能一般被用作增强人类的专门技术，人类和机器智能共同作用来解决复杂的问题。②

接下来的问题是，能否将本领域普通技术人员定义为配备人工智能系统的人员。近年来，人工智能的使用已经变成了大多数技术使用者每天生活中的一部分。人工智能技术隐藏在肉眼可见的日常生活经历背后，如拼写检查、预测广告、数字声音辅助者和商业网站的推荐等。本领域普通技术人员不同于真正的发明人，他只能应用相关技术领域的常识，进而想出本领域熟悉事物的主要用途之外的其他明显用途，以及把从几个专利或文献中学习到的东西结合起来。③ 总之，本领域普通技术人员仅仅可以对现有技术作简单地归纳

---

① ［美］史蒂芬·卢奇、丹尼·科佩克：《人工智能》，林赐译，人民邮电出版社 2018 年版，第 178 页。

② Connor Romm, "Putting the Person in Phosita: The Human's Obvious Role in the Artificial Intelligence Era", *Bc L Rev*, Vol. 62, 2021, pp. 1437 – 1438.

③ 参见［日］竹中俊子《美国、德国、英国和日本专利的保护范围——基于"基于本领域普通技术人员"概念的分析》，许明亮译，［日］竹中俊子主编《专利法律与理论——当代研究指南》，知识产权出版社 2013 年版，第 425 页。

和概括。实际上，将相关技术领域内的一般技术水平提高至与人工智能系统相匹配的技术知识和能力，针对的是人工智能辅助发明。所谓人工智能辅助发明是指将机器学习、大数据分析以及深度数据分析的使用融入创新活动中以获得某种结果的技术方案。作为研发工具的人工智能系统，日益广泛地应用于不同的技术领域，在计算机软件领域也不例外，甚至其中不少系统是面向所有人开放的共享型产品。

例如百度公司于 2017 年宣布开放无人驾驶平台 Apollo（阿波罗），帮助更多的汽车制造商快速搭建完整的自动驾驶系统。再如 Yummly 等数字健康企业正在研发和更新基于人工智能的工具，这些工具本身可以被授予专利权，而且它们还能产生由人工智能制造的成果，可以根据特定个人的饮食、过敏源以及生理特点制订适合的个性化食谱。① 但是，此类发明并非完全由人工智能自动生成，参与研发人员的知识和主观动机引导着神经网络三种学习方法（监督、无监督和强化学习）的选择、大数据分析和深度数据合成、设计参数和合适算法的确定，人工智能的输出仍然是人类进行输入和配置的结果。② 当然，不同的机器学习方法需要人为介入的程度不同。监督式学习由研发人员提供标记数据，并在机器出错时进行纠正；无监督式学习仅需要研发人员选择和输入用于分析的数据即可。更为重要的是人工智能系统的性能不能保证绝对可靠，它从环境和由数据检测到的模式中学习，增加了在到达最佳输出前，可能分析和拒绝的问题解决方案数量。③ 如此，若将本领域普通技术人员的技术水

---

① Tabrez Y Ebrahim, "Artificial Intelligence Inventions & Patent Disclosure", *Penn St L Rev*, Vol. 125, 2020, p. 155.

② Karen Hao, "What is Machine Learning?", MIT TECH. REV. (Nov. 17, 2018), https：//www.technologyreview.com/2018/11/17/103781/what-is-machine-learning-we-drew-you-another-flowchart/? itm_ source = parsely-api, accessed January 16, 2021.

③ Craig S. Smith, "Computers Already Learn from Us. But Can They Teach Themselves？", *N. Y. Times*（Apr. 12, 2020）.

平与人工智能系统存储的知识和获得的能力画等号，也有可能会降低发明专利的创造性门槛。比较稳妥的做法，是判断软件相关发明所属技术领域的一般技术水平时，视人工智能为研发工具，考虑本领域技术人员控制人工智能的能力，以及通过人工智能实现特定技术目的的合理预期。

本领域技术人员作为人工智能的使用者，对数据集和机器学习方式选择和控制程度越高，意味着他对于人工智能辅助发明的技术贡献程度越高。聚焦于人工智能发明，有研究提出了确定本领域一般技术水平的三项考量因素：第一，使用者是否会选择专利申请案中包含的算法和数据作为出发点；第二，现有技术和数据是否为使用者提供了改变算法以获得要求保护的发明之动机；第三，使用者对于使用机器学习算法成功创造发明是否具有合理预期。而对于使用者的控制力应当考虑数据数量、使用者选择的数据，数据是否被标记以及使用者的动机。[1]

数据集对于人工智能的应用尤为重要，它也是衡量本领域技术人员对人工智能辅助工具操控能力的起点。使用者需要将从他处获取的大量数据进行编辑，形成大数据后，再将大的数据集拆分成若干有用的部分，过滤掉那些多余或者没用的信息，保留深度数据。更为重要的是，使用者选择的数据影响着计算机程序算法的初步架构和进一步的修改。在数据选择方面，从申请专利的人工智能系统使用的数据集和处理数据的机器学习算法来看，在监督式学习模式下，标记的数据可能印证了发明属于本领域普通技术人员可以预见的劳动成果，比如 Netflix 利用监督式学习推荐演出和电影的方法。与监督式学习相比，非监督式学习更多的依靠机器而不是人类，但是如果使用者参与了作为原始算法和数据的选择，并且现有技术并没有为算法的改变带来重大启示，也不存在成功的高度盖然性，则

---

[1] Patric M Reinbold, "Taking Artificial Intelligence beyond the Turing Test", *Wis L Rev*, Vol. 2020, 2020, p. 892.

利用非监督学习算法产生的发明仍然可以通过创造性或非显而易见性测试。强化学习本质上是一个反复试错的过程，例如谷歌利用强化学习训练其开发的计算机程序 AlphaGo 来打败人类围棋冠军，在这一过程中机器不断探索复杂的围棋动作和反馈。在强化学习模式下，使用者越多地控制算法和数据，就越有可能通过创造性或非显而易见性测试。

（二）本领域技术人员的规模——个人还是团队

欧洲和日本专利审查指南中均有类似的规定，即在某些情况下，将本领域技术人员认定为一组人而非一个人更为恰当，比如研究或生产团队。① 对于计算机实施的发明所属领域技术人员可能来自多个不同的技术领域。② 其中计算机领域技术人员的一般技术水平是掌握普通编程技术，无需达到任何特定程序语言领域专家的程度。美国法院在司法判决中有时使用单数形式的"一个人"或"一个"，有时使用复数形式的"人们"或"那些"指代本领域普通技术人员。③ 然而究竟在什么时候，或满足何种条件下，应当将本领域普通技术人员视为由个体组成的团队，各国或地区专利审查指南和判例法尚未作出明确规定，而是交由审查员或法官个案判断。

是否有必要认定本领域普通技术人员为不同技术领域专业人员组成的团队，通常与发明所要解决的技术问题的复杂性有关。复杂的技术问题是指申请专利的技术方案中的部分技术问题适合对应一名专业人员，其他部分技术问题还需要寻找不同技术领域的另一位专业人员解决。在 T 0986/96 案中，存在争议的专利是"邮件处理设备，具体而言是称重和邮寄信件，为已称重的物品生成信件和/或

---

① EPO, Guidelines for Examination, Part G Chapter VII, 3.

② 日本特许厅：《专利和实用新型审查手册》，附录 B 第一章第 2.2.3.1 节之（2）。

③ ［日］竹中俊子：《美国、德国、英国和日本专利的保护范围——基于"基于本领域普通技术人员"概念的分析》，许明亮译，［日］竹中俊子主编《专利法律与理论——当代研究指南》，知识产权出版社 2013 年版，第 423 页。

包裹运费清单,减少邮件处理成本的设备。"考虑到这些成本涉及进行以上处理操作所需的时间,尤其是装载、卸载和称重邮件的时间,EPO 上诉委员会认为本案中的发明创造一方面需要关于邮件处理设备的知识,另一方面也少不了称重领域的一般知识。换言之,该发明所属领域的普通技术人员是由邮件处理领域专业人员和了解称重领域信息的专业人员组成的一个团队。① 着眼于电子电路领域的发明专利,如可编程多功能模块等,如果一份出版物中包含了充分的指示:其中所描述事实的进一步细节能够在作为附件的程序清单中找到,而电子电路领域的普通技术人员自身不具备足够的编程语言知识时,可以预见他会咨询计算机程序员。在这样的专利申请案中,合理做法是将本领域普通技术人员认定为具备充分编程知识的特殊类型电子工程师,或是由电子工程师和计算机程序员组成的团队。② 特定发明解决的技术问题的复杂性往往由它所涉及的交叉技术领域决定,故此德国法院认为本领域技术人员可以是一个人也可以是一群人,具体人数的确定要参照发明所属技术领域,如果要求专利保护的发明内容比较复杂或者技术性较高,应当将跨领域的专业团队视作本领域技术人员。③

对于人工智能相关发明,特别是典型的专家系统发明,它的构建必然有赖于医生、化学家、生物学家、经济学家等不同领域专业人士扩充知识库、解释术语并在问题求解过程中帮助程序员转化为计算机代码,并将他们的经验和猜想作为专家系统的启发式知识,形成系统运行规则。知识获取是建立专家系统的最大瓶颈,不同领域专家与工程师之间的有效沟通协作是专家系统获得成功的重要保

---

① T 0986/96, 2000.
② T 0164/92, Electronic computer components, OJ 1993.
③ 易玲、魏小栋:《多维度视角下的"本领域技术人员"之界定》,《知识产权》2016 年第 7 期。

证。故此，这类发明所属领域的普通技术人员宜为各应用领域专家、知识工程师、算法工程师和程序员等技术人员组建的团队。某项人工智能系统从设计理念的提出到最终产生运行效果这一过程中，可能牵涉到多个主体，他们既是研发活动的参与者，也是该发明的利益相关者，其中包括但不限于软件程序员、数据和反馈的提供者、训练者、系统所有者和运行者、雇员、公众、政府。这些主体彼此之间或许存在身份上的重叠（如程序员可以同时兼任系统所有者和训练者，谷歌翻译等计算机程序将使用者作为数据提供者），他们也可能是相互独立的不同主体。[1] 各个利益相关者在发明过程中所起到的作用不同，除了组织、主导软件研发活动的公司外，其他主体可能仅仅是部分、间接、次要、临时参与到发明过程中。

（三）人工智能背景下本领域一般技术水平认定的困境

前面提到人工智能对技术信息的海量存储和高速处理功能，已经潜移默化地影响了本领域技术人员能够获取的相关现有技术的广度和深度。由此引发的问题为现有技术范围的扩大是否毫无疑问地提高了本领域人员的平均技术水平。美国联邦最高法院在判决中对此作出了隐喻式的肯定回答：创造性追求和现代技术建议的多样化反对就可以组合的事物作出限制性解释。[2] 具言之，在高新技术背景下，本领域技术人员可以预料到的组合发明有着无限的潜力和可能，这些都应属于本领域技术人员的一般技术水平。长期以来，美国联邦最高法院对于组合现有技术要素的发明整体上持怀疑态度。尽管将某一领域软件相关发明的算法、数据结构等核心技术运用于另一领域的发明，具有逻辑合理性，但是不能因此期望本领域普通技

---

[1] Shlomit Yanisky Ravid and Xiaoqiong Liu, "When Artificial Intelligence Systems Produce Inventions: An Alternative Model for Patent Law at the 3A Era", *Cardozo L Rev*, Vol. 39, 2018, pp. 2232-2235.

[2] *KSR Int'l Co. v. Teleflex Inc.*, 550 U.S. 398, 421 (2007).

人员一定能够在不和谐且不连贯的联盟中提取出有意义的线索。① 国外有学者认为人工智能无偏见的本质，使得在发明过程中使用人工智能作为工具会导致类似技术领域的扩张。② 然而到目前为止，人工智能机器或系统不一定完全克服技术偏见，它的强大性能得益于人类设定的运行规则，或构建的结构化环境。以无人驾驶汽车为例，它须具备的一个基本功能是在汽油或电量用尽之前自动进入加油站或充电站补充能源，实现这一目标的必备前提是营造合适的结构化环境，更准确地说就是人类安装在汽车上的传感器，汽车本身无法表现得像智能生物一样。再如开发医疗辅助系统的首要步骤即为结构化诊疗记录等相关信息，创建数据库并将这些信息存储其中。③ 同理，辅助软件相关发明的编译工具，比如编译器或解释器也是工程师们开发出来的，只要是由人直接或间接参与的软件相关发明创造过程，都免不了受到人们主观喜好、认知与选择的影响，为研发活动提供帮助的人工智能系统未必不存在偏见风险，相反人工智能技术中的偏见问题已在社会上引起广泛关注。

以上分析并不意味着无需考虑信息技术进步对本领域一般技术水平的影响。若将人工智能看成软件相关发明所属领域技术人员的研发工具，它至少提高了本领域创新活动的速度；另外，人工智能系统具有深度检索技术信息以及自动生成新技术方案的先进功能，可视之为本领域技术人员掌握的自学资源，随着它的普及范围和认可度的强化，将间接提升本领域技术人员的受教育程度。发明完成的速度和本领域活跃分子的教育水平均是确定一般技术水平考量因

---

① Galarneau J. James Gleick, "The Information: A History, A Theory, A Flood", *Publishing Research Quarterly*, Vol. 27, 2011, pp. 296 - 297.

② Ana Ramalho, "Patentability of AI-Generated Inventions: Is a Reform of the Patent System Needed?" (February 15, 2018). Available at SSRN: https://ssrn.com/abstract = 3168703 or http://dx.doi.org/10.2139/ssrn.3168703.

③ ［意］皮埃罗·斯加鲁非：《人工智能通识课》，张翰文译，人民邮电出版社2020年版，第119—124页。

素，在此基础上，美国学者建议在判例法确立的框架内，增加"现役工作人员使用的技术"这一因素。其设想是一旦发明机器成为某个领域研究的标准化手段，本领域一般技术水平的测试也应当涵盖"技术人员对于发明机器的常规使用"因素，要求专利申请人向UPSTO披露创造性步骤中是否涉及人工智能。若是，审查员则需参照更高标准的"人工智能—本领域普通技术人员"判断相关发明的显而易见性；反之，适用较低标准的"人类—本领域普通技术人员"标准即可。① 基于前文所述观点，本书依然主张本领域普通技术人员是人类而非机器，至于创造性评价阶段认定本领域技术人员的一般技术水平，是否有必要考虑其对于人工智能的常规使用方式和依赖程度，取决于软件相关发明所属领域的通常做法，以本领普通技术人员的预期为限。倘若过度扩张本领域现有技术范围，抬高一般技术水平，势必容易导致计算机实施的发明因与现有技术相比缺乏创造性而被拒之门外。我国专利制度如何定义计算机实施的发明所属领域的一般技术水平，需要与国内相关产业现状和未来发展规划齐头并进。

另外一项阻碍本领域一般技术水平认定之客观性和内在稳定性的主要因素是由于承认本领域技术人员的群体属性而引发的。既然人工智能相关发明的研发活动牵涉到越来越多的主体，那么就需要调和专业团队中来自不同技术领域的技术人员各自具有的知识和技能，只有将相应的占比予以量化，才能够为审查员或法官提供明确有效的指导。因为在专利审查或司法裁判过程中，该技术团队中所有成员的角色分工将集于审查员或法官一身，若只是在有关法律文书中泛泛地将本领域技术人员判定为由算法工程师、程序员和经济学家或医生等特定领域的专业人员组成的团队，对于他们各自具有的知识和技能的程度，以及不同领域技术的利用方式不加以分析的话，只会加剧发明专利创造性判断受到人为主观性的蚕食。然而将

---

① Ryan Abbott, "Everything Is Obvious", *Ucla L. Rlv.*, Vol. 66, 2019, p. 6.

这些要素赋予具体的数值比例在现实生活中难以实现。

虽然无法将来自不同领域的技术人员在整个团队中的重要性及其掌握的知识和能力对发明的贡献程度分别予以量化，但是可以肯定的是，缺少任何一方都不可能解决特定的技术问题。考虑到人工智能发明的复合型结构，也就是"以技术算法为基础，在'大数据'与'大计算'的共同驱动下融入多技术领域、不同功能维度的多项单一技术方案所形成的综合性技术束"，① 有观点认为此类发明总是包含着承担不同功能的各类单一技术方案，因此进行可专利性审查时应当将申请专利的问题解决方案分解为一个个单一的技术方案，然后逐一判定它们的可专利性。这一观点从根本上违反了专利审查的单一性原则和整体判断原则。根据我国《专利审查指南》第二部分第六章第 2 节的规定，单一性是指一件发明专利申请应当限于一项发明属于一个总的发明构思的两项以上发明，可以作为一件申请提出。这里强调的是两个以上的发明在同一个总的发明构思的统领下，对应的权利要求中包含使它们在技术上相互关联的一个或者多个相同或者相应的特定技术特征。如果将专利申请案按照所属技术领域或者实现功能的不同进行拆分，可能无法反映计算机实施的发明之整体构思和各个功能模块之间的衔接关系，据此分别撰写的专利权利要求也很难具有相同或相应的对于现有技术作出贡献的技术特征。

之所以需要针对解决复杂技术问题、涉及跨学科技术知识的发明，界定本领域普通技术人员为由不同领域技术人员组成的集体，一方面是为了适应计算机软件和人工智能技术的发展趋势，扩大现有技术的检索范围，从而使审查员或法官具有充足的正当性依据和理由将那些缺乏创造高度的发明排除在专利垄断范围之外。例如，对于一位软件工程师而言，撰写一项在互联网上执行荷兰式拍卖的计算机程序并非显而易见；但是这一想法对于由软件工程师和具有

---

① 刘鑫、覃楚翔：《人工智能时代的专利法：问题、挑战与应对》，《电子知识产权》2021 年第 1 期。

工商管理硕士学位（MBA）的人构成的团队来讲可能是显而易见的。① 另一方面，前述团队成员分工协作的量化难题实际上是由于审查员或法官的技术盲点所致。从美国专利法第 103 条的最后一句话可知，发明做出的方式，不应当影响专利的获得。从历史的角度看，应当将这一规定解释为"无论发明是通过长时间苦干和实验取得，还是来自于一闪而过的灵感都与创造性无关"。② 换言之，关于计算机实施的发明所属领域一般技术水平的认定，没有必要考虑发明人和发明过程的实际状况，审查员和法官只需具备或者补充本领域普通技术知识和常规实践做法，知道技术研发团队通常如何分工配合即可。技术盲点却是专利行政审查，特别是司法裁判中难以完全克服的障碍，它可以分为两类：一是掌握一般技术知识的技术人员能够知晓和判断的，不是本领域技术人员但有普通技术背景的审查员和法官依靠常规技术知识和能力可以作出判断的技术盲点。二是所属技术领域的专业知识，非本技术领域的普通技术人员不能知晓并作出正确判断。③ 本领域技术研发团队的一般工作机制主要属于前一种技术盲点，后者则更多地依靠当事人的举证予以查明。

三 本领域技术人员具有的一般创造力

（一）我国专利制度中的逻辑矛盾

我国《专利审查指南》否定本领域技术人员具有创造能力，该规定的初衷是为了弱化本领域技术人员的能力以期合理设定创造性的标准。④ 但是，指南中没有进一步解释"创造能力"的含义。相

---

① William D. Wiese, "Death of a Myth: The Patenting of Internet Business Models After State Street Bank", *Marq. Intell. Prop. L Rev.*, Vol. 4, 2000, pp. 43 – 44.

② Historical and revision notes on the section 103, https://www.law.cornell.edu/uscode/text/35/103, accessed October 20, 2021.

③ 石必胜：《专利创造性判断研究》，知识产权出版社 2012 年版，第 100 页。

④ 王继君：《本领域技术人员标准在创造性判断中的构建及其不足》，《专利代理》2020 年第 4 期。

反地，审查指南同时指出"如果发明是所属技术领域的技术人员在现有技术的基础上仅仅通过合乎逻辑的分析、推理或者有限的试验可以得到的，则该发明是显而易见的"。换句话说，本领域技术人员具有逻辑分析推理和进行有限试验的能力。在通常意义上，合乎逻辑的分析推理和有限试验也属于广义的"创造能力"范畴，只不过这种创造能力表现平平。从法律的体系化及其逻辑自洽性角度出发，引入本领域技术人员的概念是出于客观评价发明创造性的需要，"创造能力"中的"创造"应与"创造性"中的"创造"同义，那么本领域技术人员并非不具有创造力，只是尚未达到创造具有"实质性特点"和"显著性进步"的技术方案的程度。因此，本领域技术人员事实上具备普通的创造力。问题在于如何具化和衡量本领域技术人员的一般创造力，若是以能否做出创造性发明界定本领域技术人员的创造力，又会陷入循环定义的逻辑错误中。

美国和日本专利制度中也明确承认本领域普通技术人员具有一般的创造力。日本《专利和实用新型审查指南》规定本领域普通技术人员应符合的条件之一是"能够发挥在选择材料和修改设计方面一般的创造力"。① 美国联邦最高法院在 KSR 案中不仅强调本领域普通技术人员是具有普通创造力的人，而且以不完全列举的方式总结了对于本领域技术人员来讲，显而易见的发明，或者说属于其一般创造力范围内的发明，具体包括：（1）根据已知的方法组合在先技术要素从而产生可预期的结果；（2）为了获得可预期的结果，简单替换某一个已知要素；（3）使用已知的技术以相同的方式提高近似的设备、方法或者产品；（4）将已知的技术应用于已知的设备、方法或产品以改进产生的可预期的结果；（5）显而易见地尝试，从有确切数量的被确认的、可预见的解决方案中进行选择，并能够产生可合理预见的成功；（6）在作出努力的某一领域内已知的工作可以

---

① 日本特许厅：《专利和实用新型审查手册》，附录 B 第一章第 2.2.3.1 节之（2）。

促使对它进行改变，基于设计上的激励或者其他市场动力而将之用于相同或者不同的领域，如果这些变化对于本领域普通技术人员而言是可以预见的；（7）在先技术中的某些教导、建议或者激励会导致普通技术人员修改在先技术文件或者组合在先技术文件教义，从而获得要求保护的发明。①

就本领域普通技术人员是否具有创造力这一问题，EPO 给出了与我国专利制度比较接近的答案，即本领域普通技术人员具有从事对于发明相关技术领域而言普通的常规工作和实验的方法和能力，但缺乏创造性思维和发明的想象力。所谓常规工作是指因存在合理可预期的成功，而反复采取一项已知的措施来提高特定结果，或是发生在车间的方案更改。② 直白地讲，在欧洲，本领域普通技术人员不会从事尚未被探索的科学研究。着眼于人工智能相关发明，可以将所属领域普通技术人员解读为不会在人工智能没有普及的技术领域内主动使用人工智能工具的技术人员。仅从本领域技术人员是否具有普通创造能力的视角比较分析可知，美国和日本的可专利性门槛高于欧洲和我国。

我国专利审查部门和司法机关认定计算机实施的发明的创造性时，很少就普通技术人员所属的技术领域及其一般技术水平进行论证，而是泛泛地表述为某个技术特征"对所属领域的技术人员来说是显而易见的"。例如，在欧洲免税购物有限公司诉专利复审委专利行政纠纷案件中，涉案专利申请是一种安全的在线支付系统，专利复审委员会只是认定为鉴权主机对支付卡的授权请求，自动生成用于标识商家的系统商业代码属于所属领域公知常识，故此，所属领域技术人员可以在对比文件 1 中得到技术启示，在现有技术的基础上结合公知常识得到要求保护的技术方案是显而易见的。③ 该审查决

---

① *KSR International Co. v. Teleflex Inc.*, 550 U. S. 398, 415–21 (2007).

② D. VISSER, *The annotated European Patent Convention* [2000], 25th ed., Kluwer Law International, 2017, commentary on Article 56.

③ 国家知识产权局专利复审委员会第 16126 号复审请求审查决定。

定并未论证所属领域技术人员是否应当兼具数据处理等相关计算机知识和电子商务、银行业普通知识，更没有解释一般技术人员能够在现有技术中得到技术启示的理由。换言之，该审查决定忽略了最为关键的问题：要求保护的技术方案为何落入本领域技术人员的普通创造力范畴。法院在本案的行政判决中仍然没有对以上问题作出明确地回答，其推理过程和认定结论与专利复审委基本相同。[①] 或者对于"手机、结账服务器、手机购物系统以及手机购物方法"的专利申请中，专利审查部门采用"三步法"就权利要求1"一种商品防伪方法"的创造性进行分析时，确定涉案权利要求与最接近的现有技术相比，区别特征既包括"将信息编码成二维码并且显示"的技术特征，也包括"所编码的内容是包含多笔商品的购买资料清单"的非技术特征；进而基于现有技术中已经给出了采用二维码编码手段的启示，并且考虑到二维码编码本身固有的大容量存储能力，得出结论：本领域技术人员在该具体应用场景下容易想到将购买交易中可能需要的诸如购物清单、价格等其他信息一并编入到二维码中。故此，该技术方案不具有创造性。[②] 其中关于本领域技术人员的论述仅仅一笔带过式出现在了第三个步骤，即显而易见与否的判断结论中。至于本领域技术人员究竟是软件工程师还是由程序员、商人或者银行从业者组成的群体不得而知，更加没有涉及本领域技术人员创造能力的问题。

在计算机软件、人工智能领域以外，我国专利行政审查和司法审判实践中，专利复审委员会和人民法院事实上已经较为隐晦地承认了本领域技术人员具备一定的创造能力，如"快速切断阀"实用新型专利权无效行政纠纷案件[③]和"土力发电和水土保持"发明专

[①] 北京市第一中级人民法院（2009）一中知行初字第2560号行政判决书。
[②] 李永红主编：《"互联网+"视角下看专利审查规则的适用》，知识产权出版社2017年版，第196—202页。
[③] 参见北京市高级人民法院（2003）高行终字第64号行政判决书。

利申请驳回复审行政纠纷案①,只不过相关行政决定和判决书并没有围绕本领域技术人员的创造能力这一隐含前提进行深入论证。② 既然在其他技术领域早已尝试性地提高本领域技术人员的能力,尤其是创造能力,对于极富发展潜力、引领第四次工业革命的新兴技术领域也不应例外。由于人工智能具有技术中立性,现实中人工智能系统的确有可能在非类似技术领域寻找问题的解决方案,它的普及和利用会影响本领域技术人员的知识面和创造力水平。

从知识结构和能力结构两个维度看,本领域普通技术人员的知识水平的认定是事实问题,而其能力认定则属于法律问题。审查员和法官对本领域普通技术人员的能力进行界定时,实际上隐含着自身的立场和价值选择,当然这种立场是以执法、司法政策为导向。但是,不能排除实践中存在着审查员或法官根据想要达到的结果倒推本领域普通技术人员的受教育程度、一般经验和创造能力等条件的情况。③ 如果审查员和法官认为专利创造性的标准应当高一些,则会将本领域技术人员的知识和技能水平认定得相对较高;反之,审查员和法官自然会降低对于本领域技术人员的要求以使专利创造性保持在一个较低的标准。此外,司法界有观点认为鉴于实用新型和发明专利各自要求的创造高度不同,理论上对二者创造性的判断应当以不同创造能力的本领域技术人员为基准作出,承认作为发明专利创造性判断主体的本领域技术人员具有一定程度的创造能力。④ 为增强我国行政审查决定和司法判决中说理的充分性,可借鉴前述域外法中的若干考量因素展开论证。

---

① 参见北京市高级人员法院(2006)高行终字第 104 号行政判决书。
② 石必胜:《专利权有效性司法判断》,知识产权出版社 2016 年版,第 156 页。
③ Saurabh Vishnubhakat, "The Field of Invention", *Hofstra L Rev*, Vol. 45, 2017, p. 930.
④ 石必胜:《专利权有效性司法判断》,知识产权出版社 2016 年版,第 159—160 页。

(二) 展现计算机实施的发明所属领域技术人员一般创造能力的具体情形

过分依赖现有技术对比文件等书面证据判断发明的非显而易见性，甚至个别审查员或法官拒绝以本领域技术人员的公知常识作为证据，实质上将本领域技术人员的创造能力低估为零，不合理地降低了创造性标准，造成一些原本显而易见的发明被授予了专利权。[①] 毫不夸张地说，这些发明之所以被授予专利权，不是因为申请专利的技术方案超出了本领域技术人员的普通创造活动，只是单纯地由于审查员没有检索到充足的书面证据。这是多方面因素造成的结果，其中包括受到雇用合同中有关保密条款的约束，企业技术人员不得在出版物或专利文件中披露他们的工作内容。退一步讲，即使这些技术信息得以公开，其他人也会对信息的真实性持谨慎怀疑的态度。[②] 针对计算机实施的发明，JPO 以现有技术为基础，梳理了下列展现本领域技术人员一般创造能力的具体情形：[③]

1. 将特定领域内软件相关发明的步骤或手段应用于另一领域

若特定领域内的软件相关发明中某一步骤或手段具有通用功能或操作，将该步骤或手段应用于其他领域的尝试，是为发明所属领域技术人员从事的普通创造性活动。比如，一项现有技术是"文档检索系统"，使用其中的技术手段，更准确地说是用于检索的具体配置，创造的"医疗信息检索系统"，仅仅展现了本领域技术人员的一般创造力，以该"医疗信息检索"系统作为技术方案申请专利，由于缺乏创造性而不能获得专利保护。正是考虑到软件相关发明所属领域普通技术人员具备跨领域应用相同技术方法或手段的能力，各国专利制度才对这类发明扩大了现有技术检索范围。现有技术与申

---

① 何育东、方慧聪：《专利创造性客观化问题研究》，《知识产权》2007年第2期。

② Rebecca S. Eisenberg, "Obvious to Whom-Evaluating Inventions from the Perspective of PHOSITA", *Berkeley Technology Law Journal*, Vol. 19, 2004, 889.

③ 日本特许厅：《专利和实用新型审查手册》，附录B第一章第2.2.3.2节。

请专利的发明相比，只存在应用领域的差别，在具体申请案中，这一差别可能体现为输入数据或输出数据内容的不同，数据结构或算法则完全相同。单独来看，输入或输出数据不能带来任何技术贡献，据此判定申请专利的发明不具有创造性。

2. 增加众所周知的常用手段或者用公知的等同手段替换

增加众所周知的常用手段作为系统组件，或者以公知的等同手段替换部分系统组件，也是软件相关发明所属领域技术人员一般创造能力的体现。举例言之，在键盘上增加广为应用的系统输入手段，如为了输入数字代码利用鼠标选择屏幕上显示的事物，或使用条形码输入的手段。也就是说，如果申请专利的发明与最接近的现有技术相比，只是增加或替换了一个公知的技术手段特征，该设计修改属于本领域普通技术人员能力可及的范围。需要指出的是，此处增加或替换的技术手段仅仅为某项现有技术所公开是不够的，需要达到"公知化"程度。而公知常识的范围显然小于现有技术的范围。北京知识产权法院曾在华为公司诉专利复审委员会发明专利申请驳回复审行政纠纷案中，对于公知常识的认定标准和证据作出解释。"某项现有技术只有在其所属领域基于申请日（或优先权日）前的该领域技术发展水平及该领域技术人员而言，已经被广泛的接受并应用"，[1]才能称之为公知常识。实践中，公知常识的认定应当采取谨慎的态度，适用客观公允的标准。除了教科书、技术手册、技术词典中披露的技术手段外，其他作为公知常识的惯用手段由审查员说明理由。

3. 通过软件执行原本由硬件实现的功能

1978 年，WIPO 制定的《保护计算机软件示范法条》中将计算机程序定义为："在机器可读介质中，能够使具有信息处理能力的机

---

[1] 北京知识产权法院（2015）京知行初字第 3495 号行政判决书。

器显示、运行或获得特定的功能、任务或结果的一组指令。"① 可见，功能性是软件的核心要义也是其价值所在，更是以专利法保护软件相关发明的根本原因。任何一项软件研发都是以需求工程为起点，评估是否存在与该软件相应的需求或者市场，及其在技术上和财务上的可行性，从而产生一个得到共识的需求文档。软件的好坏是以其是否向用户提供所需的功能与性能为衡量标准。② 但是，仅仅将硬件实现的功能改由软件实现，没有解决其他技术问题，也没有获得其他技术效果，是本领域技术人员所从事的普通创造活动。比如，以软件方式取代数码比较电路（硬件）达到代码比较的目的。

4. 将人们从事的商业服务或方法系统化

通过本领域技术人员日常工作中使用的一般系统分析和设计方法，将人们在特定领域内从事的商业服务或方法系统化，并利用计算机实施该系统，这样的系统和商业方法对于本领域普通技术人员而言，是显而易见的。如引证发明公开的订单接收手段是传真或电话，而申请专利的发明是一种在互联网主页上接收订单的系统；再如引证发明公开了出版公司采取在杂志中设置买入/卖出栏的方式，收集读者交易申请信息，而申请专利的发明在出版公司的互联网主页上实现了该项服务的系统化。在日本，上述软件相关发明被认定为不具有创造性的发明。对于这类既包含技术特征又包含非技术特征的权利要求，虽然 EPO 适用的创造性判断方法与日本不尽相同，但是就其可专利性的认定结论是一致的。欧洲专利制度规定按照以下顺序判定计算机实施的发明的创造性：（1）在发明背景下，基于获得的技术效果确定对于发明的技术性有贡献的特征；（2）聚焦这些有技术性贡献的特征，选择在先技术中适宜的出发点作为最接近的在先技术；（3）确定与最为接近的在先技术之间的区别，以权利

---

① WIPO, *Model Provisions on the Protection of Computer Software*, Geneva 1978, S. 1 (i).

② ［英］伊恩·萨默维尔：《软件工程》，彭鑫、赵文耘译，机械工业出版社 2019 年版，第 4、27 页。

要求为整体，判断这些不同之处的技术效果。若没有不同，依据 EPC 第 54 条驳回申请。如不同之处没有产生任何技术贡献，依据 EPC 第 56 条驳回申请。① 以此为依据，利用常规系统分析和设计手段，实现商业服务或方法系统化的发明中，与商业活动相关的非技术特征，由于没有带来具体的技术效果，为解决技术问题作出贡献，它们对于创造性评价来说，毫无意义。② 所以，不需要考虑这部分非技术特征，而是围绕系统化技术手段确定最接近的在先技术，那么发明与最接近的在先技术之间的区别特征不能产生技术贡献，发明不具有创造性。

Alice 案后 USPTO 和美国法院倾向于认定这类利用计算机实施的商业方法发明不属于美国《专利法》第 101 条保护的客体，因而不具有专利适格性，无需对比在先技术文件，在客体评价阶段，直接否定了它们的可专利性。其一，前面提到的订单系统中，基于显示的市场信息下订单的商业活动，在美国判例法上被视作"抽象思想"，③ 进行广告宣传、订立合同等商业实践也都属于"抽象思想"。其二，实现商业活动系统化的技术手段只是发明所属领域技术人员通常采用的一般系统分析和设计方法，没有提高计算机内部功能或其他技术领域，由此判定该系统或相应的商业方法权利要求作为一个整体，没有将抽象思想整合为实际应用。此外，权利要求中除去抽象思想以外的要素，只是常规的系统架构，没有明显超出作为专利客体司法例外的"抽象思想"。在中国，仅仅利用计算机实施的商业方法发明，因没有解决技术问题，也没有获得符合自然规律的技术效果，同样难以成为我国专利法保护的客体。总之，在这四个国家或地区的专利制度中，采取通用的系统分析和设计手段，将人们从事的商业服务或方法系统化而产生的发明，均不能被授予专利权，

---

① EPO, Guidelines for Examination, Part G Chapter VII, 5.4.
② T 0641/00, Two identities/COMVIK, OJ 2003.
③ *Trading Technologies Int'l, Inc. v. IBG LLC*, 921 F. 3d 1084, 1092 (Fed. Cir. 2019).

只是适用的法律依据不同罢了。

以不同的驳回理由为标准，可以将各个国家或地区判定这类发明可专利性的模式分为客体适格性审查模式和创造性审查模式，前者以美国为代表，后者以欧洲为代表。如前所述，美国之所以转变专利客体适格性判断方法和标准，与曾经过度授权的低劣商业方法专利，及其引发的连锁不良反应有关。美国联邦最高法院在 Mayo 案中指出，像 EPO 那样，"将专利适格性审查完全转移至后面的这些条款（指美国专利法第 102、103 和 112 条），假设它们可以做自身不能胜任的工作，会造成更大的法律不确定性风险。"① 事实上，这两种审查模式分别具有各自的优势和不足。美国目前采用的客体适格性审查模式，免不了借助其他可专利性要件认定软件发明是否符合美国《专利法》第 101 条。加快商业方法发明审查效率，节约行政和司法资源的同时，却使法律适用的可预期性蒙上了阴影；② 以创造性审查为中心的欧洲专利制度，采取更为客观直接的"技术手段"标准，判断计算机实施的发明的专利适格性，法律适用的一致性得到强化，然而过分依赖规则复杂的创造性评价程序，增加检索和说理论证工作的负累，也不可避免地导致专利审查授权程序拖沓。对于我国而言，需要考虑的是选择何种模式判断软件相关商业方法发明的可专利性更加符合我国国情，或是适当中和以上两种判断模式，取长补短，建立一套我国特有的商业方法发明可专利性评价体系。

5. 在计算机虚拟空间再现公知事件

通过本领域技术人员在日常工作中使用的一般系统分析和设计方法，于计算机虚拟空间再现公知事件，是本领域技术人员普通创造能力所及的活动范围。这种情形在电子游戏和图形用户界面研发

---

① *Mayo Collaborative Servs. v. Prometheus Labs. Inc.*, 566 U. S. 66, 90 (2012).

② See Reza Sadr and Esther J Zolotova, "Fractality of Patentability under the New Subject Matter Eligibility Scheme", *Northeastern University Law Journal*, Vol. 9, 2017, p. 450.

中表现得尤为突出。例如，在一款虚拟网球游戏装置中，简单设置网球的速度，使之在硬场馆被反弹的速度快于其在土质场馆被反弹的速度；或在一款赛跑游戏装置中，仅仅根据跑道表面状况，改变急转弯出现的机率；或在图形化方式中，将公知的输入/输出界面（按钮形状、显示单元或类似事物，以及它们之间的位置关系）简单地再现于计算机屏幕上。

6. 根据公知事实或习惯修改设计

基于公知事实或习惯进行的设计修改，同时符合以下两个条件，应当属于本领域技术人员从事的普通创造活动：（1）本领域技术人员应考虑所属技术领域公知公用技术或公知常识、一般知识（包括显著事实在内）或类似事物，并视情况决定，是否作出这一设计改变；（2）实施该设计变化过程中，不存在技术阻碍因素。这里的公知常识不限于计算机编程领域的知识，也包括电子商务等特定应用领域的知识。比如，在贸易合同达成后，卖方向买方表达感谢是一般性知识。因此，在电子商务交易设备上，添加能够输出信息"感谢您的购买"的装置，对于本领域普通技术人员来说，是显而易见的。再者，站在保护消费者的立场，将冷静期系统引入电子商务交易中，也属于本领域技术人员具有的普通知识。

将常见的营销方法甚至是日常生活经验融入已有的电子商务系统中也是本领域技术人员发挥普通创造能力的表现。在"刘岗与国家知识产权局发明专利申请驳回复审行政纠纷"案中，涉案专利申请的是一种"推广、试用、营销商品的方法，其特征包括：商品样品、商品的相关信息、电子商务系统的数据相互对应统一，生成交易导引信息；印刷、制作书刊，将商品样品、书刊、交易导引信息配伍结合；将书刊、商品样品、交易导引信息出版发行给用户；用户根据需要，以导引信息作为索引，借助电子终端装置以及电子信讯网络进行通信，进入到相对应的电子商务系统交易购物；将载有订单的信息发送给电子商务系统，电子商务系统接收并记录用户提交的订单，该订单中至少包含消费目标和用户的信息。"① 北京市高级人民法院二审判定该发明缺乏创造性。上诉人刘岗不服，向最高人民法院申请再审。最高人民法院指出，商家向顾客发放商品样品是商业推广中惯用的手段，现有技术已经揭示了将能嵌入子物体的书刊应用于商业营销的技术启示以及电子商务引导模式，本领域普通技术人员经过简单逻辑分析即可得到要求保护的技术方案，因此该发明不具有创造性，驳回再审申请。

由是可知，本领域技术人员一般创造能力可及的活动往往是在最接近的现有技术基础上，依靠公知常识加工演变而来；或是采取惯用技术手段，实现抽象思想的自动化、系统化。故此，"公知常识"、"常规技术手段"的认定在很大程度上影响着发明的创造性评价结论。为了应对申请人习惯性地质疑审查通知中提到的"公知常识"或"惯用技术手段"，审查员片面强调书面证据的重要性，甚至主动屏蔽了以充分说理方式证明的"公知常识"。例如，在百度公司请求宣告搜狗公司持有的"一种用户词参与智能组词输入的方法及一种输入法系统"发明专利无效案中，专利复审委员会认为发明专利权利要求1相较于对比文件1有三个区别特征。在论述该权利要求与公知常识的结合，对于本领域技术人员来讲，是否显而易见时，专利复审委员会只是笼统地指出"目前也没有证据表明上述区别特征属于本领域的公知常识"。② 除此之外，就公知常识再无进一步的说明。而日本判定技术常识，不仅考虑记载该技术的文献数量，也考虑本领域技术人员对该技术的关注度，③ 留给审查员或法官合理的空间以推理论证公知常识。

---

① 最高人民法院（2019）最高法行申3406号行政裁定书。
② 国家知识产权局专利复审委员会第30349号无效宣告审查决定。
③ 李明德，闫文军：《日本知识产权法》，法律出版社2020年版，第301页。

第三节　创造性判断方法

我国与 EPO 用于判定发明创造性的方法大致相同，即前文介绍的"三步法"或称"问题解决法"。鉴于计算机实施的发明具有区别于一般发明的重要特点，适用"问题解决法"判断其创造性时，也存在需要特别注意之处。顾名思义，"问题解决法"的核心步骤之一是确定发明所要解决的技术问题。在此之前，确定最接近的现有技术也尤为关键，因为它奠定了发明创造性审查的基准。理论上，在同一相关现有技术范围内，选择的基础技术方案，也就是最接近的现有技术不同，本领域技术人员能够获得的"如何结合其他现有技术"的启示也可能不一样，由此得出不同的显而易见性结论。[1] 关于如何确定与计算机实施的发明最接近的现有技术，已在关于创造性审查的整体论章节中作过探讨，此处不再赘述。创造性判断过程中的最后一个问题，也是容易引发争议的环节是认定解决客观技术问题的技术方案对本领域技术人员来说显而易见与否。下面针对计算机实施的发明，分别围绕技术问题的确定，以及显而易见性的认定，分析"问题解决法"适用的特殊问题。

一　发明实际解决的技术问题

EPO 之所以采取"问题解决法"评判发明的创造性，是出于避免"后见之明"的风险，因而以发明本身而不是现有技术作为创造性考量的出发点。[2] 在 PHILIPS 案中，技术上诉委员会指出，发明是否具有创造性归根结底要回答本领域技术人员是否有可能这样做并

---

[1]　崔国斌：《专利法：原理与案例》，北京大学出版社 2016 年版，第 278 页。
[2]　参见李明德、闫文军、黄晖、邵中林《欧盟知识产权法》，法律出版社 2010 年版，第 340—341 页。

预期可以解决本案专利中有挑战性的技术问题。① 按照我国《专利审查指南》有关规定，确定发明实际解决的技术问题，应当先分析要求保护的发明与最接近的现有技术之间的区别特征，然后根据该区别特征所能达到的技术效果确定发明实际解决的技术问题。从这个意义上说，发明实际解决的技术问题，是指为获得更好的技术效果而需对最接近的现有技术进行改进的技术任务。② 欧洲也遵循这一原理认定发明所解决的客观技术问题。

（一）我国专利审查和司法实践现状

对于计算机实施的发明，如何认定它所解决的技术问题，我国《专利审查指南》并没有作出特殊的规定，只是明确了整体审查原则，既考虑技术特征，也考虑与技术特征功能上彼此相互支持、存在相互作用关系的算法特征或商业规则和方法特征，但是缺少可操作性强的具体判断规则。实践中，因发明专利申请文件或现有技术对比文件没有明确记载某些技术特征使得发明或现有技术解决了什么技术问题，审查员也难以确切无疑地直接认定发明所解决技术问题，审查员之间或是审查员与申请人之间时常就技术问题的认定形成不同意见。在有些专利申请案中，将发明实际解决的技术问题确定为"提供一种替代方案"，这能否算得上客观技术问题，在理论界和实务界尚未达成一致意见。③ 而且在重新确定发明实际解决的技术问题环节，审查员往往忽略了本领域技术人员的视角，但实际上正确的判断主体对于规避后见之明具有重要意义。专利创造性判断本身属于一种事后分析，分析的对象是特定的技术方案，本领域技术人员或者其角色扮演者——审查员和法官不可避免地需要接触到申请专利的技术方案，只有通过限定技术领域、本领域技术人员掌握

---

① T 274/87，PHILIPS，[1989] EPOR 207.
② 国家知识产权局：《专利审查指南》，第二部分第四章第 3.2.1.1 节。
③ 参见杨勤之《新形势下专利审查中的创造性判断相关问题分析》，《知识产权》2019 年第 10 期。

的知识和技能才能减少偏见的产生，不至于使部分原本可以被授予专利权的发明因技术问题的不当界定而被排除在专利保护范围之外，不利于专利法鼓励创新的立法目的之实现。

另外，由于发明所解决的技术问题的认定取决于区别特征以及相应的技术效果的识别，然而关于申请专利的发明与最接近的现有技术存在的区别特征往往会产生分歧。以握奇诉国家知识产权局专利无效宣告案为例，其中争议焦点之一是涉案权利要求1"一种物理认证方法"是否具备创造性，该问题争议的核心在于如何认定本专利权利要求1与证据1的区别技术特征。为此，专利复审委员会和一审法院认定唯一的区别特征是"否则，结束流程"的步骤，而上诉人握奇公司主张还有另外三个区别技术特征。最高人民法院在本案判决中指出，"认定权利要求与最接近现有技术之间的区别技术特征，应当以权利要求记载的技术特征为准，而对最接近现有技术的认定应当以对比文件公开的技术内容为准，该技术内容不仅包括明确记载在对比文件中的内容，也包括对于所述技术领域的技术人员来说，隐含的且可直接地、毫无异议地确定的技术内容。"① 而握奇公司提出三项区别特征均属于对比文件隐含公开的技术内容。可见，想要切实增强专利局审查决定或司法判决的公信力，真正起到定纷止争的作用，审查员或法官应当详细阐述区别特征的认定推理过程，重点论述如何确定现有技术中隐含的技术内容，而不是仅仅依据对比文件书面陈述的技术内容，简单罗列区别特征。

就涉及"互联网+"商业规则和方法的发明专利申请而言，关于非技术特征带来的技术效果及其为技术方案作出的贡献，在专利复审程序和司法程序中专利申请人往往会对此提出异议。李洪波与国家知识产权局发明专利申请驳回复审行政纠纷案中，原告李洪波认为被告国家知识产权局仅将涉案发明"一种个性化艺术陶瓷在线定制的方法及系统"中单纯的技术特征作为创造性的唯一考量，忽

---

① 最高人民法院（2019）最高法知行终第31号行政判决书。

略了"互联网+"商业规则和方法特征对技术方案所作出的贡献。原告同时提出用于否定专利申请之创造性的三份对比文件分别来自于家居产品、家具和家装领域，与涉案发明所属的艺术陶瓷产品领域不同，不能据此认定发明缺乏创造性。最高人民法院审理认为对比文件1公开了一种陶瓷家居产品网络个性化设计定制的方法，对比文件2公开了一种基于互联网的家具定制系统，对比文件3公开了一种家装网络平台系统及使用方法，它们均是在互联网模式下实现远程定制的商业模式，与涉案发明属于基本相同的应用场景。且该专利申请并未指出应用场景转换存在需要克服的技术困难及解决方案，本领域技术人员有动机将对比文件已公开的技术启示应用到本申请的商业模式下，且并不会带来意想不到的技术效果，故此，本申请中的商业规则和方法特征并未对整个技术方案作出贡献。① 最高人民法院的判决中对于相关技术领域的认定无可厚非，即实体产品在线定制领域，将常规系统化方法从家居家装定制应用于艺术品定制应落入本领域技术人员普通创造能力所及的范围。唯一的遗憾是该判决似乎颠倒了创造性判断"三步法"中的步骤二和步骤三，先行确定现有技术给出了利用互联网进行线上定制的技术启示，再判断得出涉案发明中的商业规则和方法特征不具有技术效果的结论。

此外，最高人民法院就创造性判断中确定发明实际解决的技术问题的原则作出解释，"应当根据区别技术特征在本专利技术方案中所实现的作用、功能或者效果等对技术问题作恰当提炼，既不能概括过于上位，又不能简单将区别技术特征所实现的作用、功能或者技术效果等同于发明实际解决的技术问题。"②

(二) 欧洲专利制度中关于客观技术问题的认定规范

1. 无技术性贡献的特征可用于构造发明实际解决的技术问题

欧洲专利制度格外重视"事后诸葛亮"式偏见的克服，通过

---

① 最高人民法院（2021）最高法知行终第97号行政判决书。
② 最高人民法院（2019）最高法知行终第32号行政判决书。

"问题—解决方案"路径判断发明的创造性，不能参考从要求保护的技术方案的有关知识中，本领域技术人员已经获知的问题，确定申请专利的发明所要解决的客观技术问题。换言之，形成的技术问题不能包含指向要求保护的技术方案的提示。当然，这一原则只适用于对发明的技术性有贡献的技术特征和非技术特征。还有一些不具有技术性贡献的权利要求特征，可能出现在审查员认定的技术问题的表述中。特别是当权利要求涉及实现非技术领域目的时，该目的作为所要解决的技术问题框架中的一部分，可以合法用于界定客观技术问题。[1] 例如，在 COMVIK 案中，涉案权利要求 1 是一种在数字移动电话系统中，为一个用户身份识别卡（SIM）配置至少两个可供用户选择性激活的身份的方法，EPO 技术上诉委员会认定该权利要求与最接近的现有技术对比文件 D8 存在三项区别特征，其中一项区别特征是计算选择激活的用户身份所对应的服务和私人呼叫费用，应属于金融或管理概念，而非技术概念，亦未对发明的技术性作出贡献。然而根据专利说明书，本发明的目的之一为消除因计算服务和私人呼叫费用，或者不同使用者应支付费用而带来的不便。因此，上诉委员会重新确定的技术问题是以这样一种方式运行 GSM 系统，允许为了不同的目的或者不同使用者进行的呼叫之间，存在可供使用者选择的区别。[2] 这说明确定发明实际解决的技术问题，需要综合考虑权利要求中的所有技术特征和非技术特征，即使是没有技术性贡献的特征也可以作为重新认定的技术问题的限制因素。

2. 区分技术效果与非技术特征的内在效果

发明实际解决的技术问题，应当根据区别特征、所产生的技术效果而确定。如前所述，当要求保护的发明指向商业方法或游戏规则等非技术方法或计划的技术实施时，为了绕开技术问题，改变相关的非技术方法或计划，而不是采取实质的技术性手段解决该问题，

---

[1] EPO, Guidelines for Examination, Part G Chapter VII, 5.4.1.
[2] T 0641/00, Two identities/COMVIK, [2004] EPOR 10.

不能将这一改变视作有技术性贡献的特征。此时，尤其注意辨别由具体的技术实施特征引起的进一步技术优势或技术效果，与发明涉及的非技术方法或计划内在的优势和效果。后者宜被认定为该技术实施的附随效果，不能据此定义发明所要解决的客观技术问题。

EPO 在 *GAMEACCOUNT* 案中重申了计算机实施的发明实际解决的技术问题认定原则。该案涉及的专利是一种游戏系统和方法，技术上诉委员会认为各项专利权利要求仅仅界定了在计算机上执行游戏规则的一般思想，利用计算机执行游戏规则而产生的效果属于游戏规则自身固有的效果，或是与执行通用计算机（处理器加显示器）的功能有关，也无法认定游戏规则与技术实施之间存在协同效果（synergic effect）。对于被上诉人主张的技术效果，即"影响游戏过程的效率，并增强技术水平、可预期性、复杂度和兴趣"，完全只关系到游戏事项和其中的因素，可能在作为非技术领域的游戏中十分重要，它们却并不是一组固定在显示屏上的数字，或者滚动其中的数字显示的结果，因而不属于应当纳入创造性评价范畴的技术效果。[①] 与之相反，在 T 0060/98 案中，虽然 EPO 上诉委员会明确否定了提供更为复杂和有趣的游戏构成对发明创造性有贡献的效果，但是就简化系统确定游戏胜利者的方式产生的技术效果予以认可。[②] 计算机实施的电子游戏系统或方法中的技术效果还可能来自于以特定方式在图形界面中显示信息，提升信息的可读性，使用户能够更加高效地执行其任务。[③] 如是说，对于计算机实施的非技术方法发明，其技术效果与不包括通用计算机在内的具体技术手段有着直接关联，改进了游戏装置的内部资源管理或计算机性能，而不仅仅是通过改良商业方法或游戏规则，提升服务效率或用户体验。

关于改善用户体验的非技术特征对确定计算机实施的发明所解

---

① T 1543/06，game machine/GAMEACCOUNT，2007.

② T 0060/98，2003.

③ T 0928/03，Video game/KONAMI，2006.

决的技术问题之限定作用，我国专利审查部门采取了与EPO近似的态度，即从本领域技术人员的视角出发，结合改进用户体验而使用的技术手段，根据具体案情具体分析发明的创造性。以"一种换肤方法，应用于包括客户端和同步端（网页）的系统"为例，其特征在于，包括：

  所述同步端向客户端发送换肤查询请求，获取所述客户端本地的cookie文件；
  所述同步端根据所述cookie文件是否进行了修改判断所述客户端是否进行了换肤，若所述cookie文件进行了修改，则所述同步端判断所述客户端进行了换肤；
  当判断所述客户端进行了换肤时，所述同步端进行换肤。

该技术方案解决了现有技术中，因每次为网页更换皮肤而必须进行页面刷新所导致的网络宽带浪费问题，提升了用户的体验感。单独看来，网页展示的皮肤变化属于非技术特征，然而要求保护的发明采用了通过查询本地cookie是否修改，来判断用户端软件皮肤是否进行过修改的具体技术手段，故此认定上述技术方案解决的技术问题是如何实现被动的同步换肤过程。

二 显而易见与否的认定

（一）一般标准

德国学者鲁道夫·克拉瑟认为"发明是否值得保护，涉及一种法律意义上的价值。非显而易见性本身并没有价值，它只是一个辅助性概念。对于它应设置多高的门槛，最终取决于专利法制度中所蕴含的价值观。"[①] 欧洲专利法将"显而易见"定义为：未超出一般

[①] [德] 鲁道夫·克拉瑟：《专利法——德国专利和实用新型法、欧洲和国际专利法》，单晓光、张韬略、于馨淼译，知识产权出版社2016年版，第375页。

的技术进步，而是仅仅从现有技术中直截了当地或合乎逻辑地推导出来，也就是无需运用任何超出本领域技术人员预期的技能而创造的事物。① 判断申请专利的发明对于本领域技术人员是否显而易见时，EPO采取本领域技术人员"原本会如此做"（would have done so）的标准。具言之，现有技术作为一个整体存在着某种教导，原本会促使技术人员面对客观技术问题时，考虑这种教导并对最接近的现有技术作出改变或调整，从而获得要求保护的发明的技术效果。判断欧洲专利显而易见与否的要点，不在于技术人员本来是否能够（could have done）通过调整或改变最接近的现有技术作出申请专利的发明，而在于他原本是否会这样做。可见，在欧洲，显而易见性的判定过程实质上是从现有技术中寻找特定技术教导或动机，类似于我国《专利审查指南》中规定的"现有技术整体上是否存在某种技术启示"的判断。我国专利行政部门和法院通常认为以下三种情况可以肯定技术启示的存在：（1）要求保护的发明与最接近的现有技术之间的区别特征是公知常识；（2）所述区别特征为与最接近的现有技术相关的技术手段；（3）所述区别特征为另一份对比文件中披露的相关技术手段。② 对于计算机实施的发明，同样适用以上标准判断其显而易见性。

1. 区别特征为公知常识

若申请专利的发明与最接近的现有技术相比，区别特征为公知常识，该发明在中国或欧洲专利制度中均因缺乏创造性而无法获得专利保护。但是，专利申请人往往会对区别特征的公知常识属性提出异议。因此，有必要围绕计算机实施的发明探讨典型公知常识的认定。第一，如果要求保护的发明与最接近的现有技术之间的区别特征是数学算法，其是否必然属于公知常识？根据我国和欧洲专利审查实践，对此可以得出否定答案。尽管美国联邦最高法院曾在

---

① EPO, Guidelines for Examination, Part G Chapter Ⅶ, 4.
② 国家知识产权局：《专利审查指南》，第二部分第四章第3.2.1.1节。

Benson 案中明确指出，纯粹的数学公式或算法不能被授予专利权。[①]并在 *Flook* 案中进一步将算法划归为现有技术范畴，在所不问其本身是否具有新颖性。[②] 然而在创造性评价阶段，分析算法特征的公知性，有一个隐含的前提是利用计算机实施该算法的发明构成适格的专利客体，或者说该发明属于算法的实际应用而非算法本身，审查员或法官只是在实际应用的场景下，衡量算法的技术贡献大小。

例如，申请专利的发明是利用计算机实施数字模拟受噪声 1/f 影响的电路性能的方法，相较于最接近的现有技术，区别特征是用于生成 1/f 噪声分布的随机数矢量的数学算法。该算法特征产生的技术效果是减少电路数字模拟方法所需的计算机资源，据此确定该发明实际解决的技术问题是如何以占用更少计算机资源的方式，在数字模拟计算机性能的方法中生成 1/f 噪声分布的随机数。由于发明涉及的算法未被现有技术公开，也不属于公知常识，在本领域普通技术人员看来相关发明非显而易见。[③] 倘若专利申请案未将上述数学算法限定于模拟电路等具体的技术实施中，也没有产生减少计算机内部资源占用等技术效果，没有为计算机实施的发明带来技术性贡献，这样的算法特征在创造性评价阶段不予考虑。

第二，就商业方法发明而言，如果发明与最接近的现有技术相比，区别特征在于商业活动步骤的计算机实施，由此带来的技术效果仅仅是实现商业方法的自动化，那么该发明所要解决的技术问题是如何调整最接近的现有技术对比文件中公开的方法，以执行这些商业方法步骤，通过简单常规的编程达到这一技术效果，在本领域技术人员（掌握商业方法知识的软件项目团队）看来是显而易见的。此处的技术实施手段可以被视为一种公知常识，或者发明落入本领域普通技术人员一般创造能力可及的范围。例如，"一种为在移动设

[①] *Gottschalk v Benson*, 409 US 63, 71–72 (1972).

[②] *Parker v. Flook*, 437 U.S. 584, 590–591 (1978).

[③] EPO, Guidelines for Examination, Part G Chapter VII, 5.4.2.4 Example 4.

备上购物提供便利的方法"发明,与已认定的最接近的现有技术相比,区别特征之一是使用者可以选择两个或以上想要购买的商品,EPO 认为对该现有技术对比文件作出调整,使用户能够选择两个或多个商品,而不仅仅是单一商品,对本领域技术人员来说属于常规问题。① 相反地,若商业方法的技术实施手段并非通常的编程技术,而是在服务器或终端设备及其物理架构和数据通信等方面作出了相应的调整,这些改变或调整并非从现有技术中获得的技术启示,具有非显而易见性。

一般认为,现有技术带来的技术教导或启示来自于对比文件本身;还有本领域普通技术人员所掌握的知识;或是发明所要解决的技术问题的性质,引导人们找到可能的方案。② 这种启示不一定直截了当地明确记载于现有技术中,也可以是暗含其中的技术启示。事实上,容易引发争议的技术启示正是那些暗含在现有技术对比文件中,或是由本领域普通技术人员掌握的公知常识所决定的技术启示。比如在欧洲免税购物有限公司诉专利复审委专利行政纠纷案中,专利复审委员会及北京市一中院均认定权利要求 1 "用于网络中处理在线支付交易的计算机数据处理方法"与对比文件 1 "一种处理在线支付交易的方法"之间的区别特征为二者分别使用系统自动生成的商业代码和商家预先注册的商业代码,并以它们在商业方法步骤中所起的作用相同为理由,即用于商家和顾客之间的交易,而认定该区别特征属于本领域公知常识。③ 本案中确定的公知常识既没有记载于教科书、工具书等文献中,也没有经过充分说理予以证明,由此得出的结论的确难以令人信服。在德国,技术人员能够想到的普通知识,是指"技术人员直接从记忆中或通过自己的信息渠道毫不

---

① EPO, Guidelines for Examination, Part G Chapter VII, 5.4.2.4 Example 1.
② Donald S. Chisum, Craig Allen Nard, Herbert F. Schwartz, Pauline Newman, and F. Scott Kieff, *Principles of Patent Law*, 2nd edn, Foundation Press, 2001, p. 593.
③ 北京市第一中级人民法院(2009)一中知行初字第 2560 号行政判决书。

迟疑就能容易获取的知识"，① 这种常规的专业知识可以从企业培训或生产实践等信息渠道掌握，并且技术人员不受保密义务约束。

第三，对于人工智能相关发明，其与最接近的现有技术相比，区别特征为本领域公知常识的，属于不具备创造性的专利申请。举例而言，"一种生产线质量管理程序"的发明专利申请，它利用深度学习训练神经网络从而评估造成产品质量不符合要求的生产条件。最接近的现有技术为了实现相似的目的，采用机器学习算法，只不过未明确记载机器学习的具体类型，是否借助了深度学习训练神经网络。但是，在机器学习所属的技术领域中，通过深度学习训练神经网络并应用该深度网络作出预测为公知技术，将公知技术手段运用于现有技术由此获得发明缺乏创造性。

2. 区别特征为现有技术相关的技术手段

将特定领域内发明的方法步骤或技术手段应用于另一领域的尝试，在软件相关发明所属技术领域尤为常见。因而很有可能出现这样的情况：申请专利的软件相关发明与属于相同技术领域的最接近的现有技术相比，区别特征在于技术实施手段，而该手段又被属于类似技术领域的现有技术对比文件所公开，此时应当认为现有技术作为一个整体，存在使本领域技术人员将这一技术手段应用于最接近的现有技术的启示。比如，在李洪波诉国家知识产权局驳回专利复审行政纠纷案中，涉案权利要求是"一种在线法律咨询的方法及系统"，北京知识产权法院认定最接近的现有技术，即对比文件 1 是"一种基于 Android 平台的新型法务咨询系统"，二者系相同的技术领域，区别特征为一系列功能模块，而另一份对比文件 2"一种基于.NET 的问答系统的设计与实现方法"中公开了相关功能模块，这些区别特征在对比文件中起的作用与其在本专利中的功能作用相同。据此，法院判定其他现有技术给出了将区别技术特征应用于最

---

① ［德］鲁道夫·克拉瑟：《专利法——德国专利和实用新型法、欧洲和国际专利法》，单晓光、张韬略、于馨淼译，知识产权出版社 2016 年版，第 383 页。

接近的现有技术,以解决其技术问题的技术启示。① 不难看出,在这种情况下,我国专利行政部门和法院认定存在技术启示的决定性因素是作为区别特征的技术实施手段,在其他现有技术和申请专利的发明中发挥相同的功能或作用。

EPO 在这一问题上的论证思路与我国大体相同,只不过更为强调从发明所要解决的客观技术问题出发,判断本领域技术人员在临近和常规技术领域寻找启示的可能性。德国法院甚至进一步明确判断是否存在改进或组合现有技术的动机,一个很简单的标准是本领域技术人员手头上需要解决哪一问题。若判定本领域技术人员有动机从现有技术中寻找一个与需要解决的问题相应的技术方案,还应当满足一定的前提条件:本领域技术人员必须具有获得成功的预期。②

在前述"一种为在移动设备上购物提供便利的方法"发明专利申请中,基于它与最接近的现有技术之间的区别特征及其技术效果,EPO 确定发明实际解决的技术问题是:如何改变最接近的现有技术中所记载的方法,从而以高效的技术方式执行区别特征中的非技术性商业概念,向用户提供购买两种或以上商品的最优购物路径。考虑到这一技术问题,本领域技术人员会寻找确定路线的有效技术实施手段。对比文件 2 恰好公开了用于确定旅游路线的旅游计划系统,其中使用了可以存储先前查询结果的高速缓冲存储器,EPO 认为该现有技术对比文件中存在技术教导,使本领域技术人员调整最接近的现有技术中的服务器,使用该高速缓冲存储器为确定最优购物路线提供有效的技术实施。这意味着法官或审查员概括技术问题的方式,会直接影响两个技术方案是否应被视为相关技术领域的技术。③使用过于上位的概念描述技术问题,将容易导致两个实质上不相关

---

① 北京知识产权法院(2018)京 73 行初 13207 号行政判决书。
② 参见赵晓鹏《德国联邦最高法院典型案例研究·专利法篇》,法律出版社 2019 年版,第 25 页。
③ 崔国斌:《专利法:原理与案例》,北京大学出版社 2016 年版,第 270 页。

的技术方案被划入同一技术领域；反之，对于技术问题的描述过于琐碎，则会凸显它们之间的差异，造成一些本应落入所属领域技术人员一般创造力范畴的发明被授予专利权。针对包含技术特征和非技术特征的计算机实施的发明，欧洲专利制度规定概括发明所要解决的技术问题时，将没有技术贡献的非技术区别特征作为限制因素，或许可以平衡因两极化构造技术问题带来的不利后果。

国内一些实务工作者对于从技术问题出发，寻找改进现有技术的启示或动机这一判断路径提出质疑。该观点认为本领域普通技术人员只知晓现有技术中已知的（包括可以从已知资料中显而易见地获得的）改进最接近的现有技术的方式，"他"并不掌握当时未知的改进方法，因此本领域技术人员改进现有技术的启示或者动机只应当来源于现有技术本身，不需要考虑发明所要解决的技术问题因素。① 然而这种观点不符合常规的软件研发实践做法，计算机软件的更新迭代通常是由于在试运行或者正常运行过程中存在漏洞（Bug），或者使用者提出新的功能需求而发生，即以问题为导向的研发过程。本领域技术人员作为了解计算机领域一般知识和普通技能的人，不可能不具有从需要解决的技术问题中获得启示的能力。

在日本，否定发明的创造性时，需要综合考虑以下四个因素判断存在将次要在先技术运用于主要在先技术的动机：（1）所属技术领域的关系；（2）待解决问题的相似性；（3）操作上或者功能上的相似性；（4）在先技术的内容所呈现的建议。由 JPO 审查示例观之，针对计算机实施的发明第（2）和（3）项因素在技术启示或动机寻找环节发挥着主要作用。以"一种螺丝固定质量评估装置"为例，其中包含条件测量单元、机器学习单元和螺丝固定评估单元，当利用螺丝刀自动进行固定螺丝操作时开展质量评估。鉴于引用发明 1 与引用发明 2 均基于螺丝刀的若干不同条件评价螺丝固定的质量，

---

① 刘倜、金光华、陈华成：《创造性分析"三步法"之我见——从本领域普通技术人员的视角》，《专利代理》2018 年第 1 期。

在所属技术领域和所要解决的技术问题方面存在共同点，故此 JPO 认定本领域技术人员具有将引用发明 2 应用于引用发明 1 的动机。①

值得一提的是，中欧适用"问题解决法"判断计算机实施的发明的创造性时，关于如何确定纳入考量范围的非技术特征，有着细微差别。尽管我国《专利审查指南》规定，在进行创造性审查时，应当考虑与技术特征在功能上彼此相互支持、存在相互作用关系的算法特征或商业规则和方法特征对技术方案作出的贡献，但是并未明确认定上述非技术特征的具体规则。结合指南给出的审查示例可知，我国专利行政部门是基于申请专利的发明与最接近的现有技术之间的区别特征及其相应的技术效果，确定与技术特征在功能上彼此相互支持、存在相互作用关系的非技术特征。这可以理解为对算法特征或商业方法特征产生的技术贡献之实质审查。与我国稍有不同，EPO 分别经过初步审查和实质审查两道程序认定对发明技术性有贡献的技术特征和非技术特征。欧洲专利创造性审查程序的起点为初步判定有技术贡献的特征，所谓初步判定，意味着以第一眼的判断为基础（on a first-glance basis）即可。而"问题解决法"的第三步骤，相较于最接近的现有技术，识别区别特征和它们带来的技术效果，以这些技术效果为具体依据，可以对有技术性贡献的特征作出更加细致的判断，等同于实质审查。

既然如此，EPO 初步判定对发明技术性有贡献的技术特征和非技术特征之意义和必要性为何？这与"问题解决法"的步骤二"确定最接近的现有技术"有关，EPO 要求审查员聚焦于经初步判定有技术性贡献的全部特征，确定最接近的现有技术。理论上，存在这样的可能：某些特征在第（1）步中被认定为没有对发明的技术性作出贡献，却在进一步的审查中发现，产生了技术贡献。相反情形也

---

① JPO, Case Examples pertinent to AI-related technology, Case 35, https://www.jpo.go.jp/e/system/laws/rule/guideline/patent/handbook_shinsa/document/index/app_z_ai-jirei_e.pdf, accessed February 1, 2021.

可能出现。此时，原确定为最接近的现有技术可能会相应地发生变化。① 以上认定规则会将部分非技术特征作为认定最接近的现有技术的考量因素，有助于确保最接近的现有技术与要求保护的发明属于相同应用领域，或是公开发明的特征最多。例如，在 *DUNS LICENSING ASSOCIATES* 案中，涉及一种在卖场评估特定商品销售活动的系统，由中央站点连接至多个提供销售报告的卖场，这些卖场将销售数据传输至中央站点，用以评估至少一个未提供销售报告的卖场的产品分销和销量等销售活动情况。EPO 上诉委员会既考虑了该系统的物理架构，又考虑了作为商业分析方法组成部分的数据收集和数据评估要素，确定最接近的现有技术为一种市场分析系统。然而，在认定区别特征及其技术效果的基础上，上诉委员会认为其中一项区别特征"用于评估未提供报告的卖场销售活动的新算法和商业分析方法"，没有为任何技术问题的解决方案作出贡献，应当在创造性评价过程中予以忽略。②

第四节 影响计算机实施的发明创造性的其他因素

一 组合发明获得超出预期的协同效果

鉴于不少计算机实施的发明，特别是商业方法发明或与物联网技术相关的发明，往往是将已为现有技术披露的各个功能模块组合在一起，或是将不同物体通过公知的网络架构连接起来，构成组合发明。在物联网时代，据估计到 2025 年，约 2600—3000 万家居和办公场所的设备会配有传感器、处理器和嵌入式软件，并连接至物联网。这种物联网驱动的发明专利申请量也逐年增长，近年来我国

---

① EPO, Guidelines for Examination, Part G Chapter VII, 5.4.
② T 0154/04, Estimating sales activity/DUNS LICENSING ASSOCIATES, OJ 2008.

企业在国际上申请相关发明的增速显著。① 研究此类发明的可专利性标准，对于我国强化创新成果的知识产权保护，优化营商环境，实施企业"走出去"战略的重要性不言而喻。国内有学者认为，商业方法发明本质上是将商业方案与计算机信息网络技术方案的统一体，在要素选择、排列和搭配上类似于组合发明。故此，对于计算机实施的商业方法发明的创造性审查，也类推适用组合发明的审查方法和标准。② 另外，也有研究认为，商业方法发明的审查重点为新的信息技术与商业模式组合产生的技术效果，因而部分利用公知技术手段，以计算机软件形式呈现的商业方法发明，应当排除在专利保护范围之外。③ 那么，究竟哪些由计算机实施的发明属于组合发明，它的创造性决定因素是什么，下面结合各国或地区专利制度中关于组合发明及其创造性判定标准的规定，对这一问题展开分析。

（一）组合发明的定义

一般认为，组合发明是指将某些已知技术要素组合起来，构成一项新的技术方案，产生新的功能或效果。这些已知技术要素来自于记载现有技术的出版物中的全部或部分内容，和公知公用技术。以第四次工业革命为背景，EPO 将相关发明划分为三个主要部分：（1）核心技术，包括硬件、软件和连通性（connectivity），它们使任一物体转换为通过互联网相连的智能设备成为可能；（2）使能技术（enabling technologies），它们与相互连接的物体组合在一起使用，如人工智能、3D 系统、用户界面等；（3）开发有连接对象潜力的应用

---

① EPO, Patents and the Fourth Industrial Revolution: The Inventions Behind Digital Transformation, December 2017, pp. 10 – 13, http://documents.epo.org/projects/babylon/eponet.nsf/0/17FDB5538E87B4B9C12581EF0045762F/$File/fourth_industrial_revolution_2017__en.pdf, accessed January 26, 2021.

② 郭鹏：《金融产品专利创造性的基础审查原则》，《暨南学报》（哲学社会科学版）2013 年第 8 期。

③ 参见张平、石丹《商业模式专利保护的历史演进与制度思考——以中美比较研究为基础》，《知识产权》2018 年第 9 期。

领域，比如家居、企业、生产、基础设施、汽车等领域。①

可以预见，渐进式改善或重新组合这些已有技术，同时发掘全新的应用场景，将成为引领未来创新的重要驱动力。以桂林诉国家知识产局驳回专利复审案为例，存在争议的发明专利申请是"一种有线连接的人体网络结构、设备及通信方法"，其中关于集传感、显示、信息处理与通信为一体的混合人体网络架构权利要求，由中心控制与运算单元、存储模块、对外移动通信模块、总电源模块、具有各种功能的可穿戴式智能设备 1 到设备 n，和用以连接各个单元和模块的有线通信链路组成。该发明中的主要功能模块已被记载"一种神经元装置"的现有技术对比文件所公开，剩余区别特征：网络架构中的显示功能、具备人机交互功能的设备、高速缓存功能都是通信领域的常见功能和设备，在网络架构中集成显示功能、高速缓存功能和包含人机交互功能的设备是本领域技术人员的惯用手段。北京知识产权法院以缺乏创造性为由驳回了原告的诉讼请求。② 再如，人们日常生活中都会接触到的共享单车商业模式发明，即"一种无固定取还点的自行车租赁运营系统及其方法"，③ 其权利要求包含的技术特征有用户终端、多台装有车载终端的自行车、运营业务管理平台和车辆搬运系统，平台和系统承担的功能通过执行计算机程序指令实现，车载终端和用户终端也由具有不同功能的模块构成。单独来看，这些模块可能均属于已知的技术要素，但是它们的组合对于本领域普通技术人员而言并不一定显而易见。

（二）组合发明创造性判断标准

自 *Sakraida v. Ag Pro, Inc.* 案起一段时期内，美国法院倾向于以

---

① EPO, Patents and the Fourth Industrial Revolution: The Inventions Behind Gigital Transformation, December 2017, p. 37, http://documents.epo.org/projects/babylon/eponet.nsf/0/17FD B5538E87B4B9C12581EF0045762F/$File/fourth_industrial_revolution_2017__en.pdf, accessed January 26, 2021.

② 北京知识产权法院（2019）京 73 行初 11243 号行政判决书。

③ 专利号 CN 102063766 B。

"增效性"（Synergism）作为判定组合发明是否具有非显而易见性的标准。① 具体来讲，可以被授予专利权的组合发明，必须以新的方式组合已知技术要素，进而产生一些不曾预料到的功能或结果。但是，在 *Stratoflex, Inc. v. Aeroquip Corp.* 案中，CAFC 却否定了"组合专利"的概念，认为对"组合专利"的司法划分并没有法律依据，而且也没有任何实际意义，因为几乎所有的专利都是"组合性专利"。② 直至 KSR 案，美国联邦最高法院重申了 *Graham* 案提出的基于事实判断发明非显而易见性的原则。如果申请专利的发明是通过已知的方法将在先技术要素组合起来，同时每一个要素在组合发明中发挥的功能与它们各自所具有的功能相同，组合并未产生任何超出本领域普通技术人员预期的结果，则该组合发明不能获得专利保护。美国联邦最高法院认为，"作为支持显而易见性结论的事实证据，找到促使相关领域内普通技术人员以要求保护的新发明所采取的方式组合要素之理由，尤为关键。"③ 判断组合发明的非显而易见性，应当审慎适用 TSM 法，即使该方法的优势在于避免事后诸葛亮式偏见，但是美国法院不能因为现有技术是众所周知的，而草率地判定组合已知技术要素的技术方案是显而易见的，将更多的精力放在解释组合已知技术要素的理由和动机上是 KSR 案的要义。依靠本领域普通技术人员的常识和一般创造能力判断显而易见性，虽然具有更多的灵活性但也相对容易犯后见之明的错误。

因 EPO 适用"问题解决法"评判发明的创造性，所以在确定组合发明对于本领域技术人员是否显而易见时，需要关注的是面对发明所要解决的技术问题，现有技术的内容是否存在使本领域技术人员将它们组合起来的可能性。若组合发明中的必要因素之间有着内在的不兼容性，即使它们已经披露于两个以上现有技术对比文件中，

---

① *Sakraida v. Ag Pro, Inc.*, 425 U. S. 273, 189 USPQ 449, (1976).
② *Stratoflex, Inc. v. Aeroquip Corp.*, 713 F. 2d 1530 (Fed. Cir. 1983).
③ *KSR Int'l Co. v. Teleflex Inc.*, 550 U. S. 398, 416 (2007).

通常情况下，不能因此认定该组合发明显而易见。换句话说，组合发明在本领域技术人员看来是否显而易见，不取决于每个构成要素是否已知，而是现有技术是否引导本领域技术人员将这些要素组合起来。① 与美国相似的是，EPO 判例法也强调"协同效果"能够赋予组合发明非显而易见性，否则发明只是技术特征的聚合，由于每个技术特征都是显而易见的，导致它们的聚合或叠加同样没有创造性。② 另外，已知要素所属技术领域的关联程度也是判断组合发明非显而易见性的考量因素。本领域普通技术人员不大可能会将来自相距甚远的技术领域内的要素组合在一起。

虽然日本专利法上没有单独规定组合发明的创造性判断标准，但是依据肯定创造性的参考因素，对组合发明显而易见与否的分析结论与美国或欧洲专利法有关规定并无实质性区别。首先，日本《专利和实用新型审查指南》规定仅仅聚合在先技术的发明，即要求保护的发明中的每一个要素都是已知的，它们在功能和操作上，彼此互不相关，属于运用本领域技术人员一般创造力作出的发明。③ 这样的组合发明不具有创造性，但是如果组合发明产生了有益的技术效果，并且本领域技术人员基于在先技术无法预料到这一结果，则构成支持创造性认定的积极因素。其次，若存在阻碍将次要在先技术应用于主要在先技术的因素，但是申请专利发明克服了该阻碍因素，是为肯定发明创造性的理由。具体到组合发明，如果主要在先技术披露的要素与次要在先技术披露的要素不兼容，而发明实现了二者的结合，可以此作为有利于创造性认定的因素。

我国与美欧日在判断组合发明创造性时的考量因素基本相同，主要包括：组合后的各技术特征在功能上是否彼此相互支持、组合

---

① T 388/89, T 717/90.

② 参见李明德、闫文军、黄晖、郃中林《欧盟知识产权法》，法律出版社 2010 年版，第 345 页。

③ 日本特许厅：《专利和实用新型审查指南》，第三部分第二章第 2.3.1.2 节之 (2)。

的难易程度、现有技术中是否存在组合的启示以及组合后的技术效果等。① 这些考量因素的核心是组合发明之技术效果对于本领域普通技术人员的可预期性。在发明动机上，如果各个已知技术要素缺乏兼容性，组合难度较大，那么本领域技术人员可能不具有将已知要素组合起来的动机。在这样的情况下，很难认定现有技术中存在组合已知要素的启示。之所以考虑不同技术特征在功能上是否彼此互相支持，是为了判断发明是否产生了超出本领域普通技术人员预期的技术效果，而组合难易程度和技术启示也可用于推理技术效果的可预期性。总之，组合发明创造性判断的落脚点在于技术效果的可预期性。

（三）组合型计算机实施的发明之创造性分析

相比于化学和生物技术领域，涉及计算机软件的发明专利申请中，大部分要素均是已知的，这些已知要素组合的结果往往也是可以预料的，因为它们组合在一起之后，并未改变各自的功能。② 在物联网背景下，简单组合已知技术要素的软件相关发明通常无法产生不可预期的效果，除非发明以一种全新的方式连接其所包含的各功能模块。正如白而强与北京海西赛虎信息安全技术有限公司、福建伊时代信息科技股份有限公司侵害发明专利权纠纷案中法院所述，在计算机程序领域中，相关发明对于现有技术的贡献主要在于各个功能模块架构之间的连接关系等而形成的新的技术方案。③ 再如，浙江建林电子电气股份有限公司诉国家知识产权局专利无效宣告案中，虽然涉案专利是"一种智能化交通指挥系统"的实用新型专利，对于实用新型专利的创造高度要求低于发明专利，但是它们的创造性判断原理相同。法院认为涉案专利将数字矩阵处理器、重量检测装置以及摄像头按照它们各自原本具有的功能纳入交通指挥系统，只

---

① 国家知识产权局：《专利审查指南》，第二部分第四章第4.2节。
② Sung Hoon Lee, "Non-Obviousness in Combination Patents after KSR", *Federal Circuit Bar Journal*, Vol. 26, 2016, p. 271.
③ 北京市第一中级人民法院（2012）一中民初字第12503号民事判决书。

是已知技术特征的简单叠加，由此产生的技术效果也是本领域技术人员可以预见的。①

此外，无论作为已知要素的计算机程序以哪种语言撰写，都不足以成为本领域技术人员借助编译器和解释器等工具实现已知要素组合的障碍。至于计算机实施的商业方法发明的创造性判断，遵循整体考虑原则，其审查重点不应在于商业部分或是技术实施部分，还是它们的结合具有创造性，而是在本领域普通技术人员看来，各个要素的连接关系和整体结构是否显而易见。以共享单车为例，它所实现的在任意地点取还租赁自行车的技术效果，来自于已知功能模块之间超乎意料的组合方式和架构，而架构既体现了商业方法步骤，又有赖于具体的计算机、网络和大数据技术。

诸如提高处理速度、提升处理数据容量、减少错误等结果，通常属于根据申请时的在先技术可以预见的效果。当然，针对计算机软件领域的组合发明，也不能完全依靠组合发明产生的技术效果评判其创造性，否则容易陷入后见之明的偏见中。② 这也是为何美国法院适用 TSM 测试法判定发明显而易见与否时，要求阐述促使本领域技术人员作出要求保护的发明的理由。联邦最高法院在 KSR 案中也表达了类似的观点。这里的理由仍然应当以技术性内容为主，如现有技术中有相反的技术启示或阻害要因等。而以商业成功为动因，改进产品或方法几乎是无人不知的基本常识，此时可以肯定存在组合已知要素的动机，法院应当进一步追问普通技术人员掌握的知识和技能是否使他能够组合在先技术要素。③

在人工智能应用领域，也可能存在组合已知要素后形成的发明，将人工智能技术组合起来生成吸纳了各项技术优势的混合智能系统。

---

① 北京知识产权法院（2019）京 73 行初 12709 号行政判决书。

② Christopher A. Cotropia, "Predictability and Non-obviousness in Patent Law after KSR", *Mich. Telecomm. &Tech. L. Rev.*, Vol. 20, 2014, p. 428.

③ DyStar Textilfarben GmbH & Co. Deutschland KG v. C. H. Patrick Co., 464 F. 3d 1356, 1368（Fed. Cir. 2006）.

例如，神经网络和模糊逻辑的组合，或称为"神经模糊系统"，已经广泛适用于医疗诊断等领域，该系统可以吸收一般神经网络中出现的某些噪声。① 再如，一种执行"YN 算法"的合规机器人，为用户提供法律检索和律师咨询等服务。② 这类发明均以算法为中心，算法与应用领域的结合可以提高人们智力活动的效率，为人们日常生活和工作提供便利。特别是在我国目前的人工智能技术发展阶段，优势领域在于人工智能算法的应用，而非算法本身的研发和创新，因此相关发明中所用的算法大部分属于已知要素，算法应用领域的活动更是凝结了本领域技术人员在长期工作中积累的专业经验，人工智能应用创新成果类似于组合发明。对于它们的创造性审查同样适用上述标准，强调算法应用效果的不可预期性，论述本领域普通技术人员有无可能或理由组合这些要求保护的已知要素时，考虑申请时发明所属技术领域的客观情况，判断是否存在技术阻碍，这可以作为发明产生本领域技术人员意料之外的技术效果之论据。举例言之，在人工智能专家系统中，架构的局限性往往限制了这些系统的有效执行。从黑板架构到分布式架构，允许系统处理更为复杂的数据，实现多智能体规划任务，如 MIT 的 V. Lesser 团队开发的最具影响力、相对早期的分布式人工智能系统"分布式车辆监测测试"在当时产生的技术效果对于本领域普通技术人员来说是超乎预料的。③

除此之外，以智能化作为广告宣传和吸引销售者的商业噱头，简单地将已知的算法和编程技术从一个应用领域挪用至另一个应用

---

① Georgios Dounias, "Hybrid Computational Intelligence in Medicine", https://www.researchgate.net/publication/228596764_Hybrid_computational_intelligence_in_medicine?_sg=oiVpi4-e9Oxbk4Wj8es6DsvphUCEyI1QJIp9em9BRa92FlkCebVU5NYJnmn0nzPbPnJrn9tY9XyCbBw, accessed January 29, 2021.

② 傅毅冬、王雨情：《"智能律师"包含算法特征发明的创造性判断》，《中阿科技论坛》2020 年第 10 期。

③ ［美］史蒂芬·卢奇、丹尼·科佩克：《人工智能》，林赐译，人民邮电出版社 2018 年版，第 188 页。

领域而产生的发明，通常只会产生本领域普通技术人员容易想到的技术效果。因为与人工智能相关的发明所属技术领域具有跨学科属性，本领域技术人员掌握的知识和能力不仅涉及计算机领域，也涵盖医学、生物、法律等算法应用领域的知识，他们很容易想到根据应用领域和拟解决问题的特点，选择合适的算法和程序语言。的确，人工智能与其他技术领域的深度融合已成趋势，若是以过于宽松的尺度认定现有技术中存在组合已知要素的启示，会导致许多人工智能发明创造无法获得专利保护，[①]与鼓励人工智能技术创新的公共政策相悖；然而如果为"人工智能+应用场景"的发明设定过低的非显而易见性标准，一方面无法适应本领域技术人员的真实技术水平，毕竟信息技术的进步已然赋予了技术人员更高的信息检索和数据处理能力；另一方面，考虑到软件产品更新换代周期较短，高估组合已知要素的人工智能发明的非显而易见性，会导致大量低质量发明涌入专利权划定的保护圈，为同领域其他竞争者改进技术增加了不必要的负担，也难以满足消费者选择物美价廉的产品或服务的多样化需求。

二 功能性描述材料

这里所说的"功能性描述材料"是借用 USPTO 发布的《与计算机相关的发明审查指南》中的概念，指的是由计算机程序和数据结构组成的材料，并且作为计算机的一个部件运行时，带来某种功能性。与之相对的是非功能性描述材料，它不能展现任何与计算过程执行方式之间的功能性关联，包括但不限于音乐、文字作品和数据汇编或仅仅是一种数据整理。对于计算机相关发明的创造性审查应当仅仅关注功能性描述材料，[②]也就是计算机程序和数据结构，或者

[①] 李想：《人工智能参与发明的授权问题探究》，《科技进步与对策》2020年第15期。

[②] 董成良：《软件专利及其创造性》，《网络法律评论》2003年第3期。

更确切说,是算法和数据结构。

(一) 算法的充分公开

就计算机实施的发明而言,算法的重要性不言而喻,它定义了计算机如何通过一系列操作实现特定的功能或目标。在涉及算法的技术方案中,为了提高计算的准确性,采用不同的参数指标和计算方法。对于这类发明之创造性的判断,不能忽略相应的参数及计算方法特征,考量参数的选择、算法的改进等计算方法相关的特征与其他技术特征之间的联系,从而确定算法特征在整个技术方案中所起的作用和达到的技术效果。而且由于算法涵盖演绎和推理步骤,因此在表现形式上有可能存在差异,但实际求解得到的结果相同。将申请专利的技术方案与现有技术比较时,不宜按照算法的表现形式进行简单机械对比,而是应当根据有关的数学知识分析两者实质上是否相同。这一过程有赖于专利权利要求书和说明书中算法公开的充分程度。

然而计算机实施的发明专利权利要求一般会包含功能性特征[1],无论是按先后顺序描述的方法权利要求,还是按功能模块架构撰写的虚拟装置或产品权利要求,其中的功能性特征会紧跟在没有具体形状和结构的虚拟部件之后,如表述为"所述的自行车锁模块用于用户进行身份认证及自行车防盗"、[2]"所述控制层解析和维护语义关联并基于语义关联对多个开发人员的分布式操作进行协同管理"。[3] 这些虚拟装置/模块本质上是由计算机程序构建而成。同时,伴随着计算机软件产业的飞速发展,描述这类功能性特征经常会使

---

[1] 《最高人民法院关于审理侵犯专利权纠纷案件应用法律若干问题的解释(二)》第 8 条第 1 款规定:"功能性特征,是指对于结构、组分、步骤、条件或其之间的关系等,通过其在发明创造中所起的功能或者效果进行限定的技术特征,但本领域普通技术人员仅通过阅读权利要求即可直接、明确地确定实现上述功能或者效果的具体实施方式的除外。"

[2] "一种无固定取还点的自行车租赁运营系统及其方法",专利号为 CN 102063766 B。

[3] "一种基于语义关联的 PaaS 协同系统",专利号为 CN101866286B。

用一些尚未获得相关技术领域通常含义的全新表达，为审查员和法官合理解释权利要求、清晰界定发明专利的保护范围提出了严峻的挑战，甚至演变成为了专利权人扩张其垄断独占权的工具。① 尽管包括我国在内的各主要国家或地区专利制度均规定了功能性限定权利要求应当得到说明书的支持，所属技术领域的技术人员能够从说明书充分公开的内容中得到或概括得出要求保护的技术方案。但是实践中面临的困惑是如何衡量说明书中公开的计算机程序是否符合以上要求。我国新修改的专利审查指南对这一问题作了进一步的阐释，要求对于包含算法特征的权利要求，说明书中记载的"至少一个参数的定义应当与技术领域中的具体数据对应关联起来"。② 至于算法本身是否应当公开，若需要公开算法，以何种形式公开，公开到何种程度满足《专利法》第26条第3款和第4款的规定使本领域技术人员能够实施等具体问题未作出明确的回答。

1. 创造性审查与说明书公开要求相互交织

说明书充分公开既是授予专利权的独立要件之一，在逻辑顺序上，也是进行专利适格性和"三性"（新颖性、创造性和实用性）审查的前提。正如北京市高级人民法院在"小i机器人"案中所作的判决，说明书应当公开使专利申请具有创造性的技术特征。③ 我国专利审查部门采取以"三性"评判为主线的审查政策，判断说明书是否充分公开也需要考虑"三性"要件，说明书中应披露申请专利的发明在现有技术基础上做出的贡献，或称"发明点"。④ 实务中，在以下几种情形中可能出现创造性要件与说明书充分公开要件的交叠：（1）因说明书中未记载发明获得的技术效果，或者所作记载不

---

① 参见王晓燕《云计算专利法律问题研究》，博士学位论文，上海交通大学，2014年。
② 国家知识产权局：《专利审查指南》，第二部分第九章第6.3.1节。
③ 北京市高级人民法院（2014）高行知终字第2935号行政判决书。
④ 万琦：《说明书公开的若干问题研究——以"小i机器人"案为基础》，《知识产权》2015年第5期。

清楚、不真实而被评价为不具备创造性；（2）创造性与说明书充分公开判断中，因技术问题的认定不一致而可能产生论理冲突；（3）适用"三步法"判断发明创造性时，不考虑未在说明书中得到验证的技术效果而确定发明实际解决的技术问题，笼统化概括技术问题造成发明对于本领域技术人员来说显而易见。①

在美国，针对软件相关的专利申请，说明书中的算法只需要公开必要的起决定性作用的结构以使本领域普通技术人员可以理解。② 20 世纪 90 年代，CAFC 作出的许多判决认为软件专利权人不需要公开源代码或者目标代码、流程图或详细描述获得专利保护的程序。高水平的功能性描述足以满足可实施以及最佳模式要件。一般情况下，美国法院认为机算机程序员完全可以通过展现某种功能来想象有效代码。如是说，在软件领域，满足公开要件所需的具体技术细节并不多。换言之，本领域技术人员具有较高的技术水平，进而导致计算机实施的发明容易被判定为显而易见的改进技术方案而不予专利保护。可见，本领域普通技术人员将发明专利的创造性或非显而易见性要件与公开要件紧密联结起来，它们彼此之间存在着相互制约的反作用。

若专利法为计算机实施的发明专利设置较低的公开标准，尤其是在缺少人类可读的源代码或者其他文件的情况下，则会加剧该领域的反向工程。现实中反向工程在软件领域十分常见，如此易引发侵权纠纷。通过反编译一个被授予专利权的计算机程序可以实现反向工程，当计算机程序本身被撰写为装置权利要求时，这样的行为存在一定的专利侵权隐患。反向工程不仅涉及软件专利的使用行为，还会构成计算机程序专利的制造行为，因为在此过程中，计算机的随机存储器中会产生一个临时的计算机程序功能性复制件，有时还

---

① 高雪：《专利创造性与说明书充分公开的界限》，《人民司法》2020 年第 16 期。
② *AllVoice Computing PLC v. Nuance Commc'ns*, *Inc.*, 504 F. 3d 1236, 1242, 1245 (Fed. Cir. 2007).

会在永久性存储器中产生一个长期的复制件。① 然而从社会福利的角度看，反向工程有助于改进创新成果，增强社会整体技术水平。基于专利权人与社会公众之间利益平衡原则，法院可能会采取的司法政策是抬高计算机实施的发明专利之创造性门槛，致使只有少部分软件可以落入专利权保护范围。

一般来讲，计算机程序执行的算法可视作相关发明的结构或步骤，若不予公开计算机程序的算法，难以准确判断发明是否只是使用了已知技术手段或者常规技术手段的替换实现了本领域技术人员可预期的技术效果。在 *Sony Corp. v. Iancu* 案中，双方同意发明中的"再生装置"的功能是"再生由存储在存储装置上的系统默认值所指定频道的声音数据"，却对该功能的相应结构发生争议。索尼公司认为再生功能对应的结构应为计算机，相关算法是实施要求保护的功能所必需的；而 PTAB 则认为该因素是在控制器或合成器等硬件上执行因而不需要任何算法。CAFC 在判决中指出，若如 PTAB 所认为的那样，再生手段是通过硬件实施的，那么说明书应该描述用于执行要求保护功能的控制器电路，但说明书并没有公开这些内容。故而 CAFC 支持了索尼公司的主张，同时以 PTAB 没有审查认定的在先技术是否公开了要求保护的算法为理由，撤销 PTAB 的裁决。②

2. 算法的公开形式

在算法的公开形式上，我国《专利审查指南》规定涉及计算机程序的发明专利申请的说明书应当给出该计算机程序的主要流程图，并按照时间顺序以自然语言对该计算机程序的各步骤进行描述。必要时，申请人可以提交用惯用的标记性程序语言简短摘录某些关键部分的计算机源程序。③ 就计算机实施的发明申请欧洲专利，其说明书撰写的形式要求与我国专利行政部门的规定基本相同。与其他技

---

① Dan L Burk and Mark A Lemley, "Policy Levers in Patent Law", *Va L Rev*, Vol. 89, 2003, pp. 1691–1692.

② *Sony Corp. v. Iancu*, 924 F. 3d 1235 (Fed. Cir. 2019).

③ 国家知识产权局：《专利审查指南》，第二部分第九章第 5.1 节。

术领域内的发明一样，计算机实施的发明专利说明书主要以书面语言形式撰写，流程图或其他形式的说明 EPO 不作硬性要求，它们的作用是辅助本领域技术人员理解发明。此处的本领域技术人员应当视作掌握一般编程技能的人，而非在特定编程语言方面的专家。[①] 关于算法的定义，有着各种不同解释，产业界普遍认为算法是"为解决逻辑或数学问题，或者执行某种任务所限定的一系列步骤。"[②] CAFC 确认专利申请人可以采取任何可理解的措辞表示计算机程序算法，包括数学公式、文字叙述、流程图或其他任何能够提供足够结构的方式。[③] 日本的做法与美国接近，对于软件相关发明详细描述的形式持相对开放的态度。无论利用何种形式说明计算机实施的发明的算法，目的在于通过这种形式的阐述，使算法的公开程度符合专利法规定。

为了应对因算法的黑箱而导致的人工智能相关发明专利说明书公开不清楚的问题，有国外学者建议像微生物专利申请那样建立一个存储系统。存储的人工智能模型通过数字化方式提交至专利局，其中应当包括人工智能系统中的重要组成部分，如代码、数据和输出结果等，用于存储的人工智能模型实际上相当于一个展示柜，从而说明该人工智能客体及其工作原理、如何制作和使用人工智能辅助工具、各组成部分代表的含义。[④]

3. 算法的公开程度

在算法的公开程度上，我国和欧洲专利制度只对功能性限定发明应达到的公开程度以满足可实施要求作出了原则性规定，即"该功能或者效果能通过说明书中规定的实验或者操作或者所属技术领

---

① EPO, Guidelines for Examination, Part F Chapter II, 4. 12.

② Microsoft Computer Dictionary (5th ed., 2002).

③ *Finisar Corp. v. DirecTV Grp.*, Inc., 523 F. 3d 1323, 1340 (Fed. Cir. 2008).

④ Shlomit Yanisky-Ravid and Regina Jin, "Summoning a New Artificial Intelligence Patent Model: In the Age of Pandemic", https://papers.ssrn.com/sol3/papers.cfm? abstractid = 3619069, 30 June 2020.

域的惯用手段直接和肯定地验证",① 或者说"本领域技术人员不需要运用创造性技能即可毫无困难地得出实现该功能的一些手段"。② 而美国和日本在功能性特征的一般规定之外,还就计算机实施的发明专利权利要求书和说明书的撰写与审查有针对性地提出了特殊要求。

美国专利法第112条规定的有关说明书的要求,可以进一步细分为三项具体的要求:(1)对于发明的书面描述,向本领域技术人员表明发明人在申请时已经获得了要求保护的发明;(2)制作和使用发明的方式和步骤(可实施要求);(3)发明人实施发明的最佳模式。③ 判断说明书是否对计算机实施的功能性限定权利要求作了充分披露,尤其是衡量是否公开了用以执行特定功能的算法或者步骤/程序的足够细节,因权利要求的实质和范围以及相关技术的复杂性和可预期性不同而变化。由于计算机硬件和软件之间既相互联系又彼此独立,需要同时考虑计算机实施的发明中软件和硬件的公开程度。在说明书中以非功能性以及非模糊性用语表述具体的算法,是区分仅仅具有通用功能的计算机与执行特定功能的计算机之首要因素。例如,在 *Net MoneyIN, Inc. v. VeriSign, Inc.* 案中,CAFC认定说明书中所述"银行计算机"(bank computer)不足以构成支持权利要求中功能性要素"装置,用于产生授权标记"(indica)的结构,原因在于说明书未能披露使通用计算机实现指定的具体功能的算法;④ 另一个案件中,CAFC以同样的理由,判定说明书记载的"软件"不足以构成支持权利要求中功能性要素"数据库编辑装置,用于产生……和嵌入……"的结构。⑤ 再者,关于美国专利法上披露最佳方案的要求,其目的是限制发明人在申请专利时,向社会公

---

① 国家知识产权局:《专利审查指南》,第二部分第二章第3.2.1节。
② EPO, Guidelines for Examination, Part F Chapter IV, 2.1.
③ USPTO, MPEP, § 2161.01.
④ *Net MoneyIN, Inc. v. VeriSign, Inc.*, 545 F.3d 1359, 1365-67 (Fed. Cir. 2008).
⑤ *Finisar Corp. v. DirecTV Group, Inc.*, 523 F.3d 1323, 1340-41 (Fed. Cir. 2008).

众隐瞒他们实际构想的更优实施例。作为一般规则，在软件构成实施发明的最佳方式的情况下，公开软件的功能即满足描述最佳方案的要求。这是因为通常来讲，撰写该程序的代码属于本领域内普通技术水平，不需要过度的试验。一旦软件的功能被公开，流程图或源代码清单对于充分披露软件的功能而言并不是必需的。[1]

另外，《日本专利和实用新型审查指南》中规定，仅通过功能框图或流程示意图阐释硬件或软件如何执行要求保护的发明相应功能，而不清楚硬件或者软件如何配置，导致本领域技术人员基于申请时的公知常识依然无法理解该发明，因此发明不具有可实施性。[2] 以一种预测未来交易波动的系统为例，该系统权利要求一般表述为"一种交易波动预测系统，包括……装置；……装置；计算装置，用于以有序交易数据为基础，计算预测的交易；权重装置，用于交易波动的加权分析，这种加权分析产生于经济学家以一种源自游戏原理的数学评估方法为基础，进行的交易预测；用于显示加权预测交易的装置"。说明书中只采用流程图的形式表明各个功能性装置，却没有记载反映权利要求中提到的数学评估方法相关数学表达式，以及执行数学表达式的软件。此时，除流程图之外，说明书中还需阐释特定数学公式及其细节，而且评估的先决条件和个人行为模式等也是不可或缺的。可见关于算法披露的具体形式，不宜固化为流程图、数学表达式或文字描述等某种形式，而是应当根据权利要求的内容和技术复杂程度选择合适的公开形式。

目前，我国《专利审查指南》强制性规定申请人以流程图和自然语言两种方式描述发明中涉及的计算机程序，实际上就是对程序算法的描述，开放算法公开形式不意味着降低描述的详细程度，不

---

[1] *Fonar Corp. v. Gen. Elect. Co.*, 107 F. 3d 1543, 1549 (Fed. Cir. 1997).
[2] 日本特许厅：《专利和实用新型审查手册》，附录 B 第一章第 1.1.1.1 节之(2)。

排除一部分计算机程序的算法以数学表达式和自然语言描述的方式更容易为本领域技术人员理解和实施。不管以何种方式公开计算机程序的算法，立法所追求的是本领域的技术人员能够参照说明书编制出能够实现所述技术效果的计算机程序，确保社会公众获取到相关技术方案，并且在此基础上从事创新，推动社会整体技术进步。此外，需要警惕的是一些专利申请人为了规避功能性特征带来的不利后果，倾向于将功能性特征与计算机硬件捆绑在一起，而不必在说明书中披露构建虚拟装置/模块的计算机程序算法。如"一种使用触控屏幕解锁设备的方法，包括沿着屏幕上的一些点触控屏幕，其中的手势与之前存储在设备中作为密码的手势相符。"① 该权利要求中没有"解锁装置"的表述，而是将解锁功能与触控屏幕相结合，这里的触控屏幕已不再是仅具有一般功能的屏幕，而是通过执行预先设定算法实现特定功能的硬件。因此，权利要求中的"计算机"或者其通用组件（如处理器）并不一定能免于被认定为功能性限定权利要求。强调说明书中公开所涉程序算法的足够细节，意味着允许后进入市场的经营者，开发能够实现相同目标的不同算法，参与到市场竞争中来。对于专利申请人来讲，充分披露计算机程序的算法，可以减少基于现有技术以缺乏新颖性或创造性为由驳回申请或宣告无效的概率，相比于现有技术已公开了相同的算法，更为可能的是现有技术对比文件记载了同样的功能或目标。

（二）功能性数据

一项人工智能系统主要由以下六个部分构成：（1）数据收集技术以及为特定目标或改进确定需要收集的数据类型；（2）预处理步骤，向模型投喂数据，提取数据特征；（3）学习方法和重复向模型投喂输入数据的过程；（4）模型本身，具体包括它的结构、权重、系数、特征和联结关系；（5）个性化定制和改进已有的模型；（6）对该

---

① Mark A. Lemley, "Software Patents and the Return of Functional Claiming", *Wis. L., Rev.*, 2013, pp. 949–950.

模型的输出进行事后处理和解释。① 在人工智能领域,可以将已经存在的训练模型重复利用并调整,从而实现对相关任务的改进。具有不同权重和超参数的人工智能备选模型,甚至是极小的拓扑差别,可能是为了特定目的用同一个数据集进行训练,尽管仍然是以同样的方式发挥实质性功能,却可以更高的准确率生成想要达到的结果。从技术角度看,仅公开已知模型的结构不足以使本领域普通技术人员将申请专利的模型应用于实践,发明人可能还要公开模型的权重和系数,或者公开训练数据集并提供训练方法使技术人员能够训练学习算法并运用该模型。②

数据样本是开展"大数据"模式检测,保证机器学习的丰富性和多样性的前提条件。但是,机器学习模型是建立在那些预先计算的特征基础上,而不是向它们投喂未经加工的数据,这有赖于"数据标记员"的人工劳动。通用数据本身也并不属于计算机实施的发明之可专利性评价范畴,只有能够控制数据处理设备运行的功能性数据才具有技术性贡献,内容和含义仅仅与人类用户相关的数据为认知性数据,这些认知性数据无法产生技术效果。诚然,算法应用研发过程中采用的基础算法大部分为现有技术,然而根据应用场景和数据特点不同,系统开发人员会进行算法的改进,比如参数设置、公式优化等,因此有观点认为创造性判定中应认可数据处理规则与特定应用场景之间的关联。③ 对于未与任何具体应用领域相结合的抽象数学建模方法,各国和地区专利法均认为它构成抽象思想或智力

---

① Christopher J. White & Hamid R. Piroozi, "Drafting Patent Applications Covering Artificial Intelligence Systems", ABA, https://www.americanbar.org/groups/intellectual_property_law/publications/landslide/2018-19/january-february/drafting-patent-applications-covering-artificial-intelligence-systems/, accessed October 22, 2021.

② Mehdi Poursoltani, "Disclosing AI Inventions", Tex Intell Prop LJ, Vol. 29, 2021, p. 63.

③ 姚川、唐顺梅、周雯菁:《大数据技术发展中的专利保护问题及其应对策略》,《科技创新与应用》2019年第26期。

活动规则，那么诸如可重复利用性、平台无关性和记录便利性等模型内在的属性都不能视为技术效果，① 它所处理的数据自然也没有为发明的技术效果作出任何贡献。

在不同技术领域内利用深度学习算法构建模型，训练样本数据本身不会带来技术效果，对于它的选择和处理是否具有技术贡献需要具体问题具体分析。训练数据集是完成某项智能任务的人为示例，规模庞大的训练数据集是提高神经网络训练精度的必备要素。人工智能领域的部分专家预测深度学习的下一项突破，不大可能来自于全新的概念发现，而应来自于特定专业领域内一个新的大型数据集。JPO新近发布的《人工智能相关技术特许审查事例》规定若增加用于机器学习的训练数据产生了显著效果，则应当肯定该训练数据选择的创造性；反之，若对训练数据所作的更改只是已知数据的组合，且不能确定它产生了显著的效果，则该训练数据选择缺乏创造性。除此之外，对训练数据进行预处理是影响发明创造性的积极因素。② 可见，有关应用机器学习算法的发明，其中输入数据的步骤是否纳入创造性评价范围，依然取决于它对发明技术性的贡献，判断基准没有发生变化。与之相应，JPO要求人工智能相关发明的专利说明书中公开训练数据中不同类型数据之间的相互关系，公开的方式包含统计信息、经过训练的人工智能模型实验评价，除非根据申请时的公知常识可以推知它们彼此间的相关性。

实际上，能够为计算机及其组件运行、改进计算机性能的数据通常不是原始数据，而是经过加工处理的数据，它们与具体的技术实施手段结合，获得了技术效果，故而应当作为创造性判断的考量因素。如利用卷积神经网络CNN模型训练方法处理图像数据，在此

---

① T 1171/06, Objekt-orientierte Modellierung/BOSCH, 2010.

② JPO, Case Examples pertinent to AI-related technology, https://www.jpo.go.jp/e/system/laws/rule/guideline/patent/handbook_shinsa/document/index/app_z_ai-jirei_e.pdf, accessed February 1, 2021.

过程中需要基于类别误差，对模型参数加以调整，调参的手段是依靠工程师对于算法的理解和经验的积累进行手动选择，也可以借助网格搜索等方法得出最佳超参数组合。尽管参数调整是一项相当繁琐的工作，却可以通过优化使模型获得准确度更高的预测结果，其间开发人员付出了创造性劳动。参数本身反映了人为设定的规则，属于一种与计算机技术紧密结合的非技术特征，它嵌入计算机程序中从而成为计算机数据处理的对象。① 或者可以这样理解，调整优化后的模型参数与其他技术特征功能上彼此相互支持、存在相互作用关系，理应作为一个整体考虑发明的创造性。

对于部分涉及复杂技术领域的庞大人工智能项目，前期的数据收集通常会经历一个很长的历史过程。人工智能软件研发公司将为此付出昂贵的经济成本，它们并不希望公开有价值的数据集，转而将用于训练模型的数据集或者大数据作为商业秘密保护。由于竞争者可以使用此前已经被研发公司申请专利的模型或数据集，补充其自身所拥有的较小数据集，重新构建更加有效的人工智能模型。因此，数据集的公开可能被竞争对手利用造成不利于自身的后果。若专利制度要求公开人工智能相关发明的数据集，那么应当如何缓解数据集公开与竞争优势之间的冲突关系？对此，有学者建议通过其他激励机制补偿因抬高人工智能专利公开标准而给专利权人带来的损失，如采取政府资助、免税优惠政策、消费税减免和补贴等措施。②

三　产业政策是决定创造性宽严尺度的根本因素

理论上，发明创造性审查应为客观事实判断。正是以此为出发点，各国专利制度均引入现有技术和本领域普通技术人员的概念，

---

① 张政权：《机器学习及其商业和医学诊断方法的可专利性——关于人工智能领域的专利申请及保护》，《专利代理》2019 年第 4 期。

② Ted M. Sichelman, "Patents, Prizes, and Property", *Harv. J. L. & Tech.*, Vol. 30, 2017, pp. 280–281.

限制审查员或法官仅凭借个人知识、经验和直觉评判发明的技术贡献程度。但是，再严密的创造性判断方法也无法完全杜绝主观因素的介入。就我国和欧洲专利组织适用的"问题解决法"而言，其中涉及的最后一步"显而易见性"的认定，难免需要依据人为设定的宽严尺度。显而易见的发明创造范围的划定首先应当符合专利法的立法目的。

（一）立法目的

我国《专利法》第1条规定："为了保护专利权人的合法权益，鼓励发明创造，推动发明创造的应用，提高创新能力，促进科学技术进步和经济社会发展，制定本法。"美国宪法第1条第8款第8项规定："为了促进科学和实用技术发展，国会有权保障作者和发明者在有限期间内就他们各自的作品和发现享有专有权。"显然美国宪法授权国会制定专利法的根本目的是促进科学和实用技术发展，在该立法宗旨的指导下，众议院在2011年发布的有关发明法案的说明中指出，美国专利法的两个具体目标：一是通过专利授权激励发明者；二是作为授予专利权的交换，要求披露有关发明，使公众立即获悉发明的细节，既有利于社会也有利于未来的发明者。[①] 《日本专利法》第1条规定："本法的目的是通过促进发明的保护和利用，鼓励发明创造，从而推动产业发展。"[②] 由此可知，各国专利法均以促进产业和社会经济发展作为终极目标。从功利主义角度解释知识产权正当性基础，实质上是站在知识产品使用者的立场，为了社会整体福利，认为只有保护知识产品创造者的合法利益才能确保市场上充足的知识产品供应。[③] 保护发明人一定期限内的独占权，增加发明的

---

① *American Invents Acts*, House Report, 112th Congress, 1st Session, p. 38.

② 日本原文：特許法，第一条　この法律は、発明の保護及び利用を図ることにより、発明を奨励し、もつて産業の発達に寄与することを目的とする。

③ Nicholas A Smith, "Business Method Patents and Their Limits: Justifications, History, and the Emergence of a Claim Construction Jurisprudence", *Mich. Telecomm. Tech. L. Rev.*, Vol. 9, 2002, p. 181.

可利用率，都是实现社会利益最大化的手段而已。因此，立法者和执法者界定和解释发明的保护范围时，应当谨慎考虑不同保护强度带来的各种社会和经济效果。

受专利法保护的技术发明种类多样，从新兴产业中发现的基本认知，到对于既有产品的细微改进，都有可能加入到专利"圈地运动"中。具体到某个发明是否会落入专利权保护范围由该发明自身的两个特征所决定：其一，它们可以在多大程度上实现消费者此前完全未曾获得满足的需求；其二，与此前出现的替代品相比，它们的价格便宜程度，或操作有效程度。① 与此同时，出于逐利心理，一项问题解决方案的商业吸引力越高，社会公众对它的呼声越强烈，它免于遭受显而易见性攻击将变得更为困难。② 美国商业方法专利保护历程恰好印证了这一论断。"互联网+"商业模式刚刚兴起时，新产品或服务为消费者带来了极大的便利，回应了社会需求，故而专利法对此类发明创造持相对开放包容的态度。随着商业方法发明的推广和相关技术的成熟，一方面同类产品投资者逐渐增多，后续投资者通过改进发明获得新的专利权，但他收回的投资努力回报往往受制于人；另一方面基础发明的重要性大打折扣，容易招致专利无效挑战，产业政策制定者可能会尽力压缩独占权，制止发明人的垄断行为，从而保持市场竞争活力。

相较于传统软件相关发明，依赖于大数据、人工智能算法和物联网的新发明尚处在技术上升期。在世界范围内，涉及人工智能的发明整体上可以分为两类，一类是人工智能算法作为计算机实施的发明技术内容的组成部分；另一类是将人工智能作为辅助性工具参与发明创造，其中也包括利用免费开放的平台辅助软件研发，或使

---

① William Cornish, David Llewelyn, Tanya Aplin, *Intellectual Property: Patents, Copyright, Trade Marks and Allied Rights*, London: Sweet & Maxwell, 2013, p. 145.
② David Vaver, Lionel Bently, *Intellectual Property in the New Millennium*, Cambridge University Press, 2004, p. 93.

用智能设备自动生成计算机领域技术方案。① 统计数据显示,美国大约从 2000 年起进入人工智能快速发展时期。② 而我国人工智能产业起步较晚,于 2014 年开始发展势头强劲。无论是处于技术先进行列的美国,还是正扮演追赶者角色的中国,从两国人工智能相关发明专利申请量和授权量同步增长的趋势可知,两国对于人工智能技术都实行积极的亲专利政策。不仅是中美,日本和欧盟等主要国家和地区同样如此,可以说人工智能领域俨然成为国际竞争的新战场。

(二) 产业政策

正是由于专利法之立法目的落脚点在于促进科学技术进步和经济社会发展,授予专利权的实质性条件,尤其是创造性标准根本上由特定时期的产业政策所决定,产业政策的制定须充分考虑本国经济发展阶段、市场需求、历史文化条件、国际环境和政治因素等客观情况。专利创造性标准的历史演进反映了经济政策和科技进步带来的影响。囿于科技和工业发展水平,美国 1952 年《专利法》前的专利制度并没有将"非显而易见性"作为专利授权条件。进入到 21 世纪,为了加强非显而易见性判断的客观化,使获得专利保护的发明与其实际技术贡献相匹配,美国联邦最高法院通过 *KSR* 案实质提高了专利授权门槛。统计数据表明,*KSR* 案判决生效后的两年半时间内,地区法院作出的 81%"显而易见"的事实认定得到了 CAFC 的支持;却只有 53%的"非显而易见"事实认定被维持。③

就计算机实施的发明而言,对于其可专利性标准的设置是为了

---

① 参见李新凤《与人工智能相关的发明专利授权条件研究》,博士学位论文,湘潭大学,2019 年。

② USPTO, *Inventing AI: Tracing the Diffusion of Artificial Intelligence with U. S. Patents*, pp. 12 – 13.

③ 李宗辉:《专利"三性"标准的历史演进及其启示》,《电子知识产权》2015 年第 6 期。

辨别那些不需要刺激投资，授予独占权反而会导致交易成本增加的小发明及"垃圾发明"。考虑到最新的计算机程序语言及其翻译和算法的发展也离不开大量的资金投入，其中涉及的基础研究尤为如此。国外开展的一项实证研究显示，虽然小型IT企业的专利意识比较薄弱，但是专利对于吸引风险投资有着重要意义，大多数小型公司的知识产权部门均认为专利保护的对象应扩展至软件本身。与初创企业相比，专利制度对于大型企业研发新产品的积极性有着更大的影响。假如没有专利保护，它们的研发活动会减少1/3左右，产品销售额也会相应地下降1/4。[①] 可见，专利问题不仅是法律规范，也涉及产业运营政策，在经济全球化背景下，还与国家层面的政治战略密切相关。

计算机软件、人工智能等新兴技术的专利保护水平受到相关产业政策的调控，并不意味着改变可专利性传统理论和所涉概念的基本含义，只是要求专利行政和司法部门进行宽严尺度的衡量时，将产业发展现状和需求纳入动态考量范围。基于产业政策的视角分析计算机实施的发明之可专利性，应当辩证地看待这一问题。一方面，大力推动人工智能产业发展已成为包括我国在内的世界主要国家的战略目标，鉴于前述专利制度对于技术研发和创新、经济实力提升的积极作用，专利法应当为这类发明创造留下足够的发展空间，特别是在核心算法等尚未取得重大突破的技术领域，应合理设置其专利客体适格性和创造性标准，不能"一刀切"式简单地将它们划为不可专利的智力活动规则，否则会削弱专利制度的创新激励效用。另一方面，考虑到人工智能对现行专利制度的挑战，有关现有技术范围和本领域普通技术人员一般技术水平和创造能力的确定需要在可预见的范围内予以调整。

国内软件企业已经开始重视全球专利布局，在广阔市场和强大

---

① 欧弗·格朗斯特兰德：《专利与技术创新及开发的政策》，沈旸译，载［日］竹中俊子主编《专利法律与理论——当代研究指南》，知识产权出版社2013年版，第63页。

购买力的吸引下，国外企业也纷纷进入中国、通过申请专利巩固其竞争力。根据 WIPO 发布的《2019 世界知识产权指标》，我国是全球专利数量增长的主要动力，2018 年国内专利申请量和授权量均居于世界第一位。然而一半的专利价值只来自于 5% 的专利，也就是说，我国在高质量专利培育和科技成果转化方面仍然存在明显的短板。[①] 在这种情况下，加之人工智能技术未来发展前景的不确定性，若是过度放宽计算机实施的发明专利创造性标准，势必形成多个相互竞争的专利权人混战的局面，专利丛林现象加剧，致使许可费堆叠，许可谈判愈加困难，潜在的专利侵权诉讼大幅度增多，在一定程度上阻碍了中小企业参与到市场竞争中。除了滥用市场支配地位、排除限制竞争的垄断行为发生风险升高外，更为重要的是，在人工智能等高新技术领域，国外在华专利权人以高通、微软、英特尔、三星和苹果等科技巨头公司为主，[②] 它们在技术、资金和尖端人才方面具有无可比拟的优势，过低的创造性授权标准只能拉开国内企业与它们的差距，造成我国互联网企业负担过重的交易成本，专利制度抑制产业发展的消极效果凸显。因此，过度宽松或过度严格的创造性标准均不利于软件和人工智能产业创新升级，摆在立法者和执法者面前的首要难题是如何制定并适用与产业发展需求相适应的宽严适度的专利授权条件。

本章小结

计算机实施的发明整体上适用创造性判断的基本方法和标准，

[①] 郭状、余翔：《基于我国人工智能专利数据的专利价值影响因素探析》，《情报杂志》2020 年第 9 期。

[②] 国家知识产权局规划发展司：《2017 年我国人工智能领域专利主要统计数据报告》，第 14—15 页，https：//www.cnipa.gov.cn/module/download/down.jsp? i_ ID = 40217&colID = 88，最后访问日期：2020 年 2 月 3 日。

同时考虑到其自身具有的跨学科性和累积性创新等特点，对于这类发明的创造性判断有着区别于一般发明的特殊考量因素。人工智能作为辅助发明的工具，为本领域普通技术人员的认定提出了挑战。美国、欧洲和日本专利审查指南或判例法明确了计算机实施的发明所属领域技术人员可以是掌握计算机软件及其应用领域综合知识的专业团队，并且列举了落入本领域技术人员普通创造能力范畴的活动，为我国专利行政审查和司法实践提供了可资借鉴的范例。此外，不可否认的是信息技术进步，特别是近年来人工智能技术的广泛应用，使本领域技术人员获取和处理海量信息数据的能力显著提升。然而鉴于专利法是调整人与人之间的无形财产关系的规范，将创造性判断的参照系定义为人工智能系统的主张不符合法律基本原理，现阶段人工智能获取知识和解决问题的方式有别于人类，人工智能系统作为拟制的本领域普通技术人员也不具备技术条件。因不同应用领域人工智能介入研发活动的程度有所不同，能否将发明所属领域普通技术人员界定为配备人工智能系统的自然人，或者说人工智能是否属于本领域技术人员应当获知的"常规实验手段"，取决于人工智能在相关市场中的供应和普及程度，以及技术人员使用人工智能的成本因素，① 保证本领域普通技术人员对利用人工智能作为辅助手段的可预期性。

中欧判断发明创造性的方法基本相同，即"问题解决法"。通过比较分析可知，针对既包含技术特征也包含数学算法或商业方法等非技术特征的权利要求，EPO 以判例法形式就如何确定有技术性贡献的特征、认定客观技术问题以及显而易见与否的判定作出了更为细致的规定。尤其是在确定客观技术问题和判断非显而易见性的过程中，EPO 重视规避"后见之明"的风险，有针对性地提出应对措施，如重新构建的技术问题不能包含解决方案的指

---

① 陈绍玲、梁翔蓝：《人工智能对专利创造性的挑战及应对》，《福建江夏学院学报》2018 年第 4 期。

向性提示,但可以使用非技术目的特征界定发明实际解决的技术问题;区分技术效果与非技术特征的内在效果有助于准确认定拟解决的技术问题;强调从发明所要解决的客观技术问题出发,判断本领域技术人员在临近和常规技术领域寻找启示的可能性。在我国现有的专利创造性评价体系下,这些经验和做法可供我国专利审查员和法官参考。

由于计算机实施的发明有可能构成组合发明,在物联网环境中,这种组合已知技术要素的创新趋势更为明显。组合型计算机实施的发明之创造性取决于它是否产生了超乎本领域普通技术人员预期的技术效果。另外,功能性描述材料应当纳入计算机实施的发明创造性评价范围,其中包括充分公开的算法特征和足以控制数据处理设备运行的功能性数据,它们往往凝聚了软件工程师的创造性智力劳动,与具体的技术实施手段相结合,为发明的技术属性作出贡献,成为影响创造性判定的积极因素。当然,专利法的立法目的决定了包含创造性在内的可专利性标准之宽严尺度设置须符合产业政策,这需要综合考虑政治因素、本国经济发展现状、市场需求和历史文化条件等。

第 五 章

我国计算机实施的发明之可专利性的思考与建议

在计算机软件相关技术领域，我国早期专利行政审查和司法实践关于可专利性标准的探索是为了被动应对国外商业方法等计算机实施的发明大举进入我国，瓜分掠夺国内市场份额的风险，通过抬高技术性条件阻止这类发明获得专利授权，达到保护国内软件、电子商务、金融等产业免遭国外竞争对手专利冲击的目的。① 当时的国家知识产权局电学发明审查部部长曾经这样评价我国长期以来采用的相对保守的可专利性判断方法："在我们尚不能找到更加清晰的判断方法之前，在我们尚不能预测更加激进的做法会对经济社会带来何种影响之前，谨慎的做法不失为退求其次的选择。因为，潘多拉盒子一旦打开，一切将难以收复。"② 2020 年《专利审查指南》第二部分第九章的修改则释放了新的信号，此次修改在国内"互联网+"、大数据、人工智能领域加速突破的背景下，回应创新主体进一步明确新业态新领域专利审查规则的需求，整体上强化了我国专利制度对于计算机实施的发明的包容性。其内在动因不再是来自域

---

① 张玉敏、谢渊：《美国商业方法专利审查的去标准化及对我国的启示》，《知识产权》2014 年第 6 期。

② 李永红：《软件专利申请带来的困惑与思考》，《中国专利与商标》2008 年第 3 期。

外的压力，不以抑制美欧发达国家在我国开展"圈地运动"为目的，更多的是满足国内软件、人工智能产业发展需求。

2016年，谷歌人工智能程序 AlphaGo 在围棋人机大战中连续战胜世界冠军李世石和柯洁，国际社会再次将目光聚焦于几经沉浮的人工智能技术。不可否认，人工智能为世界经济发展提供了新的强劲助推力。据普华永道有关人工智能对于宏观经济影响的最新预测，2017—2030年人工智能对经济增长的贡献将超过全部GDP的55%，其中约一半的比例来自于中国。① 尽管我国在科技方面的发展始终处于跟跑地位，然而在工业4.0时代，我国已进入全球人工智能发展的第一梯队，在数据体量、获取和应用条件以及标注成本方面具有天然优势。此外，投融资浪潮和政府扶持政策均为国内人工智能产业发展注入了源源不断的动力。在创新策略方面，国内互联网企业高度重视人工智能战略，例如2017年3月，"NASA"计划由阿里巴巴公司发起；人工智能实验室在腾讯成立；同年5月，百度公司的战略定位从互联网公司转变为人工智能公司。在创新成果方面，国内企业、高校或科研院所同样硕果累累，如阿里巴巴开放国内第一个人工智能计算平台 DTPAI，推出阿里客服机器人平台；由腾讯研发的撰稿机器人 Dreamwriter 问世；清华大学类脑计算研究中心开发的类脑芯片功耗低于传统芯片的千分之一；淘宝、京东等电商平台利用用户数据智能推荐其所关心的商品组合，同时提升用户购物体验和平台广告转化率。在高水平论文和专利布局方面，清华大学中国科技政策研究中心发布的《中国人工智能发展报告2018》显示，在人工智能领域，我国论文总量和高被引论文数皆居世界第一位，并已成为拥有全球人工智能专利数量最多的国家。② 数学、物理等基

---

① PWC, *Sizing the Prize What's the Real Value of AI for Your Business and How can you Capitalise*？, pp. 7 - 9, http: //preview.thenewsmarket.com/Previews/PWC/DocumentAssets/476830.pdf, accessed February 5, 2021.

② 清华大学中国科技政策研究中心：《中国人工智能发展报告2018》，第10—16页。

础学科的高水平教育也为人工智能产业发展做好充足的人才储备。另外，国内人工智能产业参与者逐渐扩充，截至2018年底，相关企业数量已达到3341家，位居世界第二，①它们活跃在全球人工智能技术研发和商业化应用的前沿领域。而且中国是最具潜力的人工智能应用市场，我国拥有全球规模最大的互联网市场，网民人数接近8亿，除了正在深耕市场的互联网公司外，许多非人工智能的互联网公司成长到一定规模后，出于转型升级、扩大经营规模的考虑，也会逐步引入人工智能技术。

通常来讲，人工智能产业生态可以分为三个板块，即基础层，指芯片、传感器、算法模型、云计算和大数据等；技术层涉及人工智能的核心技术，包括智能语音语义、计算机视觉和机器学习；以及应用层，将人工智能与医疗、交通、教育和家居等垂直细分领域深度融合。目前人工智能专利申请主要集中在"人脸识别、语音识别以及当下最热门的云计算、深度学习、自然语言处理、机器人、无人机等应用方向"。②除硬件外，与人工智能相关的发明能够实现预先设定的目标或效果，必须依靠具体的编程技术和方法，最终体现为特定的计算机程序或是存储在可编程逻辑芯片上的计算机程序，因此它仍然属于计算机实施的发明范畴，其可专利性依然适用计算机实施的发明专利判断标准。

理论界和实务界普遍认为我国为涉及计算机程序的发明设置了过高的专利门槛，特别是作为入门条件的专利客体适格性标准将大批有价值的发明创造挡在门外，难以适应国内人工智能和软件产业发展现状。诚然，专利制度的功能性定位是鼓励创新，但是专利法不能片面追求创新成果的数量而忽略专利质量及其价值。比较国内外科技巨头在人工智能领域的核心专利情况可知，国外企业持有的

---

① 参见《〈中国新一代人工智能发展报告2019〉发布》，http：//www.gov.cn/xinwen/2019-05/26/content_ 5394817.htm，最后访问日期：2021年2月5日。

② 国务院发展研究中心国际技术经济研究所、中国电子学会、智慧芽：《人工智能全球格局：未来趋势与中国位势》，中国人民大学出版社2019年版，第131—146页。

核心专利最高价值将近3000万美元,而国内企业这一数值仅为843万美元;在核心专利的平均价值上,国外企业同样超出国内企业数倍,如谷歌公司所有的核心专利平均价值约为1530万美元,腾讯公司所有的核心专利平均价值大概为285万美元。[1] 这间接说明了我国人工智能领域发明专利的技术含量明显低于西方发达国家。贸然降低计算机实施的发明之可专利性标准,将导致国内市场上低质量专利泛滥,无法真正地提高我国计算机和人工智能技术水平。

基础算法研究的突破性进展、计算能力的大幅提升以及海量数据的支撑,必然促使人工智能应用领域的拓宽,相关产品层出不穷。随之而来的是各国科研机构和科技企业为抢占人工智能发展的先机,增强自身影响力和竞争力,积极开展专利布局。国内的产业界代表认为人工智能在其他领域的落地、实现商业化的过程大致可以分为三个主要阶段:第一阶段,人工智能会率先在数据端、媒体端等在线化程度高的行业开始应用。第二个阶段,感知技术、传感器和机器人技术的发展将会促使人工智能向实体世界延伸,带动专业领域、行业应用、生产力端实现线下业务的自动化。第三阶段,当成本技术进一步成熟时,人工智能的应用场景从企业进入个人家庭生活中,全面自动化时代终将到来。目前国内人工智能产业正处于商业化的第一个阶段。[2]

考虑到各类型创新主体保护自身研发成果的需求,以及我国软件和人工智能产业当前所处的发展阶段,应总体把握客体适格性与包括新颖性、创造性以及实用性在内的专利实质要件之间的宽严尺度。各个要件所发挥的过滤作用既要彼此独立,也要相互配合协调,若是其中两项以上要件的功能范围发生重合,只能为计算机实施的发明获得专利保护增添不必要的障碍,更是与可专利性要件的历史沿革

---

[1] 该数据由国务院发展研究中心国际技术经济研究所、中国电子学会、智慧芽:《人工智能全球格局:未来趋势与中国位势》,中国人民大学出版社2019年版附录C所列数据计算而来。

[2] 李开复、王咏刚:《人工智能》,文化发展出版社2017年版,第255—256页。

背道而驰，故而有关计算机实施的发明可专利性应作体系化分析。

第一节　可专利性的体系化解读

体系化解读计算机实施的发明之可专利性是指将专利客体适格性以及实用性、新颖性和创造性要件作为一个整体评价其是否能够获得专利保护，其中每一个要件的判断标准取决于各自的含义与功能，确定不同要件之间的相互关系使它们的宽严尺度协同配合，随着相关产业的动态化发展进程，调节和平衡计算机实施的发明可专利性。之所以要对计算机实施的发明可专利性进行系统化解读，与历史因素有着紧密的联系，另外作为一种法律解释方法，体系解释也符合法学基本理论，并且有助于提高可专利性及其构成要件认定结论的确定性和统一性。

一　体系化解读可专利性要件的必然性

（一）历史解释

基于历史的视角，有必要体系化解读计算机实施的发明之可专利性。目前各国专利法一致要求可以被授予专利权的发明必须满足客体适格性和实用性、新颖性以及创造性，这些要件通常被规定在不同的法律条文中，表面看来它们是彼此独立、互不影响的要件，然而历史上关于可专利性的要求是以简洁的语言集中规定在一起，科技的进步和社会经济的发展促使各个要件逐渐分化，其含义也随之充盈。

以美国为例，1790 年第一部美国专利法规定为"任何没有公知公用的实用技术、产品、引擎、机器或设备，或上述之改进"提供专利保护。[①] 该条款实际上包含了三个子要件：（1）客体要件，即

[①] Patent Act of 1790, ch. 7, §§ 1 & 2, 1 Stat. 109 (1790).

技术、产品、引擎、机器或设备以及它们的改进是可专利的发明；(2) 实用性，由"useful"这一修饰语体现；(3) 新颖性，要求以上所列客体此前未被公知公用。此外，有关说明书的要求被单独规定在另一法律条文中。可见，当时的美国专利法没有明确将非显而易见性作为授予专利权的条件之一。1793 年，美国国会在此基础上进一步修改可专利性要求，为"任何在申请日前没有公知公用，新的且实用的技术、机器、产品或组合物，或对于它们作出任何新的且实用的改进"提供专利保护。① 与 1790 年专利法相比，三年后的专利法作出了如下修改：首先，增加了"组合物"这一客体类型，删除了"引擎"和"设备"客体类型；其次，将"新的"作为可专利客体的另一限制性修饰语；最为重要的是，确定了新颖性比较的时间节点为"申请日"，也就是将申请日前的公知公用技术与要求保护的发明进行对比。虽然，此时专利法中关于发明可专利性的要求更为具体和复杂，但始终没有就各个要件作出拆分并单独规定。

可专利性要件复杂化和集中统一规定的趋势一直持续到美国 1952 年专利法的制定。在此之前，1836 年专利法针对新颖性要求规定了先发明原则；② 1839 年专利法引入了"先用权"以及作为丧失新颖性的例外之"优惠期"概念；③ 1870 年专利法采纳了"混合新颖性"标准，即申请专利的发明在发明日以前没有在美国公知公用，也没有在美国和外国的出版物上公开过；④ 1897 年美国专利法将这些规定全部纳入可专利性条款中，⑤ 作为单一的法律条文，其达到了前所未有的庞杂程度。直至 1952 年美国专利法才将专利客体适格性和实用性要件，与新颖性和非显而易见性要件独立规定在不同的法律条文中。如是说，分立后的每一要件仅在各自的功能范围内层层

---

① Patent Act of 1793, ch. 11, § 1, 1 Stat. 318 (1793).
② Patent Act of 1836, ch. 357, § 6, 5 Stat. 117 (1836).
③ Patent Act of 1839, ch. 88, § 7, 5 Stat. 353 (1839).
④ Patent Act of 1870, ch. 230, § 24, 16 Stat. 198 (1870).
⑤ Patent Act of 1897, ch. 391, § 1, 29 Stat. 692 (1897).

过滤不应当获得专利保护的发明，这样一来，不仅使可专利性要求的结构更为清晰，而且便于细化关于不同授权条件的具体规定。

至于1952年美国专利法新增的"非显而易见性"要件，在参议院的报告中解释道"首次出现在我们的成文法中的第103条，规定了已在法律中存在了100多年的条件，只不过它仅作为法院裁判的理由。"① 换言之，美国专利法第103条规定的非显而易见性是从普通法上有关发明的要求转化而来，它从来不属于成文法所规定的专利客体适格性要件的一部分。若专利适格性判断仍然需要考量要求保护的新发明与已知技术之间的区别是否足够重大，则没有必要在第101条之外另行增加第103条的规定。实质上，美国第一部专利法深受英国1624年《垄断法》的影响，基本沿袭了其中的主要规定。而"非显而易见性"要求并未规定在该部《垄断法》中，只是此后一段时间内的判例法中，偶尔在新颖性要件的分析中隐含或夹杂着关于"非显而易见性"的论述。② 无论是世界上第一部现代意义上的专利法英国1624年《垄断法》，还是首次将"非显而易见性"作为可专利性要件之一引入成文法的美国1952年《专利法》，均将可专利性要求作为一个整体，在行政审查和司法裁判经验积累的过程中，逐渐分立和完善形成不同的客体适格性、实用性、新颖性和创造性要件。可专利性要求的历史演进表明各个要件之间既相互联系，也应当界限分明。

专利制度在我国属于舶来品，1984年第一部《专利法》已然借鉴西方发达国家和地区的专利制度，在第2条、第25条和第22条第2款至第4款分别规定了可专利的客体要件和作为实质性授权要件的新颖性、创造性和实用性，此后的专利法修改又对这些要件的定义和判断标准进行了补充和调整。然而从可专利性要求的域外经

---

① S. REP. NO. 82 – 1979, at 6 (1952), as reprinted in 1952 U. S. C. C. A. N. 2394, 2399.

② 李宗辉：《专利"三性"标准的历史演进及其启示》，《电子知识产权》2015年第6期。

验和历史发展来看，不同要件具有一个共同的目标：为那些对现有技术作出重大贡献的新技术方案授予一定时期的垄断权。在这一总目标的指导下，各个要件按照一定的顺序在各自的范围内实现相应的子目标。专利行政审查和司法实践中，应予区分专利客体适格性和创造性要件，前者不宜过度介入后者的功能范围，更不能出于避免检索现有技术、降低审查成本的意图，以专利客体适格性判断取代创造性评价，关于计算机实施的发明所解决的具体技术问题和实现的技术效果应置于创造性考量范畴。

（二）体系解释

体系解释，又称逻辑解释，是法律解释的一般方法，指"运用形式逻辑的方法分析法律规范的结构、内容、适用范围和所用概念之间的关系，以保持法律内部统一的解释方法。"[①] 由于法律文件的内在统一性，不同的法律概念和法律条文之间存在着特定的逻辑关系，体系解释强调将拟解释的法律条文与其他法律条文联系起来，系统全面地分析该法律条文的含义和内容。具体到专利法上的客体适格性、实用性、新颖性和创造性要件往往规定在不同的条款中，与我国及欧洲专利组织的立法方式稍有区别的是，美国专利法将可专利客体与实用性放在同一条款中规定，而在日本专利法中新颖性和产业上可利用性属于同一法律条文。学界形象地将授予专利权的主要条件描述为"两道门槛"，其中客体要件作为第一道门槛，是进行专利实质性要件判断的前提和基础，在逻辑上，实用性、新颖性和创造性均是对可专利客体提出的要求，它们在专利法中所处的位置顺序也印证了这一逻辑关系。我国《专利法》第2条第2款规定，发明，是指对产品、方法或者其改进所提出的新的技术方案。这里为限定受保护技术方案使用的"新的"一词，并不意味着发明的定义中包含了新颖性要求，判断发明新颖性的法律依据仍然是专利法第22条第2款，鉴于此，我国《专利审查指南》规定该条款是"对

---

① 张文显主编：《法理学》，高等教育出版社2018年版，第296—297页。

可申请专利保护的发明客体的一般性定义，不是判断新颖性、创造性的具体审查标准"。①

然而，实践中总会发生借助创造性标准判定专利客体适格性的情况，模糊了二者之间的界限。审查指南将专利法规定的创造性标准中的"实质性特点"界定为"非显而易见性"，将"显著的进步"等同于"有益的技术效果"，② 同时技术效果也作为"技术方案"构成要素之一，导致我国对于可专利客体及其创造性的审查内容存在重叠。德国学者齐佩利乌斯指出，"法律解释必须要努力在语言和逻辑的可能框架内找到对问题的合乎正义的解决办法"，③ 而作为授予专利权的入门条件，以衡量创造高度的"技术效果"要素解释受专利法保护的技术方案，为发明人设置了不合理的障碍，不利于鼓励发明创造，更难以称之为符合公平正义的解释方法。另外，客体适格性与创造性等专利实质性要件作为一个有机整体，申请专利的发明技术效果不作为客体审查阶段的考量因素，延后至创造性评价范畴，也不会造成垃圾专利的泛滥问题。

此外，实用性、新颖性和创造性这三项专利实质性条件之间也存在逻辑上的顺序关系。从前文的论述可知，新颖性判断是确定申请专利的发明与某一项现有技术是否相同，创造性判断则是综合两项以上的现有技术，比较申请专利的发明是否具有重大区别。显然，创造性要求高于新颖性要求，即使发明没有为特定的现有技术所公开，也可能因在现有技术的基础上作出了显而易见的改进而被认定为缺乏创造性的发明。实用性判断是对发明本身性质的判断，而非一种比较性判断。将实用性评价置于新颖性和创造性评价之前，当发明被认定为不具有实用性时，则不必进行现有技术检索就可以得出不能授予专利权的结论，从而避免人力资源浪费，尽量缩短专利

---

① 国家知识产权局：《专利审查指南》，第二部分第一章第 2 节。
② 国家知识产权局：《专利审查指南》，第二部分第四章第 2 节。
③ ［德］齐佩利乌斯：《法学方法论》，金振豹译，法律出版社 2010 年版，前言。

审查时间，节约公共成本。因此在实质审查过程中，宜按照如下顺序进行判断：实用性→新颖性→创造性。当然，如果先评价发明的新颖性和创造性，再评价其实用性，也不存在重大的逻辑不当。

我国《专利法》第22条第4款规定，实用性，是指该发明或者实用新型能够制造或者使用，并且能够产生积极效果。国内有学者认为我国专利制度中的创造性和实用性上都有关于"技术效果"的内涵，同时实用性之"积极效果"还涉及经济和社会方面，故此实用性的外延大于创造性之"有益的技术效果"，为了简化创造性的审查，建议取消创造性条件中的"显著进步"标准。[①] 无论如何，可以明确的是在专利客体适格性判断阶段不适合考虑技术效果因素。至于应当转至"实用性"还是"创造性"评价阶段分析发明的技术效果，当前国内外专利审查和司法部门普遍认为计算机实施的发明能够获得专利保护的主要障碍在于其客体适格性或创造性，并且适用"问题解决法"判断发明的创造性时，需要基于区别技术特征的技术效果确定发明实际解决的技术问题；考虑到国际通行做法和所采取的创造性判断方法的稳定性，建议于创造性评价阶段分析发明产生的技术效果，通过与现有技术的对比，也可以对区别特征的技术效果作出更加客观的认定。

（三）提高可专利性判断确定性的需要

如前所述，我国采用技术方案"三要素"标准衡量申请专利的发明是否具有专利适格性，认定发明解决的技术问题和产生的技术效果逻辑及表述重复，结合公知常识判断可专利客体，加剧结论的主观任意性和不确定性等问题在实践中时有发生。特别是计算机实施的发明往往跨越两个以上的技术领域，在解决技术问题且产生技术效果的同时，也涉及提升商业活动效率等非技术方面，而且技术问题与非技术问题、技术效果与非技术效果已深度融合，难以准确

---

① 参见管荣齐《中国专利创造性条件的改进及建议》，《法学论坛》2012年第3期。

区分。如果按照国内学者的观点，我国《专利审查指南》关于技术方案的定义中所提到的"符合自然规律的技术效果"并不是单指效果而言，而是将实现的效果以及为实现该效果而使用的手段放在一起解释，此处所说的"效果"不仅包括技术效果，也包括社会、经济等效果，只要它是一种积极的效果，专利审查的重点不在于界定发明所产生的效果具有何种性质，而是判断发明是否为了实现预期效果采用了技术方案。① 也就是说，符合自然规律的技术手段是专利客体适格性审查的实质内容，另外权利要求书和说明书中对于技术手段记载的详细程度也会影响发明能否实现预期效果的判定。相较于技术问题和技术效果性质判定的模糊性，为达到特定效果而采用的技术手段更为客观直接，可以在一定程度上减少有关客体适格性方面的专利授权、确权纠纷。

若将技术手段作为专利客体适格性审查重点，由此可能引发的问题是低质量专利蚕食处于公有领域的信息技术，比如以"程序算法＋通用计算机"的方式实现商业方法自动化的发明，只要权利要求及说明书足够充分地记载了软件与硬件资源如何相互协作执行信息处理，应当肯定申请专利的问题解决方案属于专利法意义上的发明。至于该发明是否仅仅将另一技术领域内的常规技术手段应用于商业领域，是对于其创造高度的判断，应为创造性评价需要回答的问题。可以这样理解，客体适格性作为专利入门条件，不涉及专利质量优劣的判断。就商业方法发明而言，随着更多有价值的现有技术的出现，将通过完善专利实质要件和功能性限定权利要求的说明书要件，应对垃圾专利激增的风险。在配套措施方面，提高计算机实施的商业方法专利质量，需要健全的现有技术数据库和相关专业审查人员队伍建设。② 将新颖性、创造性作为获得专利授权的第二道

---

① 尹新天：《中国专利法详解》（缩编版），知识产权出版社 2012 年版，第 17 页。

② 张玉蓉：《美国商业方法专利争论及司法实践最新发展》，《中国科技论坛》2011 年第 1 期。

门槛，特别是创造性评价具有与生俱来的主观任意性，因此，实质审查能否真正清除那些低质量软件专利一方面依靠制度发展和经验积累形成的用以提高判定结果客观性的一般规范。另一方面，信息技术的进步深刻改变着现有技术范围和本领域技术人员的知识结构和创造能力。专利审查与司法部门可以从国内人工智能、大数据、云计算和软件产业发展现状出发，适时调节现有技术的范围大小与本领域技术人员的普通创造能力高低，间接决定了发明创造性的认定，该可专利性判定路径同样能够达到专利制度服务于产业政策的目的。

二 不同可专利性要件的含义与功能

（一）专利客体适格性

专利客体即专利权的对象，适格性认定就是判断申请专利的发明是否属于专利法保护的对象。由第二章的分析可知，各国专利制度比较一致地将可专利客体视作一种技术方案，只不过在认定计算机实施的发明是否构成技术方案时，不同专利制度的侧重点有所区别，我国及美国关注发明产生的技术效果，是否改进了计算机内部功能或控制外部对象；而欧洲和日本更为强调申请专利的问题解决方案中采用的技术手段。

本书认为可以从以下几个角度理解技术方案的含义：其一，根据生活经验，作为一项方案，有必要指明方案实施的背景和预期目标，但是方案中最为关键的内容是如何执行该方案，告知方案创作人之外的其他利益相关者方案执行所需的工具、材料或者具体的步骤以及各要素之间的相互关系，才能发挥它应有的信息交流功能。事实上，近代专利制度正是在新兴资产阶级加强科学情报交流和传播的诉求驱使下而形成，[1] 那么能够获得专利保护的技术方案也应当

---

[1] 朱谢群编：《郑成思知识产权文集·基本理论卷》，知识产权出版社2017年版，第6页。

以实施手段为重点。其二，申请专利的发明中是否应用了公知技术或公知常识，并不妨碍它成为专利法意义上的技术方案，而我国专利行政审查和司法实践中时常利用公知常识否定计算机实施的发明专利适格性存在着逻辑错误，在客体审查阶段引入公知常识，已不再是对于技术方案性质的认定而是对它的"平庸程度"（the degree of banality）的评估，暗示着基于现有技术或普通常识考虑其技术贡献。① 其三，机械社会形成的区分技术方案与抽象思想的经验性标准——对物理因素的利用，在信息时代并没有发生根本改变。因为软件及其算法就是为了在计算机上运行而设计，它与现实世界的物理因素有着直接的依赖关系，② 商业或游戏方法等智力活动规则只是产品研发过程中参考的内容，计算机程序最终的运行独立于人为主观因素。美国专利法上的智力步骤原则是指主要以人的选择、解释或者决策的发明不可授予专利权，③ 而计算机实施的发明会在固态晶体管或半导体芯片上产生电子信号，从这个角度看，应属于利用自然规律的技术手段，执行机器学习算法甚至可以生成超出人类预期的数据处理结果。

各国或地区以成文法或判例法形式确立了若干被排除在专利保护范围之外的客体。通常来讲，计算机实施的发明因指向数学公式、商业方法等抽象思想或智力活动规则而否定其专利适格性。专利法之所以例举一系列不可专利的客体，目的在于避免个别主体先占科学技术的基本工具，造成社会成本增加和整体福利降低的不利后果。鉴于专利适格性要件的功能，判断计算机实施的发明是否属于专利法意义上的发明，主要是为了辨别授予该发明专利权是否会导致垄断特定数学公式、科学原理的所有应用。考虑到计算机软件的应用

---

① T 258/03, Auction Method/HITACHI, [2004] OJ. EPO. 575.

② 崔国斌：《专利法上的抽象思想与具体技术——计算机程序算法的客体属性分析》，《清华大学学报》（哲学社会科学版）2005年第3期。

③ [美] 罗杰·谢科特、约翰·托马斯：《专利法原理》，余仲儒组织翻译，知识产权出版社2016年版，第35页。

几乎覆盖了可以想象到的一切技术领域，如果专利权利要求书只是泛泛地记载了利用计算机执行某个数学公式，没有明确描述运行软件的硬件和计算机平台以及它们之间以怎么样的方式相互作用，对其授权专利权意味着该专利权人垄断了这一数学公式的全部计算机应用领域。与之相反，若权利要求限定了数学公式的应用领域或者具体的实施方式，则应当确认该发明的专利适格性，至于执行数学计算的硬件、平台或虚拟装置模块的使用是否新颖，或属于一种公知的常规活动与否是创造性评价需要解决的问题。① 英美法系中的先占理论与限制专利权利要求的宽度密切相关，在100多年前的 *British United Shoe Machinery Co Ltd v. Simon Collier Ltd* 案中，英国上议院曾指出，一项宽泛的权利要求不是适当的专利客体，因为权利要求应当告知其他人专利保护的界限。Parker J. 法官在本案中解释道，"一种新原理的发现者不能以专利权阻止解决某个问题的所有手段。"② 结合客体适格性审查所起到的防范先占风险作用，可以更好地理解日本专利制度中将说明书充分公开要求融入可专利客体和判断中之正当性和必要性。

（二）实用性

实用性，又称产业应用性，是指发明能够在产业上应用，欧洲和日本等大陆法系国家和地区专利法均有此类似的规定；我国专利法则在此基础上还要求发明能够产生积极的效果；美国法上的实用性要件是从第101条对于可专利客体的规定中推导出来的，可以理解为申请专利的客体所产生的结果或效果对人或人类社会有用。这里的"产业"是广义上的产业，涵盖任何区别于美学艺术的实用技术领域内的活动。实践中，涉及实用性的争议主要集中在医疗业的基因相关发明和诊断方法等。对于计算机软件领域的发明，得益于

---

① Shane D. Anderson, "Software, Abstractness, and Soft Physicality Requirements", *Harvard J. L. & Tech.*, Vol. 29, 2016, p. 587.

② *British United Shoe Machinery Co Ltd v Simon Collier Ltd*, (1909) 26 RPC 21.

通用计算机硬件和通信网络的发展，大部分软件具有良好的兼容性，容易实现在产业上的重复应用。此外，软件本身的功能性，通常能够带来节约时间或资金成本、提高任务完成的准确度、为社会生活提供便利等积极效果，因此，对传统的软件相关发明进行实用性审查时不会存在过多的障碍。但是，在人工智能相关发明这一前沿科技领域，其实用性则受到了较大的挑战。

在产业应用方面，人工智能和机器学习的本质是对大量的数据进行标记和整理，再输入至算法模型，经过训练和优化形成发明人预期的算法模型。由于数据采集法、创建数据集和建模人员自身的局限性和社会偏见等因素，可能产生数据偏差，机器学习训练法甚至会进一步放大偏差，致使依赖于训练数据的模型输出结果很难再现。① 另外，人工智能领域存在"算法黑箱"的问题，其根源在于它属于深度学习自动生成并动态变化的算法，不仅普通用户无法理解其中的细节，即使是专业技术人员也难以分析和解释。专利法上之所以强调发明应当具有实用性，是为了贯彻专利制度的宗旨，即满足人们需要，促进社会经济发展，故而被授予发明专利权的技术方案不能是纯理论性的，必须能够在产业上制造或使用。为此，人工智能相关发明专利申请案中，应充分公开技术方案的有关细节，其说明书应当满足可实施要件，这也是判断这类发明是否具有实用性的关注要点之一。

关于数据的披露，欧洲和日本等主要国家一般要求专利说明书公开输入数据与输出数据之间的关联性，除非这种关联性是本领域技术人员能够推知的。② 针对将人工智能应用于不同技术领域的发明，JPO 发布的审查标准中要求通过以下四种方式，在说明书中记载多种类型的训练数据之间的关系："（1）在说明书中直接地具体

---

① 李新凤：《与人工智能相关的发明专利授权条件研究》，博士学位论文，湘潭大学，2019 年。

② 张洋：《论人工智能发明可专利性的法律标准》，《法商研究》2020 年第 6 期。

记载多种类型的数据之间的相关关系；（2）在说明书中通过描述或统计学分析，直接地证明多种类型的数据之间的相关关系；（3）在说明书中通过针对已形成的人工智能算法模型进行性能评价，根据该性能评价的结果，间接地证明多种类型的数据之间的相关关系；（4）虽然在说明书中未记载或证明多种类型的数据之间的相关关系，但本领域技术人员能够根据申请时的技术常识合理推断出相关关系的存在。"[1] 关于算法的披露，产业界人士认为公开智能生成的算法代码不具有现实可行性，反而会导致泄露企业商业秘密等副作用，但算法原理透明化是可以实现的，人工智能辅助分析手段也有助于克服"算法黑箱"问题。[2] 由此可见，即便人工智能算法的特殊性造成其公开难度明显高于传统计算机程序，然而无论是法律规范的完善细化，还是技术层面推出的先进手段，都使人工智能算法的公开成为可能。

在积极效果方面，人们对人工智能未来前景表示担忧的原因之一即它所带来的安全隐患。举例言之，人工智能算法可能为网络黑客不法利用。智能化网络攻击软件通过深度学习模拟系统中的用户行为，对安全防护技术措施提出了更高的要求，存在危害社会安定的潜在风险。[3] 在全球范围内，因自动驾驶系统故障引发人身财产损失的道路交通安全事故已非鲜有耳闻，对自动驾驶汽车安全性能造成根本性挑战的是理想与现实间难以逾越的技术鸿沟，这体现在网络和大数据相关基础设施、应用场景、智能系统，以及软件算法和算力等多个方面。[4] 除此之外，符合社会伦理也是实用性的内在要

---

[1] 孙敏：《日本专利审查制度下：人工智能相关专利申请的撰写要点》，https：//zhuanlan.zhihu.com/p/77801513，最后访问日期：2021年2月9日。

[2] 袁祥、王一：《算法促进人工智能时代的信息传播》，《社会科学报》2019年6月27日第2版。

[3] 袁立科：《人工智能安全风险挑战与法律应对》，《中国科技论坛》2019年第2期。

[4] 参见王乐兵《自动驾驶汽车的缺陷及其产品责任》，《清华法学》2020年第2期。

求。美国法上的 *Lowell v. Lewis* 案判决指出"法律所要求的全部内容是,有关的发明不应当是琐细的或危害健康、公共政策和社会道德的。所以,"实用的"一词,是为了区别有害的或不道德的而加入法律中的。"① 具体到人工智能相关发明领域,囿于算法设计中的类型化和标签化方法,其输出结果可能在用户群体的性别、种族方面产生歧视,或是因算法的差别化定价而造成价格歧视。至于科幻片中呈现的超级智能体摆脱人类控制等无法预料的不利后果在现有科技水平下探讨它的实用性标准,没有任何实际意义。

在专利制度框架下,出于鼓励创新尤其是开拓性技术发明的立法意图,应当承认的是任何一项发明都并非完美,都或多或少地存在着这样或那样的缺陷,专利法为产品或方法的改进也提供保护,正是为了促进发明的不断完善以求使之逐步趋于完美。故此,只要申请专利的技术方案中的缺陷或不足没有严重到阻碍其实施的程度,或是该项技术方案中的优点或进步超过了缺陷或不足,则可以认定发明具有实用性。② 诸如自动驾驶系统等计算机实施的发明,若造成了侵权损害,被侵权人完全可以适用《民法典》中的合同编、侵权责任编和人格权编以及《消费者权益保护法》等主张损害赔偿,或是依据刑法相关条款追究刑事责任。世界范围内各主要国家的专利审查实践也反映了在电子计算机等新兴技术领域内,弱化"实用性"对于判定发明可专利性的作用之趋势。

(三) 新颖性

新颖性,是对满足专利适格性和实用性条件的技术方案提出的进一步要求,具体指该发明既不属于现有技术,也不存在与之相抵触的专利申请。专利法将新颖性作为授予专利权的实质性要件之一,是为了鼓励发明人尽早地向社会公开其新发明,有利于社会整体福利。对已公之于众的发明创造授予专利权,不仅会影响其他个人或

---

① 李明德:《美国知识产权法》,法律出版社 2014 年版,第 62 页。
② 李明德:《知识产权法》,法律出版社 2014 年版,第 131—132 页。

企业的既得利益，也有碍于社会安定和经济发展。① 计算机实施的发明专利新颖性的含义和判断标准与其他发明相比，并无二致。考虑到计算机实施的发明以算法为中心，那么对于其新颖性的审查重点是它所包含的逻辑结构和算法，通过新颖性审查以达到过滤那些简单更改数据内容的发明、或是利用人工智能自动生成的对现有技术进行小修小改或近义词组替换的技术方案。当然，即便在新颖性评价阶段，根据普通搜索引擎检索到的现有技术，无法完全否定此类发明的可专利性，它也很难通过创造性测试。新颖性认定结论的合理性很大程度上取决于现有技术范围的确定。针对计算机实施的发明专利申请，适度扩大现有技术范围，是适应日益提高的信息检索与处理技术水平，跟随跨领域应用的技术研发趋势所做出的必然选择。

对于专利审查部门而言，实现这一目标，一方面需要依靠网络搜索引擎和计算机索引功能等技术辅助工具的持续改进，和信息共享理念的逐步落实，② 使审查员具有与本领域普通技术人员旗鼓相当的信息检索和数据挖掘能力；另一方面，现有技术范围的扩张也应当受到一定的限制。理论上，现有技术范围涉及相同与相关技术领域，所谓的相关技术领域是指具有合理联系或者类似的技术领域——"在有直接联系的技术领域内的技术人员遇到难题时，自然而然会想到的那些技术。"③ 而且"以人为本"是我国一项重要立法原则，专利法保护的是人的权利，衡量发明人创造的技术问题解决方案是否具有新颖性，也应当考虑本领域技术人员的通常做法，不

---

① 吴汉东等著：《知识产权基本问题研究》，中国人民大学出版社 2004 年版，第 407 页。

② Liza Vertinsky, Todd M. Rice, "Thinking about Thinking Machines: Implications of Machine Inventors for Patent Law", Boston University Journal of Science & Technology Law, Vol. 8, 2002, p. 580.

③ 张晓都：《专利实质条件研究——从发明与实用新型专利的实质条件到生物技术发明的可专利性》，博士学位论文，中国社会科学院研究生院，2001 年。

能将现有技术范围扩展至本领域技术人员无法预见的领域。

（四）创造性

从顺序上讲，创造性或非显而易见性判断是专利实质审查的最后一个要件，也是评价发明的技术水平和技术贡献最为关键的因素，它将本领域普通技术人员应具备的单纯技艺与真正的发明创造区分开来。因为有些表面看来新颖的事物，其实完全可以从旧的已知事物中轻易地甚至自动地推演出来。换句话说，创造性判断要解决的问题是确定发明究竟属于本领域普通技术人员在日常工作中能够想到或做到的一般性技术进步，还是对现有技术作出的重大贡献。考虑到发明创造的积累性，以及技术领域对于效率的追求，一旦赋予专利申请人对某项技术的垄断排他权，将不可避免地妨碍其他人积累经验和利用该项技术的行为。[①] 通过立法为获得专利保护的发明设定了必须达到的创造高度，以防止垃圾专利泛滥，束缚市场竞争和产业发展。可见，衡量申请专利的发明产生的技术贡献是创造性要件应具有的功能。然而不管是我国适用的技术方案"三要素"标准，还是美国目前适用的"两部测试法"，实质上是由专利适格性要件分担了创造性要件的部分功能。这里之所以说是"部分功能"，理由在于我国和美国采取的可专利客体判断方法和标准只是引入了公知常识或本领域常规活动，不会像创造性判断那样，进行在先的专利文献和非专利文献检索，在与发明对比的范围上，后者大于前者。

在专利适格性判断阶段，先行考虑发明技术贡献的审查方式，显然具有提高专利审查和司法裁判效率、节约公共资源的优势，然而如前所述，实践中关于公知常识的认定存在说理不足的问题，很多时候是依靠审查员或法官的主观臆断，对此容易引起争议和纠纷。发明的技术水平或创造高度原本就是见仁见智的问题，即使美国联

[①] ［日］田村善之：《日本知识产权法》，周超、李雨峰、李希同译，知识产权出版社2011年版，第200页。

邦最高法院一直强调非显而易见性的事实审查，也无法肃清人为主观因素对认定结论的影响。出于限制主观任意性的目的，各国专利制度才建立了一套完整的创造性判断框架体系。因此，从专利制度本身的设计来看，完全没有必要在可专利客体评判阶段考虑发明解决了现有技术中存在的何种技术问题，获得了何种技术效果，适用创造性判断方法和标准衡量发明的技术贡献程度，不会造成过度授权的现象，反而可以根据既有制度中的参照系（现有技术、本领域技术人员）强化可专利性认定的客观性。

国内一些学者推崇美国法院构建的非明线判断规则，即"两步测试法"，的确这一标准可以权衡产业政策灵活解释相关规则中涉及的基本概念，但是在美国产业界对"两步测试法"的适用极为不满，他们强烈呼吁法院和行政部门进一步厘清概念含义，提高客体判断方法的可操作性。① 专利法及其配套措施是指导人们产业实践的行为规范，非明线规则也不能脱离法律的功能和作用。美国联邦最高法院在 Mayo 案中曾经指出"判例已经认可了禁止向自然规律、数学公式及其类似物授予专利权的明线规则，它作为相关'积木'原理的某种更易执行的代理。"② 然而现实却恰恰相反，司法实践未能给出明线的专利适格性判断规则，对于如何认定抽象思想始终没有提供清晰的指导或建议。由是可知，非明线判断规则并非美国司法部门的本意，更为可能的是面对信息网络、生物工程等新兴技术领域，因技术前景以及专利授权产生的社会经济效果不明朗，而采取一种暂不表态的观望策略。从近年来美国专利制度的发展历程来看，US-PTO 新发布的 2019 PEG 及其审查备忘录逐步明确了判断发明是否因改进计算机内部功能而构成抽象思想的实际应用，以本领域技术人员为主体，寻找"发明性概念"是建立在对比本领域公知常规活动

---

① "Where Do We Stand One Year After Alice？", LAW360（Jun. 17, 2015），http：//www. law360. com/articles/668773/where-do-we-stand-one-year-after-alice，accessed February 10，2021.

② *Mayo Collaborative Servs. v. Prometheus Labs.*，*Inc.*，132 S. Ct. 1289，1303（2012）.

的基础上，整体思路与非显而易见性的判断近似。这种混淆专利适格性和创造性之间的界限，以专利适格性审查替代创造性评价的专利政策，有悖法律解释的历史与现实相统一原则，按照体系解释的方法也否定了其正当性，如此会给社会公众带来极大的困惑。

既然专利法规定创造性要件的目的与功能是保留一般技术进步空间，只为超越了通常情况下所期待的创新授予专利权。一项活动是否具有创造性，与其经历过程无关，仅仅取决于它的结果，所以判断本领域技术人员能否根据现有技术显而易见地推导出申请专利的发明，主要针对其结果而言。[①] 那么发明所产生的技术效果与其创造性密不可分，然而发明在现实世界中对物理实体产生的技术效果对于专利客体适格性的认定而言，是充分非必要条件。[②] 若依据我国现行可专利客体判断方法，以技术效果作为技术方案的构成要素之一，如何划分它在专利适格性和创造性评价阶段的不同标准？本书认为对于可以获得专利保护的客体，考察的是技术效果的有无，而可专利客体的创造性，考察的是技术效果的容易实现程度或可预期性。计算机实施的发明普遍会产生信息处理的效果，也会引起晶体管或芯片中电流的变化，可以将之理解为一种技术效果。这样的话，专利适格性判断的重点依然是权利要求和说明书记载了实现该效果的具体技术手段与否，至于信息处理效果是否落入本领域技术人员普通创造力能力可及的范围，则交给创造性要件回答这一问题。

三　意义与效果

将专利适格性要件与实质性要件作为一个整体，每个要件根据各自的功能范围和判断标准逐层过滤不具有专利保护价值的发明。

[①] [德]鲁道夫·克拉瑟：《专利法——德国专利和实用新型法、欧洲和国际专利法》，单晓光、张韬略、于馨淼译，知识产权出版社2016年版，第373页。

[②] T 0163/85, BBC, 1989 O. J. EPO 379 (1990).

美国历史上从单一法律条款演进成为独立规定可专利客体和实用性、新颖性、创造性的多个法律条款,也是在保持各要件统一性的基础上,鉴于扩充各要件内涵、细化其判断标准的需要而逐渐分化的,创造性或非显而易见性标准在成文法上更是经历了从无到有的过程,原本应由一个可专利性要件评估的内容已分配给若干子要件,并且这些子要件在逻辑上存在先后顺序和门槛高低之别。在信息时代,与大数据、物联网和软件相关的发明非物质化特征,使过去过于强调物理联系的法律失去了前瞻性。因此,一个更具包容性和稳定性的专利审查方式对于利用计算机实施的人工智能算法或商业方法发明来讲,尤为重要。以专利适格性审查取代实质授权要件审查的路径带有鲜明的工业时代特点,却不再适应现实需求。[1]

更为重要的是,EPO审查实践表明,不以技术贡献衡量发明的技术性不会出现低质量专利泛滥、专利流氓横行的情况,因为还有实质性条件,特别是创造性作为专利授权制度的守门人。对发明的可专利性作体系化解读,有助于增强法律公平正义与效率之间的适应性。古罗马法学家乌尔比安开创性地定义了"正义"的概念:"正义乃是使每个人获得其应得的东西的永恒不变的意志。"而亚里士多德曾就分配正义作出如下表述,分配正义主要关注的是"在社会成员或群体成员之间进行权利、权力、义务和责任配置的问题。"[2] 对于发明人来讲,他理应获得与其技术贡献程度和发明价值相当的回报,这是实现权利分配正义原则的内在要求,不能以现有技术检索成本高、专利实质性要件审查需要占用比客体适格性审查更多的公共资源为由,加重专利适格性要件的砝码,剥夺部分发明人迈入"第一道门槛"的机会。不可否认,恢复专利适格性审查本应承担的功能,必然会加剧创造性等专利实质要件审查负累,但这

---

[1] 张玉敏、谢渊:《美国商业方法专利审查的去标准化及对我国的启示》,《知识产权》2014年第6期。

[2] [美]E. 博登海默:《法理学:法律哲学与法律方法》,邓正来译,中国政法大学出版社2017年版,第280—283页。

也变相促使我国专利审查部门和司法机关完善有关创造性认定的法律规则，引进高效技术手段和公众参与机制等提升审查效率的辅助措施。

总而言之，以可专利性的体系化解读为指导，解决我国计算机实施的发明可专利性判定难题，应关注两个层面的问题：一是如何重构当前适用的"技术方案"三要素认定标准，适度降低的专利准入门槛，既要能够达到一定的过滤作用，也要为后续的新颖性和创造性评价留下足够的空间；二是如何从法律制度、审查工具以及专业人员和机构设置的角度提高专利创造性评判的可预期性。在这方面，EPO 适用的"问题解决法"与我国采用的"三步法"极为接近，基于保持现有法律制度的稳定性和公众接纳度的考虑，比起美国或日本专利法，EPO 的经验做法或许可以为我国带来更多的有益启示与借鉴，但这也不意味着前者的法律制度，没有可供参考之处。

第二节　计算机实施的发明之可专利性完善建议

一　重构专利客体适格性判断标准

鉴于我国现行专利客体适格性判断方法和标准存在难以契合强化知识产权保护的方针政策，适用结果缺乏可预期性和一致性的弊端，通过比较研究，可以借鉴 EPO 和日本有关经验对技术方案"三要素"标准进行弹性构造，具体思路如下：

（一）以技术实施手段为审查重点

专利适格性判断的目的是区分技术方案与非技术方案。在数据技术时代，相关方法发明专利不再局限于生产有形产品，也非强调软件与硬件设施之间的关联性，而是从事抽象数据处理和计算资源调配。① 因此，对于涉及计算机程序的发明而言，它所采用的技术手段可能是计算机及其组成部件、传感器、服务器和网络等硬件设施，也可能是虚拟装置或功能模块。德国联邦最高法院曾在"红鸽子"案中将可受专利保护的发明定义为"为了达到因果关系上可预见的结果，利用可支配自然力按计划行为的原理。"② 但是，随着科学技术水平的提升，德国联邦最高法院不再苛求对于可支配自然力的直接利用，而是要求发明与可支配自然力的利用之间有着具体的以及间接的关系。计算机实施的发明通过软件的运行与内部电流存在这种关系。

我国学者认为计算机程序本身即为一种技术手段，以指令形式作用于计算机硬件上。③ 将"技术手段"作为判定可专利客体的核心要素，专利申请人除了在权利要求中记载实施方法步骤的硬件资源或实现特定功能的装置或模块外，为了避免有能力的专利文件撰写者刻意绕开第一道专利门槛，使专利适格性判断沦为形式审查，过度依赖创造性审查过滤低质量专利，还须在权利要求或说明书中详细描述软件与硬件资源协同工作的具体方式，而不能只是泛泛地提及通用计算机等硬件资源。若是以若干虚拟装置或功能模块构成的专利权利要求，说明书中应充分公开相应的程序算法，否则，可以视为申请专利的发明缺少具体的技术实施手段，不属于可专利的客体。正如国内学者所言，在专利客体审查环节，应当考察专利申请案是否仅仅描述了抽象概念，还是提供了可以实施的具体技术或

---

① 肖翰：《知识产权保护视角下区块链技术的专利赋权标准研究》，《科技进步与对策》2020 年，https：//kns. cnki. net/kcms/detail/detail. aspx？dbcode = CAPJ& dbname = CAPJLAST&filename = KJJB20201208001&v = 9n% 25mmd2FNq1% 25mmd2Bs1a0b2cCNEWoow5Cfr1XFjn0SPF8fR3YUCWpyUsqi6Rm9NFXx% 25mmd2Fdbz2UyE，最后访问日期：2021 年 2 月 16 日。

② ［德］鲁道夫·克拉瑟：《专利法——德国专利和实用新型法、欧洲和国际专利法》，单晓光、张韬略、于馨淼译，知识产权出版社 2016 年版，第 153 页。

③ 参见仇蕾安、曲三强《国外软件类技术的可专利性研究》，《知识产权》2016年第 7 期。

流程。惟有专利说明书对技术实施手段予以披露，确保计算机实施的发明构成一种信息处理装置或操作方法，才可以进一步判断发明的实用性、新颖性和创造性。①

关于人工智能相关发明是否适用计算机实施的发明专利适格性一般标准的问题。2019 年，USPTO 面向社会公众征集有关人工智能和知识产权政策的意见并发布了主题报告，其中指出大多数评论者认为，针对人工智能发明并不存在独特的专利适格性考量因素。换句话说，不应当将人工智能发明与其他计算机实施的发明作区别对待。这也与目前 USPTO 审查人工智能发明专利客体适格性的策略相匹配。美国产业界有观点认为复杂的算法足以使人工智能发明具备产生技术改进的能力。② 由是可知，无论是传统计算机实施的发明，还是人工智能相关发明，能否被认定为可专利客体与说明书公开的充分程度密不可分。事实上，说明书充分公开要件已然渗透至专利适格性以及实质性要件的判断中。

美国理论界和实务界普遍认为对于人工智能发明应当满足的公开要件同样不存在特有的考量因素。当然，不可忽略的现实问题在于即使输入和输出已知，它们之间的逻辑关系在某些方面依然是未知的，特别是对于深度学习算法的应用，很难就此完全地予以公开。但与此同时，美国相关产业协会也指出，当前，大多数人工智能系统是以可预期的方式运行，并且这种可预期性常常作为评估这些技术实际应用的商业价值的基础。故此，现阶段人工智能技术发展水平尚未对各国已建立的专利制度造成根本性冲击。总体而言，要求人工智能发明专利申请人在说明书中充分披露涉及的软、硬件资源及其相互联系，尤其是使用的算法，仍然具有现实可行性。如果计

---

① 刘尚志、陈佳麟：《电子商务与计算机软件之专利保护——发展、分析、创新与策略》，中国政法大学出版社 2004 年版，第 3 页。

② USPTO, *Public Views on Artificial Intelligence and Intellectual Property Policy*, October 2020, pp. 7–8, https://www.uspto.gov/sites/default/files/documents/USPTO_AI-Report_2020-10-07.pdf, accessed February 16, 2021.

算机实施的发明专利权利要求中记载了采用的技术手段，并得到说明书的支持，充分公开所涉计算机程序执行的算法，基本可以肯定该发明属于可以被授予专利权的客体。

（二）保留"技术问题"要素以过滤纯粹的商业方法或算法权利要求

这里所称的"技术问题"要素，并不要求审查员或法官就发明所要解决的问题进行定性，因此也不需要在技术问题与非技术问题之间划定明确的界限，其主要作用在于滤除那些利用计算机实施的纯粹商业方法或算法。从表面上看，它们的专利权利要求似乎采用了通用计算机作为技术手段，但是除计算机这一技术特征外，其余特征均为智力活动规则或数学计算公式等抽象思想。例如我国《专利审查指南》第二部分第九章新增审查示例之5"一种消费返利的方法"，或是前面提到的"一种计算装置，通过计算机执行'$s = (k+1)(2n+k)/2$'，来计算出自然数 n 至 $n+k$ 的和"等权利要求，显然计算机的加入并未解决任何技术问题，不能改变权利要求整体上的抽象属性。若按照我国专利审查部门的解释，通过计算机执行人为设定的返利规则，因不受自然规律的约束而不构成技术手段。由此引发的问题是按照传统的关于"自然规律利用性"的解释，如何赋予没有生产实物产品的软件相关发明专利适格性。因为从一般意义上讲，诸如运用神经网络训练算法处理特定任务的发明专利申请，同样不受自然规律的约束，然而审查指南却认定它采用的是遵循自然规律的技术手段，对待计算机实施的商业方法发明与人工智能发明，适用不同的"自然规律利用性"标准，缺乏逻辑自洽性。如果人工智能发明专利申请中定义了数据集和模型参数与技术领域中具体数据的关联性，也就是将算法与某个技术领域相结合，可能解决图像识别等技术问题，从而与上述利用计算机执行的纯粹商业方法和算法区分开来。

在欧洲，甚至连"技术问题"的考量也置于计算机实施的发明创造性评价阶段。专利申请案仅仅声明使用了"用于执行智力活动的技术手段"通常没有解决任何技术问题，理由在于它没有详细描述技术手段如何实现该智力活动，如权利要求表述为"通过平均年龄计算装置确定平均年龄"。在这种情况下，如果技术手段本身（如计算装置）是已知的，则很可能因不存在技术问题而依据 EPC 第 56 条判定发明不具有创造性。① 若以前文提到的"技术手段"要素判断计算机实施的发明专利适格性，那么权利要求仅仅记载了抽象的商业方法和数学方法和唯一的技术特征"计算机"，却没有描述软件执行的信息处理如何通过使用硬件资源来具体实现，由此也能将它们排除在可专利客体之外。因这种对"技术手段"要素的重构有赖于说明书公开要件的细化，现阶段可保留"技术问题"要素以起到筛选真正"技术方案"的作用，不致于使客体要件的审查流于形式。

（三）弱化"技术效果"要素在专利适格性判断中的权重

学界和司法界始终无法就"技术效果"给出一个能够被广泛认可的定义，实践中也经常对此发生争议。2017 年，我国《专利审查指南》修改后明确承认包含技术特征的商业模式具有获得专利权的可能性，但是技术方案"三要素"判断标准并未发生实质性改变。之后的"专利银行"发明专利申请驳回复审案中，原告与国家知识产权局就涉案发明是否实现了技术效果，是否属于可专利客体存在不同的观点。国家知识产权局专利复审委员会认为"对创新技术有效保护且达到专利运营商和创新主体双赢"是一种期许性管理效果而非技术效果；原告则认为发明能够对技术创新和专利成果及其预期收益进行合理分配，获得了技术效果。北京知识产权法院支持了国家知识产权局的行政决定，驳回原告诉讼请求。② 鉴于我国专利行政部门和法院适用"问题解决法"判断发明的创造性时，仍然会对

---

① ［法］丹尼尔·克罗萨、［英］亚历克斯·加迪纳、［德］福尔克·吉姆萨、［奥］约尔格·马切克：《适用于计算机领域从业人员的专利法实例——计算机实现的发明的保护方法》，冯于迎、冯晓玲、胡向莉译，知识产权出版社 2016 年版，第 25—26 页。

② 北京知识产权法院（2017）京 73 行初 1548 号行政判决书。

技术特征和非技术特征带来的技术效果予以认定,即使在客体要件审查过程中,弱化甚至不予考量"技术效果"要素也不会发生因放宽专利适格性标准而导致"专利丛林"现象,"专利流氓"日益猖獗,妨碍正常的市场竞争。另外,创造性评价阶段关于"技术效果"的认定是通过与最接近的现有技术对比,确定区别特征的技术效果,相对而言所得结论更为客观,在专利客体适格性评价阶段关于"技术效果"的认定主要是一种主观经验主义的判断。

如果出于稳妥起见,暂时不删除可专利客体必须满足的"技术效果"要素,也应对其进行扩大解释,涵盖利用技术手段获得的一切积极效果,包括提升用户体验、促进商业活动效率等非技术方面的效果。我国新修改的《专利审查指南》要求在包含算法特征或商业规则和方法特征的发明专利申请的说明书中,清楚、客观地写明发明具有的有益效果,其中允许以提升用户体验作为一种有益效果,这也体现了我国专利制度对于软件相关发明所采取的更加开放和包容的政策。美国经历了 *State Street Bank* 案后低质量软件和商业方法专利泛滥的混乱时期,有关产业界希望利用较为严苛的专利适格性标准矫正市场竞争秩序。与美国不同,我国软件和人工智能产业正处于努力追赶技术发达国家的位置,产业界尤为需要亲专利政策以鼓励技术创新,吸引研发投资,过于严格的技术方案"三要素"标准可能成为部分有价值的软件相关发明通往专利道路上的拦路虎。

如何提高"技术效果"因素判断的客观性,是我国当前专利审查和司法裁判中应当重点考虑的问题。在美国,USPTO 和法院适用"两步测试法"认定发明的客体适格性时,站在本领域普通技术人员的视角,以是否改进计算机内部功能作为标准,区分发明究竟属于抽象思想还是抽象思想的实际应用,同时寻找发明性概念。在不改变现行的技术方案"三要素"框架的情况下,我国专利审查部门和人民法院可以借鉴美国的有关做法,在判断发明是否构成一项技术方案的过程中,引入本领域普通技术人员的概念,围绕发明是否实现了一种工业过程的控制、处理了一种外部技术数据、改善了计算机系统的内部性能或者管理了计算机系统的内部资源等技术效果作出认定。由我国《专利审查指南》中的相关规定可知,设定这一概念(本领域技术人员)的目的,在于统一审查标准,尽量避免审查员主观因素的影响。① 而且通过体系化解读计算机实施的发明之可专利性可知,客体适格性要件与专利实质授权要件之间具有逻辑上的递进关系,那么本领域普通技术人员分别在认定技术方案"三要素"中的"技术效果"要素时与判断发明的创造性时,应当具有同一性。

二 界定"现有技术"和"本领域普通技术人员"

(一) 现有技术

通常来讲,审查员在专利申请主题所属技术领域中检索现有技术对比文件,必要时应当将检索范围扩展至功能类似的技术领域。为了应对计算机实施的发明所具有的跨学科性,这种扩大检索范围的趋势更加凸显。技术领域的确定一般由权利要求书限定的内容,特别是其中的功能和用途以及相应的具体实施例所决定,正是由于计算机程序的运行产生了特定的功能,专利法才赋予其获得保护的正当性。一方面,软件功能的实现需要不同学科的专业知识作为研发基础;另一方面,以算法为中心、能够获得某种效果的计算机程序可以应用于多个技术领域。以智能语音技术为例,它可以进一步分为语音识别、声纹识别、语义理解、自然语言处理、语音合成等不同分支,涉及语言学、声学、信号处理、计算机科学、模式识别、心理学、信息理论等学科,主要用途是处理、分析和表达人类语言。智能语音技术的高速发展为人类与计算机之间搭建了通信的桥梁,可以称之为人机交互的基础,目前配置该项技术的产品覆盖智能家居、智能车载、智能客服、智能金融、智能教育及智能医疗等领域,如苹果公司推出的 Siri、CarPlay App、谷歌公司开发的 Android Auto

---

① 国家知识产权局:《专利审查指南》,第二部分第四章第 2 节。

Wireless。① 按照 IPC 中对应的部、大类、小类、大组、小组的顺序确定专利申请所属技术领域，仅就上述智能语音技术的应用领域而言，即可能包含 A 部"人类生活必需"、B 部"作业运输"、G 部"物理"和 H 部"电学"等不同技术领域，但是它们或许利用了实质性相同的算法，只是在输入和输出方面存在差别。在这一背景下，各国和地区专利审查部门倾向于扩大现有技术的检索范围具有合理性，我国专利行政部门也应把握软件和人工智能技术研发和应用特点，顺应国际潮流。

需要指出的是，现有技术的检索范围不应无限制地扩张。在美国，用于判断新颖性的现有技术对比文件，不像非显而易见性审查那样要求来自所谓的"类似技术领域"，发明的非显而易见性是基于本领域普通技术人员的视角进行判定，而新颖性审查是没有限制的。在 In Re Runion 案中，涉及的专利申请是一种由涂覆了耐磨物质的盘子构成的鸟喂食器，然而 USPTO 以发明已经为 Wolff 的专利"一种可食用的粗砂涂覆的盘子"所公开而拒绝专利申请。② 关于 Wolff 专利文件是否有力地影响本案中的专利申请引起了激烈的争论，理由在于尽管解决方案相似，但是它们各自所属的技术领域相距甚远，家禽业农民在判断他们的需要是否可以通过现有技术解决时不可能查阅烘烤领域的文献。③ 换言之，在新颖性和创造性审查的不同阶段，探讨"现有技术"问题的侧重点不同，前者应根据规定的方法尽可能全面地检索现有技术；而后者的认定则以本领域技术人员的合理预期和常规做法为限制因素。在我国，并没有诸如此类的规定，尤其是这一限制因素应当在判断计算机实施的发明之可专利性时予以考量。

对于人工智能相关发明，整体适用与计算机实施的发明相同的

---

① 尹丽波主编：《人工智能发展报告（2019—2020）》，电子工业出版社 2020 年版，第 86—90 页。

② *In re Runion*, 899 F. 2d 1201 (Fed. Cir. 1993).

③ ［美］罗杰·谢科特、约翰·托马斯著：《专利法原理》，余仲儒组织翻译，知识产权出版社 2016 年版，第 68 页。

现有技术认定标准。自动生成的技术方案是否构成现有技术，应当从公开的时间、状态和可实施要求的不同角度进行分析。利用人工智能技术自动生成的技术方案作为现有技术的主要障碍在于它是否满足可实施要求。不可否认，一部分由此产生的技术方案在算法推理、数据整合以及超强算力的作用下能够满足以上条件，然而也有不少人工智能自动生产的技术方案在语法和表达上，难以做到完整、清楚和准确的程度，在可实施性上，依据该技术情报本领域技术人员也无法构建所述发明并达到同样的实际效果。也就是说，这部分由人工智能算法自动生成的技术方案质量低下，没有任何现实意义和价值，将其划入现有技术范围只能徒增专利行政审查部门的负累。然而审查员凭借自身能力也很难辨别自动生成的技术方案的质量高低，而且潜在的专利文件和非专利文件数量日益增多，绝大多数人工智能技术仅以源代码的形式记录，也加剧了现有技术检索的难度。对此，我国专利行政部门可以借鉴域外经验，尝试开展同行评议项目或采取外包模式，在现有技术检索环节提高公众参与度，强化与相关专业机构的交流合作，缓解审查员的检索工作压力；另外，还应当重视审查员的培训以及专利审查与管理的智能化升级，目前人工智能技术可以应用于专利检索、专利分类、专利翻译和专利分析四个主要方面。例如 JPO 已于 2017 年发布关于充分利用人工智能技术的文件。[①] USPTO 运用机器学习算法分析已授权的美国专利中人工智能的数量、实质和演进及其组件技术的情况。在此基础上，US-PTO 还增加了手动验证的步骤，即由两名审查员分别根据有关人工智能组件技术的定义和示例判定专利文件所属的人工智能组件技术类别，若两名审查员就此作出不同的认定结论，由第三名审查员裁决。[②]

[①] 参见周俊、马克、陈燕《日本特许厅引入人工智能优化专利审查和管理》，《中国发明与专利》2018 年第 1 期。

[②] USPTO, *Inventing AI: Tracing the diffusion of artificial intelligence with U. S. patents*, p. 13.

（二）本领域普通技术人员

首先，应当确定的是本领域普通技术人员指的是自然人而非机器或人工智能系统。关于人工智能当前性能的错误认知引发了有关通用人工智能的争论，认为自主运行且具有创造性的人工智能在发明过程中占主导地位，然而实际上这样的人工智能尚不存在于真实世界中。例如，前一段时间，在世界范围内引起广泛热议的 DABUS 系统（统一感知的自主引导装置），它是第一个以人工智能机器命名的专利申请发明人。该系统的研发团队就它生成的两项创新成果"一种新型食物容器"和"一种可以用作信号塔的装置"分别向美国、① 英国②和欧洲③等国家和地区的专利局提出专利申请，这些国家和地区的专利局纷纷以不符合专利法关于发明人的定义而驳回了申请。尽管在 DABUS 生成发明的过程中，研发团队没有直接给出它需要执行的计算机指令代码，甚至没有提出需要解决的任何具体问题，但是支撑该人工智能系统有效运行并生成发明的有关这个世界的常识仍然由人类研究人员提供，它从各种想法及其组合中获得的启示正是来自于人类投喂给它的常识。④ 因此，包括计算机软件在内的由人工智能系统生成的发明无法完全排除人类力量的介入，只不过是因选择的机器学习算法不同而导致人类的贡献程度不同罢了。

再者，计算机实施的发明所属技术领域应为计算机领域和特定应用领域的结合，法律拟制的本领域技术人员也应具备这两个领域的综合知识，我国目前的专利审查和司法实践尚未反映出这类发明所属领域的技术人员应有的交叉学科的知识和技能。考虑到发明拟解决的技术问题复杂程度，有时将本领域普通技术人员界定为由来自不同技术领域的专家组成的团队更为合适。诚然，本领域技术人

---

① Application No. 16/524, 350.
② GB1816909.4 and GB1818161.0.
③ APP. No. 18 275 163.6.
④ Erika K. Carlso, "Artificial Intelligence Can Invent But Not Patent—For Now", *Engineering*, Vol. 6, 2020, p. 1212.

员的这种跨学科集体属性在人工智能相关发明中表现得更为明显，至于一些学者主张随着人工智能技术的逐渐成熟，可以取消技术领域的限制，在现阶段已然脱离了技术现实状况。因为人工智能系统远远未达到渗入一切技术领域的程度，它也没有成为所有技术研发活动的应用工具，弱人工智能仅仅聚焦于特定问题，产生的功能或者效果只能局限于单一技术领域。能否将普通技术人员的技术水平提升至配备人工智能系统的高度，根本上由本领域技术人员使用的常规试验或研发手段所决定，不应超出其合理预期，这往往与人工智能系统的市场供应和应用成本有关。若将创造性判断主体从自然人转变为发明机器，导致的后果如同 CAFC 曾经所犯的错误一样，严格适用 TSM 测试法，过分依赖书面的现有技术对比文件寻找否定发明创造性的启示或动机；从人工智能机器的角度看，则相应地要求专利局或法院单纯寻找普通人工智能机器可以理解的数据类别来判断发明具有创造性与否。故此，认定本领域普通技术人员的过程中，不能忽略了人类在设计和引导人工智能机器、解释其生成的数据中所发挥的重要作用。

另外，可以借鉴美国判例法，明确认定本领域技术人员一般技术水平的考量因素：（1）本技术领域中遇到的问题类型；（2）解决这些问题的在先技术方案；（3）进行创新活动的速度；（4）技术复杂性；（5）本领域现役工作人员的受教育程度。除此之外，本领域技术人员对于发明机器（如通用计算机、人工智能系统）的常规使用也可具化为判断其一般技术水平时应予考虑的条件，而不必再从本领域普通技术人员的基本原理和其他考量因素中推知。为提高以上各项因素的可操作性，有必要对此加以解释或改良。其中第一和第二项因素关于本领域既有技术问题和相应的解决方案，事实上是评判现有技术对于制作获得特定发明给出的技术启示。在人工智能领域，机器学习算法的优势在于发现数据中的规则，并按照规则进行分类和预测，因此使用人工智能技术的发明所能够产生的技术效果，在本领域技术人员看来具有一定的可预期性。比如人工智能系统通过暴力试错的方式破坏程序结构的代码，即使这些有限数量的可供利用的解决方案，超出了人类的计算能力，主张相关技术方案具有创造性也将变得愈加困难。①

上述第三项因素是对所属技术领域创新速度的考量。USPTO 在《人工智能发明：追踪美国人工智能专利扩散报告》中指出，人工智能发明专利申请总量持续增长的同时，该项技术正在向更大比例的技术子类扩散，其中扩散速度最快的是知识处理和规划控制技术；视觉、机器学习、AI 硬件等技术集群的扩散速度虽然较慢，但整体呈现增长趋势；进化计算、语音和自然语言处理技术集群的扩散速度最慢，近几年也有所突破。② 由此可见，人工智能领域是极富创新活力的技术领域，它的快速发展也为本领域技术人员平均技术水平的认定带来积极影响。然而反对意见认为尽管某个技术领域从事创新活动的速度较快，但是如果相关专利没有被实际运用，科技成果没有成功实现商业转化，则本领域技术人员的一般技术水平未必始终能够以相同的速度进步。③ 故此，不能简单地认为创新速度与本领域一般技术水平之间呈正相关。新兴技术领域的快速发展或许只是得益于起步阶段实施的偶然性试验或者采用的一种新型分析技术而为研究扫清了障碍，该领域的平均技术水平仍然处于低位。至于第四项因素"技术复杂性"，在理论上与本领域普通技术人员具有的知识结构和从业经验存在何种相互关系，尚有待于专利局和法院参考实证研究结论进行阐释说明。最后一项因素"本领域现役工作人员的受教育程度"越高，则该领域的一般技术水平越高。应当强调的

---

① Susan Y. Tull and Paula E. Miller, "Patenting Artificial Intelligence: Issues of Obviousness, Inventorship, and Patent Eligibility", *Rail*, Vol. 1, 2018, p. 230.

② USPTO, *Inventing AI: Tracing the Diffusion of Artificial Intelligence with U. S. Patents*.

③ John W. Schlicher, "Biotechnology and the Patent System: Patent Law andProcedures for Biotechnology, Health Care and Other Industries", *U. Balt. Intell. Prop. J.*, Vol. 4, 1996, p. 131.

是，这一项因素的考察重点是本领域技术人员接受的专业培训和积累的工作经验情况，并非其取得的学历学位程度。

不仅如此，我国专利制度应当承认本领域技术人员具有一般创造能力。否则，就同一件计算机实施的发明而言，可能在我国被国家知识产权局授予了专利权，却在美国、日本等发达国家因更高的创造性标准而无法获得专利保护，造成国内经营者在全球贸易市场上处于不利的竞争地位，为此需要付出更高的销售或研发成本。适当抬高本领域普通技术人员应当具有的能力，有助于促进我国技术创新水平的提升，更好地适应国际竞争环境。历史经验表明新技术的引入势必关系到相关技术领域的平均技术水平，如同试管的存在影响化学技术领域内普通技术人员的水平，以及通用计算机的存在影响软件和其他技术领域内普通技术人员的水平。可以预见一旦人工智能系统的可获取性突破当前的有限技术领域，它将会对应用技术领域内技术人员的一般技术水平带来深远影响，但是在当前技术背景下，人工智能的使用仍不足以泛化为计算机实施的发明所属领域技术人员开展的普通创造活动。建议参考 JPO 采取的有效做法，在审查指南或其他专门文件中进一步列举属于本领域技术人员普通创造能力所及的具体情形，增加评价本领域普通技术人员具有的"合乎逻辑的分析、推理或者有限的试验能力"之要素。值得一提的是，"现有技术"和"本领域普通技术人员"是创造性比较判断中最为关键的参照系，它们的调整方向就是提升或降低创造性标准的具体路径，最佳的创造性标准只是一种理想状态，实践中较为合理的方法是基于走访调研和数据统计分析等实证研究使其处于动态变化之中。[①]

三 改进用于判断发明创造性的"三步法"

与一般发明相同，我国判断计算机实施的发明的创造性也适用

[①] 吴汉东：《人工智能生成发明的专利法之问》，《当代法学》2019 年第 4 期。

"三步法"，通过与 EPO 采用的"问题解决法"进行比较研究，结合此类发明的自身特点，可以从厘定纳入创造性评价范畴的非技术特征、确定发明实际解决的技术问题以及认定非显而易见性三个方面，完善现行的三步判断模式。整体上，本领域普通技术人员的视角不只应融入最后一个步骤"发明显而易见与否"的判断中，而是应当在"三步法"适用伊始，就将本领域普通技术人员作为判断的主体，进而确定最接近的现有技术，并且根据要求保护的发明不同于现有技术的区别特征及其技术效果，客观认定发明实际解决的技术问题。

（一）厘定能够纳入创造性评价范畴的非技术特征

我国《专利审查指南》已规定对计算机实施的发明专利申请进行创造性审查时，应将与技术特征功能上彼此相互支持、存在相互作用关系的算法特征或商业规则和方法特征与所述技术特征作为一个整体考虑。至于何种算法特征或商业规则和方法特征构成"与技术特征功能上彼此相互支持、存在相互作用关系"的非技术特征，审查指南只给出了过于抽象的定义和有限的审查示例，即相关算法应用于具体的技术领域并解决具体的技术问题，所涉商业规则和方法的实施需要技术手段的调整或改进。在这一问题上，EPO 分别从技术应用和技术实施两个角度界定对于发明的技术性有贡献的技术特征和非技术特征。总体而言，中欧判定哪些非技术特征可以纳入创造性评价范畴的思路相同，均以技术特征与非技术特征共同带来的技术效果为落脚点。根据 EPO 判例法，数学算法在特定的应用场景下，其输出结果与技术活动具有直接的关联性，该算法可以作为判断发明创造性的非技术特征。若算法的输出仅仅为人们选择最优路径、制定商业决策等智力活动提供了依据，则将算法特征排除在创造性审查的考虑范围之外。我国专利行政和司法部门考量算法特征的技术贡献时，也应当注意算法输出结果的用途。对于数学方法的技术实施，强调发明设计受计算机内部功能的制约，如果计算机执行某种算法只产生了比手动实施方式更加高效的结果或是可复现的结果，这种结果属于程序算法的内在属性，那么应当否定该算法特征的技术贡献。面对不断增多的人工智能发明专利申请，EPO 专利审查指南中还详细列举了关于人工智能和机器学习算法的典型技术应用，不仅为审查员提供明确的工作指引，也有助于专利申请人及其利害关系人撰写专利申请文件，提高专利授权结果的可预期性，为我国提供了可资借鉴的范例。

判断商业规则和方法特征的技术贡献，应当以权利要求所述技术实施手段是本领域技术人员进行选择的结果作为切入点，排除由商业领域专家或行政管理人员考虑的非技术特征。我国《专利审查指南》规定只有需要调整或改进技术手段的商业方法特征才在发明创造性审查过程中予以考虑，意味着审查顺序为先确定最接近的现有技术以及区别特征，再认定商业方法特征的技术效果，而 EPO 是基于具有技术性贡献的技术特征和非技术特征确定最接近的现有技术，相较而言 EPO 的判断方法能够对于最接近的现有技术作出更为准确的判断。我国专利行政部门和法院适用的"三步法"起源于欧洲的"问题解决法"，它以贴近技术创新的正向思维过程为特征，力求判定结果的客观性，理论上，"最接近的现有技术"应为最能代表现有技术整体的技术水平的特定个体。① 因此，确定"最接近的现有技术"时将带来技术贡献的非技术特征纳入考量范围具有正当性。

（二）客观技术问题的归纳

的确，在许多国家，技术问题仅仅是判断发明的非显而易见性时众多考虑因素之一，比如在美国，解决长期以来未能克服的技术难题是评估发明对于本领域技术人员显而易见与否的证据之一；在日本，以存在将"第二在先技术"应用到"主要在先技术"的动机为由，判定发明不具有创造性，需要考量待解决问题的相似性；依据韩国专利法，确定权利要求记载的发明是否可以由本领域技术人员容易地得出时，申请专利的发明与引用发明拟解决相似的技术问

---

① 李越、冯涛、邹凯、李瑛琦、倪晓红：《问题导向下的我国创造性评判标准研究》，《中国专利与商标》2017 年第 2 期。

题属于否定发明创造性的原因之一。而我国与 EPO 适用"问题解决法"判断发明创造性时，高度依赖于专利说明书中描述的技术问题，或审查员和法官重新确定的技术问题。实践中，就发明实际解决的技术问题的认定常常发生争议，或是偏离了发明的实质，故而国内有观点认为不应将技术问题作为创造性审查的必备因素。[①] 这涉及中国专利行政部门和司法机关彻底转变现行的创造性判断方法的问题，即放弃移植自欧洲大陆的"问题解决法"。出于维持国内法律制度的稳定性考虑，该主张在未来一段时间内不具有可行性，更何况在前述几个国家的专利制度中，并非完全回避对发明所解决的客观技术问题的认定，即使作为非显而易见性的判断因素之一，也有必要对相关法律规范予以明确。

根据前文论述可知，计算机实施的发明通常会在解决技术问题、获得技术效果的同时，达到了某些非技术性目的。针对这一特点，EPO 一方面要求审查员重新确定的技术问题不能包含指向权利要求中所述技术方案的提示，以克服"事后诸葛亮"式偏见；另一方面，某些不具有技术贡献，仅仅实现了非技术领域目的的特征可以用来归纳发明实际解决的技术问题。换言之，根据最接近的现有技术重新确定的技术问题，可能包含部分金融或行政管理等非技术领域的概念。该认定原则对于我国专利行政审查和司法实践同样适用，由此可以进一步限定技术问题表述中使用的过于上位的概念，也不会简单地将区别技术特征所实现的作用、功能或者技术效果等同于发明实际解决的技术问题。此外，审查员或法官应当格外注意商业方法等智力活动规则特征究竟是通过具体的技术实施手段获得了技术效果，还是仅仅利用人为设定的规则绕开本领域既存的技术问题，由此实现的效果只是非技术特征的内在效果，与技术问题的界定无关。

---

① 杨勤之：《新形势下专利审查中的创造性判断相关问题分析》，《知识产权》2019 年第 10 期。

（三）判断计算机实施的发明显而易见与否的注意事项

"三步法"的最后一个步骤即判断要求保护的发明对本领域技术人员来说是否显而易见。无论是我国专利制度中确立的"三步法"还是 EPO 适用的"问题解决法"，都可以将非显而易见性的判断概括为从现有技术中寻找特定技术教导或启示的过程。遵循目前的创造性判断方法，可以肯定的是如果计算机实施的发明所涉算法作为区别于最接近的现有技术的特征，带来了技术效果，且未被其他现有技术对比文件公开，也不属于公知常识，那么该发明整体上具有非显而易见性。如果商业方法发明与最接近的现有技术相比，区别特征仅仅是利用计算机实施的技术手段，其技术效果是实现商业方法的自动化，它可以通过简单常规的计算机编程而达到，则应当将该区别特征视作公知常识，因此在本领域技术人员看来发明是显而易见的。此外，在创造性评判的第三个步骤中，容易犯的错误是"忽略技术问题在技术启示寻找环节中的导向作用，'唯特征论'"。①尤其是认定权利要求所述区别特征为与最接近的现有技术相关的技术手段，或为另一份对比文件中披露的相关技术手段，我国司法实践中通常会基于区别特征的功能和作用判断现有技术中存在技术启示与否；而 EPO 强调的是面对相同或类似的技术问题，本领域技术人员会从现有技术中寻求有效的技术实施手段。如此可以避免将完全无关联的现有技术作为比较的对象，进而抑制计算机实施的发明所属技术领域内现有技术过度扩张的趋势，这一点应引起我国专利行政审查和司法部门的高度重视，免于落入"唯特征论"的陷阱中。

考虑到以技术启示作为衡量发明对于本领域技术人员而言是否显而易见的基准，有可能像美国判例法确立的 TSM 标准那样，过分依赖书面文件记载的内容而导致僵化、死板的认定结论，甚至造成很多组合现有技术、缺乏真正创新性的发明专利合法化。在发明的

---

① 李越、冯涛、邹凯、李瑛琦、倪晓红：《问题导向下的我国创造性评判标准研究》，《中国专利与商标》2017 年第 2 期。

非显而易见性判定环节,可以拓宽审查思路,除了从现有技术对比文件中寻找对应的技术启示外,还可以借鉴美国 KSR 案中联邦最高法院对"显而易见"的发明创造活动所作的非穷尽式例举,以及 JPO 专利审查手册中规定的本领域技术人员普通创造能力可及事项,更好地满足人工智能、商业方法软件等新兴技术领域发展需求。特别是对于申请专利的技术方案中没有作出实质性贡献的特征,不必苛求所谓的"书面证据",可以考虑适当放宽证据标准。另外,用于评估发明创造性的辅助考量因素中,与计算机实施的发明关系最为密切是克服技术偏见与取得商业上的成功。然而,人工智能参与创新的主要方式是在"深度学习"现有技术的基础上实现,除非设计者有意限定算法作出与现有技术中的技术教导相反的尝试,否则难以完成克服技术偏见的发明创造。以取得商业性成功为理由,主张计算机实施的商业方法发明具有非显而易见性,其判断标准无异于其他发明,各主要国家的专利制度均要求证明商业成功与发明的技术性之间存在因果关系,而不是因广告促销和市场垄断等非技术因素形成的商业性成功。需要指出的是,用于判定发明创造性的辅助因素不能替代非显而易见性判断,即便是过去尤为强调市场需要、问题解决推动力等非技术要素的美国,也在 KSR 案之后逐渐回归了以技术本身为侧重点的客观分析方法。专利行政部门和法院运用技术常识判定非显而易见性时,应注重有关公知常识的论证说理。

不少人工智能和软件相关发明都是组合已知技术方案及其技术要素的发明,决定其创造性的关键因素是产生了超出本领域技术人员预期的技术效果,使组合后的技术效果优于每一技术特征的简单叠加。在物联网时代,能够为组合发明带来意料之外的协同性技术效果的往往是已知要素(如功能模块)之间的连接关系和整体架构。当然,为了强化组合发明创造性判断的客观性,防范后见之明的风险,还要追问本领域普通技术人员组合已知技术要素的理由和可能性,如现有技术中存在相反的技术启示或阻害要因。整体看来,现有的组合发明创造性评判标准和考量因素依然适用于包含人工智能在内的计算机实施的发明。

四　细化说明书充分公开要求

作为换取一定期限内垄断权的对价，专利申请人应当向社会公众披露有关发明创造的足够细节。说明书充分公开要件不仅是获得专利授权的要件之一，还影响着专利申请是否符合客体适格性以及实用性、创造性等实质授权要件的判定结论，更关系着专利法的立法意图能否实现——促进技术信息的传播，减少重复劳动，节约社会资源，丰富可供公众自由利用的技术方案以激励改进创新。对于计算机实施的发明专利说明书，应当满足专利法第26条第3款之规定，对发明作出清楚、完整的说明，以所属技术领域的技术人员能够实现为准。审查指南要求在涉及计算机程序的发明专利申请说明书中，公开计算机程序的主要流程图并以文字形式描述其中的各步骤，相关发明对计算机装置结构硬件作出改变的，还要公开硬件实体结构图并描述各硬件组成部分及其相互关系。由于不同算法的特点不同，特别是深度学习算法中存在大量带权值的隐藏层，它们在学习/训练过程中不断演化且不需要人类的介入，对专利申请人披露关于算法的足够细节提出了挑战，可以借鉴美国判例法和MPEP中规定的说明书公开要件，不必拘泥于算法公开的形式，可通过文字表述、数学公式、流程图和/或示意图以及其他任何可提供充分结构的形式。

有国外学者建议对于软件专利申请，要求以伪代码形式描述权利要求，或者撰写为功能限定权利要求，同时在说明书中披露程序执行的伪代码。① 所谓伪代码，是用介于自然语言和计算机语言之间的文字和符号（包括数学符号）来描述算法，其目的在于表达某一算法的结构，使另一程序员用他们选定的机器语言执行这一算法。

---

① See Athul K. Acharya, "Abstraction in Software Patents (and How to Fix it)", *J. Marshall Rev. Intell. Prop. L.*, Vol. 18, 2019, pp. 377–381.

与真正的程序代码相比,伪代码的内容更加简洁。为了准确传达算法的实质,伪代码的描述往往会忽略数据抽象、模块化、错误处理等典型的软件工程问题。① 计算机程序的伪代码通常会出现在软件设计的初期,在之后的程序测试和维护阶段也可以对此加以利用,为工程师、程序员等本领域技术人员之间的交流提供便利。下面是一段使用动态规划的分支界定法的伪代码:

```
// Branch and Bound with Dynamic Programming
B_ B_ W_ Dynamic_ Programming ( Root_ Node, goal)
{
Create Queue Q
Insert Root_ Node into Q
While ( Q_ Is_ Not_ Empty)
    {
    G = Remove from Q
    Mark G visited
            If this mode has been visited previously, retain only the shortest path to G
    If ( G = goal) Return the path from Root Node to G;
    Insert the children of G which have not been previously visited into the Q
    } // end while
Return failure
} // end of the branch and bound with dynamic programming function. ②
```

说明书公开须到达本领域技术人员能够实现要求保护的技术方案的程度。为此,专利申请人除了披露计算机实施的发明中所涉硬件的组成部分及其相互关系,以及软件执行算法的主要步骤外,也

---

① Thomas H. Cormen et al., *Introduction to Algorithms*, 3rd edn, The MIT Press, 2009, p. 17.
② [美]史蒂芬·卢奇、丹尼·科佩克:《人工智能》,林赐译,人民邮电出版社 2018 年版,第 99 页。

不能忽略软硬件资源之间的互动。由于各主要国家和地区专利法普遍认为软件领域普通技术人员能够按照计算机程序框图，轻松地撰写出对应的源代码，因此说明书中只需要公开必要的起决定性作用的算法结构。① 本领域技术人员具有的现有技术知识和一般技能能否补充发明所公开的内容，从而判断申请专利的发明公开的充分性。那么，我国专利审查部门和法院有必要结合当前人工智能产业政策，以及这类发明专利存在披露不充分的突出问题，灵活解释公开要件的判断主体"本领域普通技术人员"应当掌握的知识和能力，没有必要像 EPO 那样，硬性规定本领域技术人员在创造性要件和公开要件的判定过程中具有完全相同的特征。评判计算机实施的发明是否满足公开性和可实施性时，将本领域普通技术人员看成是"缺乏想象力的苦干者"，② 间接要求专利申请人在说明书中披露更多的技术细节，可以合理地限缩过于宽泛的专利权利要求。

在美国，CAFC 审理的 *In re Wands* 案提出了用以衡量说明书的公开是否达到可实施的标准，以及是否需要过度试验的综合因素，具体包括：(1) 权利要求的宽度；(2) 发明的实质；(3) 现有技术；(4) 普通技术人员的技术水平；(5) 本技术领域可预期性水平；(6) 发明人提供的指导的程度；(7) 是否存在实施例；(8) 基于公开的内容制作或使用发明需要的试验数量。③ 该多因素测试法也适用于人工智能相关发明和其他计算机实施的发明。虽然它们的权利要求中往往含有功能性特征，但这并不意味着专利说明书需要事无巨细地描述一切技术细节，而是结合以上因素判断本领域技术人员是否能够容易地根据说明书中给出的实施例和等同方式实现所请求的功能。

---

① *AllVoice Computing PLC v. Nuance Commc'ns, Inc.*, 504 F. 3d 1236, 1242, 1245 (Fed. Cir. 2007).

② Sean B. Seymore, "Heightened Enablement in the Unpredictable Arts", *Ucla L. Rev.*, Vol. 56, 2008, pp. 132 – 136.

③ *In re Wands*, 858 F. 2d 731, 736 – 737 (Fed. Cir. 1988).

人工智能算法在一定程度上具有内在的随机性，专利申请人无法对输入与输出之间逻辑关系作出全面地合理解释，如果现有技术中关于发明实质的知识匮乏，相关技术缺少可预见性，则说明书应当披露更多有关制造和使用发明的信息以符合可实施要件。将已知算法应用于特定技术领域，现有技术中不乏神经网络等深度学习算法的科学原理，算法最终体现为由一个个代码组成的计算机程序，在撰写过程中，程序员对算法所追求的效果有着清晰的预期。[①] 此时，仅仅公开已知人工智能算法、模型的结构不足以使本领域普通技术人员将申请专利的模型应用于实践。以机器学习算法为例，它首先需要人为地赋予计算机若干带参数的函数，也就是用于训练的已知模型，人工智能会在获取的学习数据所具备的对应输入值和输出值的基础上，调整模型中的参数。本领域技术人员是否能够实现权利要求记载的发明与超参数等功能性数据的公开密不可分。对于人工智能相关发明来讲，发明人或者申请人还要披露神经网络的权重和系数，或者公开训练数据集并提供训练方法使得本领域技术人员能够训练学习算法并实际运用该模型。若基于人工智能的发明涉及本领域普通技术人员知之甚少或难以理解的算法原理，说明书须对此披露更多的技术信息。故此，受本领域技术人员的技术水平制约，专利说明书披露习知技术特征和发明区别特征的功能性限定的详细程度不同。

本章小结

既然各主要国家在对待计算机实施的发明专利客体适格性问题上主要分歧在于是否考虑技术贡献，那么受专利法保护的技术方案

---

① 王夙、栾群：《人工智能发展中"算法公开"能否解决"算法歧视"》，《中国计算机报》2019年10月21日第14版。

究竟应当满足什么样的条件，或者说技术贡献是否属于可专利客体的必备构成要素？由美国法中可专利性要件的历史沿革可知，专利客体要件和实质性要件经历了从聚合到分立的过程，原因在于随着法制的完备，各要件的内涵逐渐充实，相应的判断标准更加明朗，集中规定专利适格性、实用性和新颖性及创造性的立法模式使相关法条变得过于庞杂，直至1952年美国专利法分别在第101条、102条和103条规定上述要件。尽管专利法在我国是舶来品，1984年颁布的第一部专利法既已在第2条和第25条以及第22条独立规定客体要件和实质授权要件，但是基于域外的历史考察，应当明确现行立法中的专利适格性和实用性、新颖性、创造性要件之间既有着紧密的联系，也存在清晰的界限，每一个要件只在各自的功能范围内按一定的逻辑顺序过滤不合格的专利申请。考量一项发明的技术贡献并非对其技术方案属性的判断，而是衡量技术方案的"平庸程度"，免不了涉及与现有技术和公知常识的比较。我国专利行政部门和法院目前适用的技术方案"三要素"标准，特别是其中的"技术效果"要素已然侵入专利创造性审查的功能范围。分析计算机实施的发明之可专利性，就其中某个要件的判断提出改进思路均应建立在体系化解读的基础上。

专利适格性判断要回答的问题是一项发明是否属于技术方案。本质上，技术方案应为自然规律或抽象思想的实际应用，为了避免先占任何科学技术原理，技术方案必须包含具体的应用或实施手段，发明人只能就实现特定技术效果的一种方式获得有限时间内的垄断权。因此，审查计算机实施的发明专利适格性应以技术实施手段为重点，对"技术方案"三要素标准予以弹性构造，暂时保留"技术问题"要素，用于过滤权利要求中仅包含通用计算机一项技术特征，实质上属于纯粹的商法方法或算法的发明专利申请。同时，弱化"技术效果"要素在专利适格性判断中的权重，交由创造性评价阶段考虑区别技术特征和非技术特征带来的技术效果，不会造成低质量专利泛滥的后果。另外，对于权利要求中记载的装置/模块等计算机程序，所涉算法应在专利说明书中充分公开，否则可能因缺少具体的技术实施手段而被认定为不可专利的客体。

计算机实施的发明具有跨学科、跨领域应用的特点，导致现有技术范围不断扩大，间接提高本领域技术人员的技术水平和普通创造能力，但这一趋势也应受到合理限制。现有技术检索不能超出本领域技术人员可以预见的范围。出于适应人工智能和软件研发应用现状的目的，我国《专利审查指南》应明确本领域普通技术人员除掌握人工智能和计算机编程方面的知识外，也知悉关于金融、商业、行政管理等应用领域的知识，根据发明所要解决的技术问题的复杂程度，有时宜将本领域普通技术人员界定为由不同专家组成的团队。至于是否将本领域技术人员界定为"配备人工智能系统的技术人员"由审查员和法官具体问题具体分析，需要考虑人工智能作为辅助工具在相关技术领域的普及程度和经济成本。重构后的专利适格性判断标准，更加需要严谨的创造性评价规范，以确保为真正作出技术贡献的发明创造授予专利权。总体而言，EPO采用"问题解决法"判定发明是否具有创造性，在界定纳入创造性评价范畴的非技术特征、确定客观技术问题以及认定非显而易见性时，强调技术问题在技术启示寻找环节中的导向作用三个方面对于我国完善"三步法"的适用具有借鉴意义。此外，可参考美国判例法和日本专利审查手册进一步列举计算机实施的发明对于本领域技术人员显而易见的具体情形。我国专利行政部门还应当针对涉及计算机程序的发明（包含人工智能相关发明在内）细化应当满足的说明书公开要件，开放公开形式的限制，重点规制算法的公开达到本领域技术人员可实施的程度，美国 *In re Wands* 案确立的多因素测试法不失为一种可供选择的路径。

结　　论

　　第三次工业革命后，计算机深入千家万户，软件的兼容性显著提升，使计算机软件广泛应用于各行各业。计算机实施的发明本质上是通过软件在计算机上的运行实现特定的功能或效果。软件产业的发展壮大不仅提高了工业生产效率，优化了商业流程，更为人们日常生活提供了极大的便利。与此同时，信息网络技术进步也对诞生于工业时代的传统专利制度提出新的挑战。但是，由于软件与计算机或其他信息处理设备等硬件之间有着天然的联系，算法和执行算法的计算机程序研发受到硬件的制约，而软件可以改进计算机内部性能，二者之间有着相互依存的关系。因此，计算机实施的发明并非绝对被排除在专利保护范围之外，也不会因单纯地采用了计算机这一技术手段而被授予专利权，应根据专利客体要件和实质性要件的相应判断标准，确定其可专利性。人工智能相关发明属于计算机实施的发明之子集，整体适用与之相同的可专利性标准。

　　综合考虑可专利性要件由统一到分立的历史目的与意义，法理学上有关法律解释的一般方法以及计算机实施的发明可专利性判定的确定性等因素，应对客体适格性与包含实用性、新颖性和创造性在内的专利实质性要件作体系化解读，不宜以可专利客体审查取代"三性"审查的部分功能。可以获得专利法保护的发明是一种技术方案，各国立法和理论学说对技术方案的定义均没有体现技术贡献要求，专利行政和司法部门也不应将技术贡献因素纳入客体适格性审查环节。技术贡献隐含着与现有技术比较的必然性，理应落入新颖性特别是创造性评价范围。从目前各主要国家和地区的专利审查与司法实践状况来看，计算机实施的发明之实用性不会成为阻碍其获得专利授权的主要障碍。至于人工智能相关发明潜在的安全隐患、社会歧视以及因"算法黑箱"导致的披露不充分等问题，本着鼓励创新的立法宗旨，只要发明存在的缺陷或不足没有严重到该技术方案无法实施的程度，或是其优点或进步超过了缺陷或不足，则可以认定发明具有实用性。由于这些问题产生的不利后果完全可以依据《民法典》合同编、侵权责任编和人格权编以及《消费者权益保护法》等主张损害赔偿，或是追究刑事责任。

遵循体系化解读计算机实施的发明可专利性的原则，在专利适格性要件上，应对我国目前适用的技术方案"三要素"标准进行弹性构造，以具体的技术实施手段作为审查重点。计算机实施的发明之新颖性主要取决于所涉算法或逻辑结构，而不是输入或者输出数据内容。现有技术和本领域普通技术人员是新颖性和创造性判断的标尺，计算机实施的发明往往是跨学科、跨领域的，这一特点也应当在现有技术和本领域技术人员的认定中有所体现。此外，现有技术范围和本领域普通技术人员的技术水平不应无限地扩张和提升，它们分别受制于相关领域技术人员的合理预见以及人工智能系统的普及程度，美国判例法和日本专利审查手册确立的考量因素及具体事例可为我国专利审查实践提供借鉴。我国与欧洲适用类似的创造性判断方法，基于比较研究，在确定有技术性贡献的非技术特征和客观技术问题，以及认定非显而易见性方面，域外经验为我国带来了一定的启示。针对功能性特征引发的过于宽泛的权利要求范围问题，有必要进一步细化涉及计算机程序的发明应当满足的说明书公开要件。

是否给予计算机实施的发明专利保护，以及在多大程度上予以保护，除了涉及专利法基本理论外，也属于政策性问题。在全球范围内，技术发达国家纷纷制定人工智能发展战略与规划，积极开展相关产业布局，研究应对人工智能在社会、经济和国家安全等各方面影响的策略。同时，以智能制造为主导的第四次工业革命也为我国加快建设创新型国家和世界科技强国，增强综合国力和国际竞争力带来了重大机遇。专利制度也应服务于国家战略的实施，与人工智能和软件产业的发展现状及需求相匹配。作为专利授权的"第一道门槛"，我国现行专利适格性判断标准，以带有经验主义色彩的"技术问题"和"技术效果"认定方式，可能会将部分有价值的软件相关发明拒之门外，弱化这两个要素在"技术方案"属性判断中所占比重，不会出现像美国 *State Street Bank* 案之后那样混乱的局面，因为我国适用"三步法"判断计算机实施的发明之创造性，仍然会借助其他参照系对发明所解决的"技术问题"和获得的"技术效果"作出更加客观的判断。纵观世界主要国家的专利制度可知，计算机程序算法尚不构成可专利客体。我国人工智能领域的技术优势在于应用层面，现阶段超前地授予算法本身专利权，只会加重国内互联网企业承担的专利许可使用费等运营成本和诉讼支出，扰乱正常的市场竞争秩序。总而言之，计算机实施的发明之可专利性认定应在激励创新与保护公共利益之间寻求动态平衡。

参考文献

一 中文类

（一）著作

崔国斌：《专利法：原理与案例》，北京大学出版社2016年版。

冯晓青、刘友华：《专利法》，法律出版社2010年版。

国家知识产权局条法司编：《新专利法详解》，知识产权出版社2001年版。

国务院发展研究中心国际技术经济研究所、中国电子学会、智慧芽：《人工智能全球格局：未来趋势与中国位势》，中国人民大学出版社2019年版。

郎贵梅：《专利客体的确定与商业方法的专利保护》，知识产权出版社2008年版。

李开复、王咏刚：《人工智能》，文化发展出版社2017年版。

李明德：《美国知识产权法》，法律出版社2014年版。

李明德：《知识产权法》，法律出版社2014年版。

李明德、闫文军：《日本知识产权法》，法律出版社2020年版。

李明德、闫文军、黄晖、邰中林：《欧盟知识产权法》，法律出版社2010年版。

李扬：《知识产权的合理性、危机及其未来模式》，法律出版社2003年版。

李永红主编：《"互联网+视角"下看专利审查规则的适用》，知识产权出版社 2017 年版。

刘春田：《知识产权法》，中国人民大学出版社 2014 年版。

刘尚志、陈佳麟：《电子商务与计算机软件之专利保护——发展、分析、创新与策略》，中国政法大学出版社 2004 年版。

罗东川主编：《专利法重点问题专题研究》，法律出版社 2015 年版。

石必胜：《专利创造性判断研究》，知识产权出版社 2012 年版。

石必胜：《专利权有效性司法判断》，知识产权出版社 2016 年版。

孙博：《机器学习中的数学》，中国水利水电出版社 2019 年版。

吴汉东等：《知识产权基本问题研究》，中国人民大学出版社 2004 年版。

吴汉东主编：《知识产权法》，法律出版社 2014 年版。

肖光庭主编：《新领域、新业态发明专利申请热点案例解析》，知识产权出版社 2020 年版。

杨正洪、郭良越、刘伟：《人工智能与大数据技术导论》，清华大学出版社 2019 年版。

尹丽波主编：《人工智能发展报告（2019—2020）》，电子工业出版社 2020 年版。

尹新天：《中国专利法详解》（缩编版），知识产权出版社 2012 年版。

张玲：《日本专利法的历史考察及制度分析》，人民出版社 2010 年版。

张文显主编：《法理学》，高等教育出版社 2018 年版。

张晓都编：《郑成思知识产权文集·专利和技术转让卷》，知识产权出版社 2017 年版。

张玉敏：《专利法》，厦门大学出版社 2017 年版。

赵晓鹏：《德国联邦最高法院典型案例研究·专利法篇》，法律出版社 2019 年版。

郑成思：《知识产权法》，法律出版社 1997 年版。

郑成思主编：《知识产权——应用法学与基本理论》，人民出版社

2005 年版。

朱谢群编：《郑成思知识产权文集·基本理论卷》，知识产权出版社 2017 年版。

竹中俊子主编：《专利法律与理论——当代研究指南》，彭哲、沈旸、许明亮等译，知识产权出版社 2013 年版。

［德］鲁道夫·克拉瑟：《专利法——德国专利和实用新型法、欧洲和国际专利法》，单晓光、张韬略、于馨淼译，知识产权出版社 2016 年版。

［德］齐佩利乌斯：《法学方法论》，金振豹译，法律出版社 2010 年版。

［法］丹尼尔·克罗萨、［英］亚历克斯·加迪纳、［德］福尔克·吉姆萨、［奥］约尔格·马切克：《适用于计算机领域从业人员的专利法实例——计算机实现的发明的保护方法》，冯于迎、冯晓玲、胡向莉译，知识产权出版社 2016 年版。

［美］E. 博登海默：《法理学：法律哲学与法律方法》，邓正来译，中国政法大学出版社 2017 年版。

［美］P. D. 罗森堡：《专利法基础》，郑成思译，对外贸易出版社 1982 年版。

［美］理查德·A. 波斯纳著：《超越法律》，苏力译，中国政法大学出版社 2001 年版。

［美］罗杰·谢科特、约翰·托马斯：《专利法原理》，余仲儒组织翻译，知识产权出版社 2016 年版。

［美］罗素、诺维格：《人工智能：一种现代的方法》，殷建平、祝恩、刘越、陈跃新、王挺译，清华大学出版社 2013 年版。

［美］史蒂芬·卢奇、丹尼·科佩克：《人工智能》，林赐译，人民邮电出版社 2018 年版。

［日］青山纮一：《日本专利法概论》，聂宁乐译，知识产权出版社 2014 年版。

［日］田村善之：《日本知识产权法》，周超、李雨峰、李希同译，

知识产权出版社 2011 年版。

［日］田村善之主编：《日本现代知识产权法理论》，李扬等译，法律出版社 2010 年版。

［日］增井和夫、田村善之：《日本专利案例指南》，李扬等译，知识产权出版社 2016 年版。

［意］皮埃罗·斯加鲁非：《人工智能通识课》，张翰文译，人民邮电出版社 2020 年版。

［英］伊恩·萨默维尔：《软件工程》，彭鑫、赵文耘译，机械工业出版社 2019 年版。

（二）期刊论文

蔡琳：《智能算法专利保护的制度探索》，《西北工业大学学报》（社会科学版）2019 年第 3 期。

陈健：《从"StateStreet"到"Bilski"美国商业方法专利审查标准的演变》，《电子知识产权》2015 年第 1 期。

陈健：《商业方法可专利性判断标准研究》，《暨南学报》（哲学社会科学版）2013 年第 1 期。

陈绍玲、梁翔蓝：《人工智能对专利创造性的挑战及应对》，《福建江夏学院学报》2018 年第 4 期。

仇蕾安、曲三强：《国外软件类技术的可专利性研究》，《知识产权》2016 年第 7 期。

崔国斌：《专利法上的抽象思想与具体技术——计算机程序算法的可专利性分析》，《清华大学学报》（哲学社会科学版）2005 年第 3 期。

狄晓斐：《人工智能算法可专利性探析——从知识生产角度区分抽象概念与具体应用》，《知识产权》2020 年第 6 期。

董成良：《软件专利及其创造性》，《网络法律评论》2003 年第 3 期。

傅毅冬、王雨情：《"智能律师"包含算法特征发明的创造性判断》，《中阿科技论坛》2020 年第 10 期。

高雪：《专利创造性与说明书充分公开的界限》，《人民司法》2020

年第 16 期。

管荣齐：《中国专利创造性条件的改进及建议》，《法学论坛》2012 年第 3 期。

管育鹰：《人工智能带来的知识产权新问题》，《贵州省委党校学报》 2018 年第 5 期。

管育鹰：《软件相关方法专利多主体分别实施侵权的责任分析》，《知识产权》2020 年第 3 期。

郭鹏：《金融产品专利创造性的基础审查原则》，《暨南学报》（哲学社会科学版）2013 年第 8 期。

郭状，余翔：《基于我国人工智能专利数据的专利价值影响因素探析》，《情报杂志》2020 年第 9 期。

国家知识产权局：《专利审查指南 2010》，知识产权出版社 2010 年版。

何怀文：《"发现"与"发明"的重新界定》，《知识产权》2013 年第 9 期。

何育东、方慧聪：《专利创造性客观化问题研究》，《知识产权》2007 年第 2 期。

李洁琼：《利用计算机实施的发明的可专利性研究——美国联邦最高法院确认"Mayo 二步分析法"的适用》，《中山大学学报》（社会科学版）2015 年第 2 期。

李想：《人工智能参与发明的授权问题探究》，《科技进步与对策》 2020 年第 15 期。

李新芝、秦海鸥：《美国专利适格性审查标准探析》，《知识产权》 2016 年第 6 期。

李彦涛：《人工智能技术对专利制度的挑战与应对》，《东方法学》 2019 年第 1 期。

李永红：《软件专利申请带来的困惑与思考》，《中国专利与商标》 2008 年第 3 期。

李越、冯涛、邹凯、李瑛琦、倪晓红：《问题导向下的我国创造性评判标准研究》，《中国专利与商标》2017 年第 2 期。

李宗辉：《专利"三性"标准的历史演进及其启示》，《电子知识产权》2015 年第 6 期。

梁玲玲，陈松：《商业方法创新的专利保护：争议与启示》，《科技进步与对策》2013 年第 17 期。

刘斌强、欧阳石文、曲燕：《USPTO 专利审查开放式公众评议项目》，《电子知识产权》2011 年第 5 期。

刘强，周奕澄：《人工智能发明专利审查标准研究》，《净月学刊》2018 年第 3 期。

刘强：《人工智能算法发明可专利性问题研究》，《时代法学》2019 年第 4 期。

刘俐、金光华、陈华成：《创造性分析"三步法"之我见——从本领域普通技术人员的视角》，《专利代理》2018 年第 1 期。

刘鑫，覃楚翔：《人工智能时代的专利法：问题、挑战与应对》，《电子知识产权》2021 年第 1 期。

刘银良：《美国商业方法专利的十年扩张与轮回：从道富案到 Bilski 案的历史考察》，《知识产权》2010 年第 6 期。

刘友华、魏远山：《人工智能生成技术方案的可专利性及权利归属》，《湘潭大学学报》（哲学社会科学版）2019 年第 4 期。

卢宝峰：《英国试点允许公众参与专利审查》，《电子知识产权》2012 年第 1 期。

蒲晓华：《美日欧中商业方法专利化的比较》，《电子知识产权》2014 年第 11 期。

漆苏：《非专利实施主体研究》，《知识产权》2019 年第 6 期。

任扬：《利用专利手段保护计算机软件的难点和对策》，《科技展望》2016 年第 23 期。

宋岩：《专利实用性与充分公开的竞合适用问题浅析》，《知识产权》2015 年第 12 期。

万琦：《说明书公开的若干问题研究——以"小 i 机器人"案为基

础》,《知识产权》2015 年第 5 期。

王翀:《人工智能算法可专利性研究》,《政治与法律》2020 年第 11 期。

王继君:《本领域技术人员标准在创造性判断中的构建及其不足》,《专利代理》2020 年第 4 期。

王乐兵:《自动驾驶汽车的缺陷及其产品责任》,《清华法学》2020 年第 2 期。

王立石等:《人工智能算法对专利保护政策的挑战及应对》,《软件》2019 年第 4 期。

吴汉东:《人工智能生成发明的专利法之问》,《当代法学》2019 年第 4 期。

徐颖:《我国商业模式专利制度研究——以手机 APP 商业模式为例》,《电子知识产权》2018 年第 8 期。

徐卓斌:《软件相关技术方案的可专利性》,《人民司法》2018 年第 1 期。

宣顿:《美国金融商业方法专利保护之动态平衡变迁与启示》,《知识产权》2019 年第 8 期。

杨勤之:《新形势下专利审查中的创造性判断相关问题分析》,《知识产权》2019 年第 10 期。

杨延超:《APP 专利保护研究》,《知识产权》2016 年第 6 期。

杨延超:《商业方法专利创造性问题研究》,《专利代理》2016 年第 3 期。

姚川、唐顺梅、周雯菁:《大数据技术发展中的专利保护问题及其应对策略》,《科技创新与应用》2019 年第 26 期。

易玲、魏小栋:《多维度视角下的"本领域技术人员"之界定》,《知识产权》2016 年第 7 期。

袁建忠:《欧洲软件专利发展十年回顾》,《电子知识产权》2009 年第 7 期。

袁立科:《人工智能安全风险挑战与法律应对》,《中国科技论坛》

2019 年第 2 期。

张平:《论商业方法软件的可专利性——特别分析美日欧在 BMP 上的立场和价值取向以及中国的应对策略》,《网络法律评论》2002 年第 2 卷。

张平:《论商业方法软件专利保护的创造性标准——美、日、欧三方专利审查之比较》,《知识产权》2003 年第 1 期。

张平、石丹:《商业模式专利保护的历史演进与制度思考——以中美比较研究为基础》,《知识产权》2018 年第 9 期。

张韬略:《美国〈专利客体适格性审查指南〉的最新修订及评述》,《知识产权》2020 年第 4 期。

张小林:《论专利法中的"本领域普通技术人员"》,《科技与法律》2011 年第 6 期。

张洋:《论人工智能发明可专利性的法律标准》,《法商研究》2020 年第 6 期。

张勇、朱雪忠:《商业世界 Vs. 思想王国——以实用性要件为主线的专利制度发展研究》,《科技与法律》2006 年第 2 期。

张玉敏、谢渊:《美国商业方法专利审查的去标准化及对我国的启示》,《知识产权》2014 年第 6 期。

张玉蓉:《美国商业方法专利争论及司法实践最新发展》,《中国科技论坛》2011 年第 1 期。

张政权:《机器学习及其商业和医学诊断方法的可专利性——关于人工智能领域的专利申请及保护》,《专利代理》2019 年第 4 期。

赵传海、周树红:《欧专局关于计算机领域的可专利性审查》,《中国发明与专利》2017 年第 5 期。

郑树华:《浅谈"同行评议体系"对中国专利审查的借鉴意义》,《中国发明与专利》2015 年第 7 期。

周俊、马克、陈燕:《日本特许厅引入人工智能优化专利审查和管理》,《中国发明与专利》2018 年第 1 期。

周亚沛:《现有技术的属性及认定》,《专利代理》2018 年第 3 期。

（三）学位论文

李新凤：《与人工智能相关的发明专利授权条件研究》，博士学位论文，湘潭大学，2019年。

王晓燕：《云计算专利法律问题研究》，博士学位论文，上海交通大学，2014年。

张晓都：《专利实质条件研究——从发明与实用新型专利的实质条件到生物技术发明的可专利性》，博士学位论文，中国社会科学院研究生院，2001年。

（四）报纸文章

刘铭：《涉及商业方法的专利申请的审查思路》，《中国知识产权报》2014年6月20日第11版。

王凤、栾群：《人工智能发展中"算法公开"能否解决"算法歧视"》，《中国计算机报》2019年10月21日第14版。

许怀远：《完善商业模式　专利保护任重道远》，《中国知识产权报》2017年6月23日第4版。

袁祥、王一：《算法促进人工智能时代的信息传播》，《社会科学报》2019年6月27日第2版。

（五）判决书

北京市第一中级人民法院（2009）一中知行初字第2560号行政判决书。

北京市第一中级人民法院（2012）一中民初字第12503号民事判决书。

北京市高级人民法院（2003）高行终字第64号行政判决书。

北京市高级人民法院（2010）高行终字第1407号行政判决书。

北京市高级人民法院（2014）高行知终字第2935号行政判决书。

北京市高级人员法院（2006）高行终字第104号行政判决书。

北京市中级人民法院（1993）中经初字第422号行政判决书。

北京市中级人民法院（1998）中经字第39号行政判决书。

北京知识产权法院（2015）京知民初字第00441号民事判决书。
北京知识产权法院（2015）京知行初字第3495号行政判决书。
北京知识产权法院（2017）京73行初1548号行政判决书。
北京知识产权法院（2018）京73行初13207号行政判决书。
北京知识产权法院（2019）京73行初11243号行政判决书。
北京知识产权法院（2019）京73行初12709号行政判决书。
最高人民法院（2015）知行字第21号行政裁定书。
最高人民法院（2019）最高法行申第3406号行政裁定书。
最高人民法院（2019）最高法知行终第31号行政判决书。
最高人民法院（2019）最高法知行终第32号行政判决书。
最高人民法院（2021）最高法知行终97号行政判决书。

（六）网络资料

《2018年世界五大知识产权局统计报告》，https：//www.cnipa.gov.cn/module/download/down.jsp？i_ID=40377&colID=90，最后访问日期：2021年1月8日。

《〈中国新一代人工智能发展报告2019〉发布》，http：//www.gov.cn/xinwen/2019-05/26/content_5394817.htm，最后访问日期：2021年2月5日。

国家知识产权局规划发展司：《2017年我国人工智能领域专利主要统计数据报告》，https：//www.cnipa.gov.cn/module/download/down.jsp？i_ID=40217&colID=88，最后访问日期：2021年2月3日。

清华大学中国科技政策研究中心：《中国人工智能发展报告2018》，https：//ai.ucas.ac.cn/index.php/zh-cn/xsdt/6019-2018，最后访问日期：2021年2月27日。

孙敏：《日本专利审查制度下：人工智能相关专利申请的撰写要点》，https：//zhuanlan.zhihu.com/p/77801513，最后访问日期：2021年2月9日。

肖翰：《知识产权保护视角下区块链技术的专利赋权标准研究》，

《科技进步与对策》2020 年，https：//kns. cnki. net/kcms/detail/detail. aspx？dbcode = CAPJ&dbname = CAPJLAST&filename = KJJB20201208001&v = 9n％25mmd2FNq1％25mmd2Bs1a0b2cCNEWoow5Cfr1XF jn0SPF8fR3YUCWpyUsqi6Rm9NFXx％25mmd2Fdbz2UyE，最后访问日期：2021 年 2 月 16 日。

二 外文类
（一）著作

Beresford, Keith, *Patenting Software under the European Patent Convention*, London：Sweet & Maxwell, 2000.

Black's Law Dictionary, edited by Garner, Bryan A. et al. , 10th edition, Thomson Reuters, 2014.

Chisum, Donald S. , *Chisum on Patents*, Matthew Bender, 2011.

Chisum, Donald S. , Craig Allen Nard, Herbert F. Schwartz, Pauline Newman, and F. Scott Kieff, *Principles of Patent Law*, 2nd edn, Foundation Press, 2001.

Cormen, Thomas H. et al. , *Introduction to Algorithms*, 3rd edn, The MIT Press, 2009.

Cornish, William, David Llewelyn, Tanya Aplin, *Intellectual Property：Patents, Copyright, Trade Marks and Allied Rights*, London：Sweet & Maxwell, 2013.

Edwards, Lilian, Charlotte Waelde, *Law and the Internet*, Oxford：Hart Publishing, 2009.

Feldman, Robin, *Rethinking Patent Law*, Harvard University Press, 2012.

Huges, Anton, *The Patentability of Software：Software as Mathematics*, Oxford：Routledge, 2017.

Kruspig, Sabine, Claudia Schwarz, *Legal Protection for Computer-Implemented Inventions：A Practical Guide to Software-Related Patents*, The

Netherlands: Wolters Kluwer Law International BV, 2017.

Leith, Philip, *Software and Patents in Europe*, Cambridge University Press, 2011.

Meisel, William, *The Software Society: Cultural and Economic Impact*, Trafford Publishing, 2013.

Mergers, Robert M. & John F. Duffy, *Patent Law and Policy: Cases and Materials*, 3nd edn, LexisNexis, 2002.

Nobuhiro Nakayama, *Patent Law*, Translated by Foundation for Intellectual Property, Institute of Intellectual Property, Tokyo: Koubundou, 2016.

Pessers, Lodewijk W. P., *The Inventiveness Requirement in Patent Law: An Exploration of Its Foundations and Functioning*, Kluwer Law International, 2016.

Stobbs, Gregory A. ed., *Software Patents Worldwide*, Kluwer Law International, 2008.

Van den Berg, P., *Patentability of Computer-Software-Related Inventions in the Law and Practice of the Enlarged Board of Appeal During Its First Ten Years*, Carl-Heymanns Verlag, 1996.

Vaver, David, Lionel Bently, *Intellectual Property in the New Millennium*, Cambridge University Press, 2004.

VISSER, D., *The annotated European Patent Convention* [2000], 25th edn, Kluwer Law International, 2017.

Waelde, Charlotte et al., *Contemporary Intellectual Property: Law and Policy*, 3rd edn, Oxford University Press, 2014.

（二）期刊论文

Abbott, Ryan, "Everything Is Obvious", *Ucla L. Rlv.*, Vol. 66, 2019.

Abbott, Ryan, "I Think, Therefore I Invent: Creative Computers and the Future of Patent Law", *B. C. L. Rev.*, Vol. 57, 2016.

Abbott, Ryan, "Patenting the Output of Autonomously Inventive Machines", *Landslide*, Vol. 10, 2017.

Abramowicz, Michael and John F. Duffy, "The Inducement Standard of Patentability", *Yale L. J.*, Vol. 120, 2011.

Acharya, Athul K., "Abstraction in Software Patents (and How to Fix it)", *J. Marshall Rev. Intell. Prop. L.*, Vol. 18, 2019.

Anderson, Shane D., "Software, Abstractness, and Soft Physicality Requirements", *Harvard J. L. & Tech.*, Vol. 29, 2016.

Bae, Sangik, "Overcoming Abstract Idea Exception of Patent Subject Matter Eligibility under 2019 Revised Patent Subject Matter Eligibility Guidance", *John Marshall Review of Intellectual Property Law*, Vol. 18, 2019.

Bakels, Reinier, P. Bernt Hugenholtz, "The Patentability of Computer Programs: Discussion of European-Level Legislation in the Field of Patents for Software", *European Parliament, Committee on Legal Affairs and the Internal Market Working Paper*, 2002.

Barrett, Bill, "Defensive Use of Publications in an Intellectual Property Strategy", *Nature Biotechnology*, Vol. 20, 2002.

Bestoso, Elizabeth, "Financial Business Method Patents: The Trend toward Invalidity under Section 101", *Temp L. Rev.*, Vol. 86, 2014.

Bui, Hung H., "A Common Sense Approach to Implement the Supreme Court's Alice Two-Step Framework to Provide Certainty and Predictability", *Journal of the Patent and Trademark Office Society*, Vol. 100, 2018.

Burk, Dan L., Mark A. Lemley, "Is Patent Law Technology-Specific?", *Berkeley Tech. L. J.*, Vol. 17, 2002.

Burk, Dan L., Mark A. Lemley, "Policy Levers in Patent Law", *Va L Rev*, Vol. 89, 2003.

Carlso, Erika K., "Artificial Intelligence Can Invent But Not Patent—For Now", *Engineering*, Vol. 6, 2020.

Cohen, Julie E., Mark A. Lemley, "Patent Scope and Innovation in the Software Industry", *Cal. L. Rev. I*, Vol. 89, 2001.

Collins, Kevin Emerson, "Patent Law's Functionality Malfunction and the Problem of Overbroad, Functional Software Patents", *Wash. U. L. Rev.*, Vol. 90, 2013.

Cotropia, Christopher A., "Predictability and Non-obviousness in Patent Law after KSR", *Mich. Telecomm. &Tech. L. Rev.*, Vol. 20, 2014.

Darrow, Jonathan J., "The Neglected Dimension of Patent", *Harvard Journal of Law & Technology*, Vol. 23, 2009.

Duane, Matthew John, "Lending a Hand: The Need for Public Participation in Patent Examination and Beyond", *Chi. -Kent J. Intell. Prop.*, Vol. 7, 2008.

Ebrahim, Tabrez Y., "Artificial Intelligence Inventions & Patent Disclosure", *Penn St L Rev.*, Vol. 125, 2020.

Egitto, Luca, "Certifying Uncertainty: Assessing the Proposed Directive on the Patentability of Computer Implemented Inventions", *Jilt*, Vol. 9, 2004.

Eisenberg, Rebecca S., "Obvious to Whom-Evaluating Inventions from the Perspective of PHOSITA", *Berkeley Technology Law Journal*, Vol. 19, 2004.

Esteva, Andre et al., "Dermatologist-Level Classification of Skin Cancer with Deep Neural Networks", *Nature*, Vol. 542, 2017.

Ford, Laura R., "Alchemy and Patentability: Technology, 'Useful Arts' and the Chimerical Mind-Machine", *Cal. W. L. Rev.*, Vol. 42, 2005.

Ford, Laura R., "Patenting the Social: Alice, Abstraction, & Functionalism in Software Patent Claims", *Cardozo Pub L Pol'y & Ethics J.*, Vol. 14, 2016.

Galbi, Elmer W., "Software and Patents: A Status Report", *Communications of the ACM*, Vol. 14, 1971.

Ghidini, Gustavo and Emanuela Arezzo, "Dynamic Competition in Software Development: How Copyrights and Patents, and Their Overlapping, Impact on Derivative Innovation", *Queen Mary J Intell Prop*, Vol. 3, 2013.

Gleick, Galarneau J. James, "The Information: A History, A Theory, A Flood", *Publishing Research Quarterly*, Vol. 27, 2011.

Graham, Stuart J. H., David C. Mowrey, "Submarines in Software? Continuations in U. S. Software Patenting in 1980s and 1990s", *Econ. Innovation & New Tech.*, Vol. 13, 2004.

Grosche, Andreas, "Software Patent-Boon or Bane for Europe?", *Inter. J. L. & Info. Tech.*, Vol. 14, 2006.

Hattenbach, Ben, Gavin Snyder, "Rethinking the Mental Steps Doctrine and Other Barriers to Patentability of Artificial Intelligence", *Columbia Science and Technology Law Review*, Vol. 19, 2018.

Hattenbach, Ben, Joshua Glucoft, "Patents in An Era of Infinite Monkeys and Artificial Intelligence", *Stanford Technology Law Review*, Vol. 19, Fall 2015.

Holbrook, Timothy R., "Method Patent Exceptionalism" *Iowa L. Rev.*, Vol. 102, 2017.

Hunt, Robert M., "Business method patents and US financial services", *Contemporary Economic Policy*, Vol. 28, 2010.

Ilijovski, Ilija, "Perfecting U. S. Patentable Subject Matter-Merging the European Approach and the American Principles", *Chi-Kent J Intell Prop*, Vol. 19, 2019.

Koboldt, Christian, "Much Pain for Little Gain: A Critical View of Software Patents", *The Journal of Information, Law and Technology*, Vol. 8, 2003.

Kretschner, Martin, "Software as Text and Machine: The Legal Capture of Digital Innovation", *The Journal of Information, Law and Technology*, issue 1, 2003.

Lee, Sung Hoon, "Non-Obviousness in Combination Patents after KSR", *Federal Circuit Bar Journal*, Vol. 26, 2016.

Lefstin, Jeffrey A., Peter S. Menell, and David O. Taylor, "Final Report of the Berkeley Center for Law & Technology Section 101 Workshop: Addressing Patent Eligibility Challenges", *Berkeley Tech. L. J.*, Vol. 33, 2018.

Lemley, Mark A., Michael Risch, Ted Sichelman, R. Polk Wagner, "Life After Bilski", *Stan. L. Rev.*, Vol. 63, 2011.

Lemley, Mark A., "Software Patents and the Return of Functional Claiming", *Wis. L., Rev.*, 2013.

Lim, Daryl, "AI & IP: Innovation & Creativity in an Age of Accelerated Change", *Akron Law Review*, Vol. 52, 2018.

Madigan, Kevin, Adam Mossoff, "Turning Gold into Lead. How Patent Eligibility Doctrine Is Undermining U. S. Leadership in Innovation", *Geo. Mason L. Rev.*, Vol. 24, 2017.

Marsnik, Susan J., Robert E. Thomas, "Drawing a Line in the Patent Subject-Matter Sands: Does Europe Provide a Solution to the Software and Business Method Patent Problem", *Boston College International and Comparative Law Review*, Vol. 34, 2011.

Meara, Joseph P., "Just Who is the Person Having Ordinary Skill in the Art-Patent Law's Mysterious Personage", *Wash L Rev.*, Vol. 77, 2002.

Menell, Peter S., "Forty Years of Wondering in the Wilderness and No Closer to the Promised Land: Bilski's Superficial Textualism and the Missed Opportunity to Return Patent Law to its Technology Mooring", *Stan. L. Rev.*, Vol. 63, 2011.

Mercado, Raymond A., "Resolving Patent Eligibility and Indefiniteness in Proper Context: Applying Alice and Aristocrat", *Va JL & Tech*, Vol. 20, 2016.

Merges, Rober P., "SYMPOSIUM: Frontiers of Intellectual Property: Software and Patent Scope: A Report from the Middle Innings", *Tex. L. Rev.*, Vol. 85, 2007.

Paez, Mauricio, Mike La Marca, "The Internet of Things: Emerging Legal Issues for Businesses", *Northern Kentucky Law Review*, Vol. 43, 2016.

Poursoltani, Mehdi, "Disclosing AI Inventions", *Tex Intell Prop LJ*, Vol. 29, 2021.

Ravid, Shlomit Yanisky, Xiaoqiong Liu, "When Artificial Intelligence Systems Produce Inventions: An Alternative Model for Patent Law at the 3A Era", *Cardozo L Rev*, Vol. 39, 2018.

Reinbold, Patric M., "Taking Artificial Intelligence beyond the Turing Test", *Wis L Rev*, Vol. 2020, 2020.

Romm, Connor, "Putting the Person in Phosita: The Human's Obvious Role in the Artificial Intelligence Era", *BC L Rev*, Vol. 62, 2021.

Sadr, Reza, Esther J. Zolotova, "Fractality of Patentability under the New Subject Matter Eligibility Scheme", *Northeastern University Law Journal*, Vol. 9, 2017.

Samuelson, Pamela*et al.*, "A Manifesto Concerning the Legal Protection of Computer Programs", *Columbia Law Review*, Vol. 94, 1994.

Schecter, Manny, Shawn Ambwani, Alexander Shei, Robert Jain, "The Effects of Alice on Covered Business Method (CBM) Reviews", *Nw J Tech & Intell Prop*, Vol. 14, 2017.

Schlicher, John W. "Biotechnology and the Patent System; Patent Law and Procedures for Biotechnology, Health Care and Other Industries", *U. Balt. Intell. Prop. J.*, Vol. 4, 1996.

Seymore, Sean B., "Heightened Enablement in the Unpredictable Arts", *Ucla L. Rev.*, Vol. 56, 2008.

Shemtov, Noam, "The Characteristics of Technical Character and the Ongoing Saga in the EPO and English Courts", *J. Intell. Prop. L. &*

Prac. , Vol. 4 , 2009.

Sichelman, Ted M. , "Patents, Prizes, and Property", *Harv. J. L. & Tech.* , Vol. 30, 2017.

Simon, Brenda M. , "Rules, Standards, and the Reality of Obviousness" , *Case W Res L Rev.* , Vol. 65, 2014.

Simon, Brenda M. , "The Implications of Technological Advancement for Obviousness", *Mich. Telecomm. & Tech. L. Rev.* , Vol. 19, 2013.

Smith, Bradford L. , Susan O. Mann, "Innovation and Intellectual Property Protection in Software Industry: An Emerging Role for Patents?" , *University of Chicago Law Review*, Vol. 71, 2004.

Smith, Nicholas A. , "Business Method Patents and Their Limits: Justifications, His-tory, and the Emergence of a Claim Construction Jurisprudence", *Mich. Telecomm. Tech. L. Rev.* , Vol. 9, 2002.

Swinson, John, "Copyright or Patent or Both: An Algorithmic Approach to Computer Software Protection", *Harvard J. L. & Tech.* , Vol. 5, 1991.

Taylor, David O. , "Amending Patent Eligibility", *U. C. Davis L. Rev.* , Vol. 50, 2017.

Taylor, David O. , "Confusion Patent Eligibility", *Tennessee Law Review*, Vol. 84, 2016.

Tull, Susan Y. , Paula E. Miller, "Patenting Artificial Intelligence: Issues of Obviousness, Inventorship, and Patent Eligibility ", *Rail*, Vol. 1, 2018.

Vertinsky, Liza, Todd M. Rice, "Thinking About Thinking Machines: Implications of Machine Inventors for Patent Law", *B. U. J. Sci. & Tec. L.* , Vol. 8, 2002.

Vishnubhakat, Saurabh, "The Field of Invention", *Hofstra L Rev.* , Vol. 45, 2017, p. 930.

William D. Wiese, "Death of a Myth: The Patenting of Internet Business Models After State Street Bank ", *Marq. Intell. Prop. L Rev.* ,

Vol. 4, 2000.

Woodward, Michael R., "Amending Alice: Eliminating the Undue Burden of Significantly More", *Alb. L. Rev.*, Vol. 81, 2017.

Zimmeck, Sebastian, "Patent Eligibility of Programming Languages and Tools", *Tul J Tech & Intell Prop*, Vol. 13, 2010.

（三）主要判例

Aerotel v. Telco, Macrossan's Application, [2007] R. P. C. 7 CA.

Alice Corporation Pty. Ltd. v. CLS Bank International, 134 S. Ct. 2347 (2014).

AllVoice Computing PLC v. Nuance Commc'ns, Inc., 504 F. 3d 1236 (Fed. Cir. 2007).

Amdocs (Israel) Ltd. v. Openet Telecom, Inc., 841 F. 3d 1288 (Fed. Cir. 2016).

Anti-blockiershytem, BGH, X ZB 19/78, dated 13 May 1980.

Arrhythmia Research Tech. v. Corazonix Corp. 958 F. 2d 1053 (Fed. Cir. 1992).

AT&T Corp. v. Excel Communications, Inc., 172 F. 3d 1352 (Fed. Cir. 1999).

BASCOM Global Internet Services, Inc., v. AT&T Mobility LLC, 827 F. 3d 1341 (Fed. Cir. 2016).

Bilski v. Kappos, 130 S. Ct. 3218 (2010).

British United Shoe Machinery Co Ltd v Simon Collier Ltd, (1909) 26 R. P. C. 21.

Cybersource Corp. v. Retail Decisions, Inc., 654 F. 3d 1366 (Fed. Cir. 2011).

DDR Holdings, LLC v. Hotels. com, L. P., 773 F. 3d 1245 (Fed. Cir. 2014).

Dealertrack, Inc. v. Huber, 674 F. 3d 1315 (Fed. Cir. 2012).

Diamond v. Chakrabarty, 447 U. S. 303 (1980).

Diamond v. Diehr, 450 U. S. 175 (1981).

Digitech Image Techs. v. Elecs. for Imaging, 758 F. 3d 1344 (Fed. Cir. 2014).

Elektronischer Zahlungsverkehr, BGH, X ZB 20/03, dated 24 May 2004.

Enfish, LLC v. Microsoft Corp., 822 F. 3d 1327 (Fed. Cir. 2016).

Finisar Corp. v. DirecTV Grp., Inc., 523 F. 3d 1323 (Fed. Cir. 2008).

Flugzeugzustand, BGH, X ZB 1/15, dated 30 June 2015.

Fonar Corp. v. Gen. Elect. Co., 107 F. 3d 1543 (Fed. Cir. 1997).

Fujitsu Ltd.'s Application, [1997] R. P. C. 608 CA.

G 0003/08 (Programs for computers).

Gale's Application, [1991] R. P. C. 305.

Gottschalk v Benson, 409 US 63 (1972).

Graham v. John Deere Co., 383 U. S. 1 (1966).

Hotchkiss v. Greenwood, 52 U. S. 248 (1850).

Innovention Toys, LLC v. MGA Entertainment Inc., 637 F. 3d. 1314 (Fed. Cir. 2011).

In re Alappat, 33 F. 3d 1526 (Fed. Cir. 1994).

In re Bergy, 596 F. 2d 952 (C. C. P. A. 1979).

In re Bilski, 545 F. 3d 943 (Fed. Cir. 2008).

In re GPAC, 57 F. 3d 1573 (Fed. Cir. 1995).

In re Lowry, 32 E3d 1579 (Fed. Cir. 1994).

In re Oetiker, 977 F. 2d 1443 (Fed. Cir. 1992).

In Re Runion, 899 F. 2d 1201 (Fed. Cir. 1993).

In re Wands, 858 F. 2d 731 (Fed. Cir. 1988).

In re Warmerdam, 33 F. 3d 1354 (Fed. Cir. 1994).

KSR Int'l Co. v. Teleflex Inc., 550 U. S. 398 (2007).

Mayo Collaborative Servs. v. Prometheus Labs., Inc., 566 U. S. 66 (2012).

Merrill Lynch's Application, [1989] R. P. C. 561 CA.

Net MoneyIN, Inc. v. VeriSign, Inc., 545 F. 3d 1359 (Fed. Cir. 2008).

Northern Telecom v. Datapoin, 9 U. S. P. Q. 2d 1577 (N. D. Tex. 1988).

Parker v. Flook, 437 U. S. 584 (1978).

Phillips v. AWH Corp., 415 F. 3d 1303 (Fed. Cir. 2005).

RecogniCorp, LLC v. Nintendo Co., 855 F. 3d 1322 (Fed. Cir. 2017).

Sequenom, Inc. v. Ariosa Diagnostics, Inc., 136 S. Ct. 2511 (2016).

Sony Corp. v. Iancu, 924 F. 3d 1235 (Fed. Cir. 2019).

SRI International, Inc. v. Cisco Systems, Inc., 930 F. 3d 1295 (Fed. Cir. 2019).

State St. Bank & Trust Co. v. Signature Fin. Group, Inc., 149 F. 3d 1368 (Fed. Cir. 1998).

Symbian Ltd. Comptroller-General of Patents, [2009] R. P. C. 1.

T 0641/00, Two identities/COMVIK [2004] EPOR 10.

T 0928/03, Video game/KONAMI, 2006.

T 1147/05, Environmental impact information/RICOH, 2008.

T 1161/04, Stock index/NASDAQ, 2006.

T 1171/06, Objekt-orientierte Modellierung/BOSCH, 2010.

T 1173/97, Computer Program Product/IBM (IBM I) [1999] OJ. EPO 609.

T 1194/97, Data structure product/PHILIPS [2000] OJ. EPO. 525.

T 1351/04, File search method/FUJITSU, 2007.

T 1358/09, Classification/BDGB ENTERPRISE SOFTWARE, 2014.

T 1370/11, On-demand property system/MICROSOFT, 2016.

T 154/04, Estimating sales activity/Duns Licensing Associates [2008] OJ. EPO. 46.

T 1543/06, game machine/GAMEACCOUNT, 2007.

T163/85, BBC/Colour television signal [1990] EPOR 599.

T 2035/11, Navigation system/BEACON NAVIGATION, 2014.

T 208/84, Vicom/Computer related invention [1978] EPOR 74.

T 22/85, IBM/Document abstracting and retrieval [1990] EPOR 98.

T 258/03, Auction Method/HITACHI [2004] OJ. EPO. 575.

T 26/86, Koch & Sterzel/X-ray apparatus [1988] EPOR 72.

T 274/87, PHILIPS [1989] EPOR 207.

T 388/04, Undeliverable mail/PITNEY BOWES [2007] OJ. EPO. 16.

T 38/86, IBM/Text clarity processing [1990] EPOR 606.

T 424/03, MICROSOFT/Clipboard Formats I [2006] EPOR 414.

T 769/92, General purpose management system [1996] EPOR 253.

T 931/95, Controlling Pension Benefit Systems Partnership/PBS PARTNERSHIP [2001] OJ. EPO. 441.

TecSec, Inc. v. Adobe Inc., 978 F. 3d 1278 (2020).

Trading Technologies Int'l v. IBG LLC, 921 F. 3d 1084 (Fed. Cir. 2019).

大阪地方法院："门诊挂号发号方法"案，平成5年11月30日判决·判时1483号。

东京高等法院："电子翻译机"案，平成6年12月20日判决·判时1529号。

东京高等法院："模拟电路方法"案，平成16年12月21日判决·判时1891号。

东京高等法院："视频记录介质"案，平成11年5月26日判决·平成9（行ケ）206.

知识产权高等法院："哈希函数"案，平成20年2月29日判决·判时2012号。

知识产权高等法院："会计处理装置"案，平成21年5月25日判决·判时2105号。

知识产权高等法院："积分管理装置"案，平成18年9月26日判决·平成17（行ケ）10698。

知识产权高等法院："双向牙科治疗"案，平成20年6月24日判决·判时2026号。

知识产权高等法院："游戏机"案，平成21年6月16日判决·判时

2064 号。

（四）网络资料

Bessen, James, Robert M. Hunt, "An Empirical Look at Software Patents", (Fed. Re-serve Bank of Phila. , Working Paper No. 03 – 17/R, 2004), https：//onlinelibrary. wiley. com/doi/full/10. 1111/j. 1530-9134. 2007. 00136. x, accessed January 7, 2021.

Carr, Nicholas, "Is Google Making Us Stupid?", *Atlantic*, July/August 2008; University College London, INFORMATION BEHAVIOUR OF THE RESEARCHER OF TH-E FUTURE: A CIBER BRIEFING PAPER, January 11, 2008, p. 31, https：//www. webarchive. org. uk/wayback/archive/20140613220103/http：//www. jisc. ac. uk/media/documents/programmes/reppres/gg_ final_ keynote_ 11012008. pdf, accessed January 7, 2021.

Closa, Daniel, "The EPO Approach to Computer-Implemented Inventions (CII)", ICT Semin-ar, Stockholm, http：//documents. epo. org/projects/babylon/eponot. nsf/0/0B1243F35DA6F48CC12584BD002EC746/$File/daniel_ closa_ computer_ implemented_ inventions_ en. pdf, accessed October 21, 2020.

Copeland, B. Jack, "The Church-Turing Thesis", https：//plato. stanford. edu/entries/church-turing/, accessed November 11, 2020.

EPO and CNIPO, *Comparative Study on Computer Implemented Inventions/Software Related Inventions: Report* 2019, http：//documents. epo. org/projects/babylon/eponot. nsf/0/979CF38758D25C2CC12584AC004618D9/$File/comparative_ study_ on_ computer_ implemented_ inventions_ software_ related_ inventions_ EPO_ CNIPA_ en. pdf, accessed October 26, 2021.

EPO and JPO, *Comparative Study on Computer Implemented Inventions/Software Related Inventions: Report* 2018, https：//www. jpo. go. jp/news/kokusai/epo/software _ 201903. html, accessed October 26,

2021.

Frank A. DeCosta & Aliza G. Carrano, "Intellectual Property Protection for Artificial Intelligence", FINNEGAN, https://www.finnegan.com/en/insights/articles/intellectual-property-protection-for-artificial-intelligence.html, August 30, 2017, accessed October 14, 2021.

Guttag, Eric, "The Broken Patent-Eligibility Test of Alice and Mayo: Why We Urgently Need to Return to Principles of Diehr and Chakrabarty", IPWATCHDOG, http://www.ipwatchdog.com/2014/09/25/broken-patent-eligibility-test-of-aliceand-mayo/id=51370/, September 25, 2014, accessed November 5, 2020.

Hao, Karen, "What is Machine Learning?", *MIT TECH. REV.*, https://www.technologyreview.com/2018/11/17/103781/what-is-machine-learning-we-drew-you-another-flowchart/?itm_source=parsely-api, November 17, 2018, accessed January 16, 2021.

JPO, *Case Examples pertinent to AI-related technology*, https://www.jpo.go.jp/e/system/laws/rule/guideline/patent/handbook_shinsa/document/index/app_z_ai-jirei_e.pdf, accessed February 1, 2021.

Klemens, Ben, "New Legal Code: Copyrights should Replace Software Patents", *IEEE Spectrum*, 2005, https://www.onacademic.com/detail/journal_1000036751354310_51fb.html, accessed October 16, 2020.

Nazer, Daniel, "Stupid of the Month: A Drink Mixer Attacks the Internet of Things", https://www.eff.org/deeplinks/2015/08/stupid-patent-month-drink-mixer-attacks-internet-things, September 1, 2015, accessed October 15, 2020.

"Overview of the GNU System", https://www.gnu.org/gnu/gnu-history.en.html, September 2017, accessed October 16, 2020.

Quinn, Gene, "The Ramifications of Alice: A Conversation with Mark Lemley", IP-WATCHDOG, http://www.ipwatchdog.com/2014/09/

04/the-ramifications-of-alice-a-conversation-with-mark-lemley/id = 510 23/, September 4, 2014, accessed November 5, 2020.

Quélavoine, Régis, "Computer Implemented Inventions Artificial Intelligence… How are Pate-nt Applications Processed at the EPO?", Automotive & Mobility Seminar, Chicago, http://documents.epo.org/projects/babylon/eponot.nsf/0/1240120813B5B6A0C125829D0043C756/$FILE/patenting_ computer-implemented_ inventions_ and_ ai_ en.pdf, accessed October 15, 2020.

Ramalho, Ana, "Patentability of AI-Generated Inventions: Is a Reform of the Patent System Needed?", https://ssrn.com/abstract = 3168703 or http://dx.doi.org/10.2139/ssrn.3168703., accessed February 27, 2021.

Skulikaris, Yannis, "Software-related Patents are Everywhere: Understanding the Problem-Solution Approach for Better Searching", http://documents.epo.org/projects/babylon/eponot.nsf/0/AEED0CD590113AB3C12583390053E87B/$File/MON_ 1211_ slot0900-1030_ Yannis_ Skulikaris_ en.pdf, November 12, 2018, accessed December 2, 2020.

Tuomi, Ilkka, "The Lives and Death of Moore's Law", *First Monday*, Vol.7, 2002, https://journals.uic.edu/ojs/index.php/fm/article/view/1000/921, accessed October 16, 2020.

USPTO, *Examining Computer-Implemented Functional Claim Limitations for Com-pliance With 35 U.S.C. 112*, 84 Fed. Reg. 57, 59, 61, https://www.govinfo.gov/content/pkg/FR-2019-01-07/pdf/2018-28283.pdf, January 7, 2019, accessed 22 March, 2021.

USPTO, *Inventing AI: Tracing the Diffusion of Artificial Intelligence with U.S. Patents*, https://www.uspto.gov/sites/default/files/documents/OCE-DH-AI.pdf, October 5, 2020, accessed January 26, 2021.

USPTO, *Patent Eligibility Subject Matter: Report on Views and Recommen-*

dations from the Public, https://www.ipintelligencereport.com/2017/07/26/uspto-report-on-patent-eligible-subject-matter/, July25, 2017, accessed November 4, 2020.

USPTO, *Public Views on Artificial Intelligence and Intellectual Property Policy*, https://www.uspto.gov/sites/default/files/documents/USPTO_AI-Report_2020-10-07.pdf, October 2020, accessed February 16, 2021.

Wang, Haohan, Bhiksha Raj, "On the Origin of Deep Learning", https://www.researchgate.net/publication/314093717_On_the_Origin_of_Deep_Learning/link/58b8de2345851591c5d8094f/download, March 3, 2017, accessed October 15, 2020.

"Where Do We Stand One Year After Alice?", LAW360, http://www.law360.com/articles/668773/where-do-we-stand-one-year-after-alice, June 17, 2015, accessed February10, 2021.

White, Christopher J., Hamid R. Piroozi, "Drafting Patent Applications Covering Artificial Intelligence Systems", ABA, https://www.americanbar.org/groups/intellectual_property_law/publications/landslide/2018-19/january-february/drafting-patent-applications-covering-artificial-intelligence-systems/, accessed October 22, 2021.

Yanisky-Ravid, Shlomit and Regina Jin, "Summoning a New Artificial Intelligence Patent Model: In the Age of Pandemic", https://papers.ssrn.com/sol3/papers.cfm?abstractid=3619069, June 30, 2020.

后 记

本书是在博士学位论文的基础上修改完善而来。从论文开题汇报至最终定稿，恰逢全球新冠疫情肆虐期间，也导致我原本制订好的赴日本知识产权研究所（IIP）访学安排和论文撰写计划被打破，乃至我的论文开题答辩是在为期近一个月的社区封闭期间通过线上完成。于我而言，这段特殊的经历既留下了诸多遗憾，也使我收到了来自老师同学和亲朋好友们许许多多的关心与慰问，在那些日子里，大家的支持缓解了我紧张焦虑的心情，让我能够静下心来踏实准备毕业论文。在这里，向大家道一声"谢谢"。同时，我也坚信在党中央的正确领导下，通过国际社会的紧密合作，国内疫情乃至世界疫情都会得到彻底地好转。每个人的日常工作生活、跨国学习交流活动，还有国际贸易往来也终将恢复正常。

能够被评为2021年中国社会科学院大学优秀博士学位论文获得者，同时在学校的资助下，有机会出版这篇论文让更多的专家、学者和实务工作者看到，并且提出中肯的批评建议，我倍感荣幸，甚至远远超出了自己的期待值。选择软件、人工智能发明专利作为研究对象，对于没有任何理工科学习背景的我来讲，是一项极富挑战的任务。尽管为了避免泛泛地讨论这类发明的可专利性问题，我利用业余时间大量补充阅读该领域的技术资料，然而仍然有力不从心、想要放弃的时候，正是在这样一种反复质疑自己又重拾自信的心路历程中，我完成了博士学位论文。感谢学校学位评定委员会以及参与匿名评阅的各位专家对于论文的认可，这也激励着我在知识产权领域不断探索，敢于迎接更高难度的研究课题。

回首三年的学习时光，我的点滴成长与进步固然离不开自己的坚持和努力，但更重要的是有幸得到老师、家人和朋友的多方鼓励与帮助。首先，我要感谢我的导师管育鹰教授。对于专业基础相对薄弱的我，管老师耐心地教导如何做学问、写论文。如今依然清晰地记得跟随导师承担首个研究课题时，她细致地告诉我怎样撰写高质量的研究大纲，遇到最新的文献资料，总是第一时间分享给我，对于研究报告字斟句酌、反复修改。在我完成毕业论文期间，管老师也时常会推送与该论文题目相关的国内外法律文件和判例给我，每次去法学所与老师讨论写作过程中遇到的难题，总能得到不少有益启发或是看问题的新视角。可以说，论文中的许多论据和论点都浇筑着管老师的心血。另外，博士期间我发表了几篇学术论文，我能明显地感觉到自己所写的文章质量越来越高，然而至今难忘的是我第一次拿着刚写好的小论文找老师点评，管老师从结构、内容甚至注释等不同方面指出了文章存在的不足，尽管当时感到颇为尴尬，但是细细想来正是从那之后，我才慢慢摸索到了撰写学术论文的门道。同时，老师也积极为我提供参与学术交流和研讨的机会，感谢我的导师在知识产权法学习和研究的道路上对我的鞭策和教诲！在我的印象中，管老师治学严谨、作风务实，在专业上对学生要求严格，在私底下又和蔼可亲，关心学生个人生活。管老师日常科研工作和行政事务繁重，我发送给她审阅的文件资料，她常常要工作到深夜十一、二点才有时间回复意见，却从未有过任何抱怨，仍然一丝不苟地为我答疑解惑。导师实事求是、勤勉不息的学者风范是我一生学习的榜样。

其次，感谢中国社会科学院知识产权研究中心的李明德教授、李顺德教授、张小勇教授、杨延超教授、张鹏老师等在论文开题报告会中和预答辩阶段所提出的宝贵意见以及所推荐的重要参考文献，这些为我进一步厘清论文结构、修改充实文章内容指明了方向。此外，中国科学院大学闫文军教授、北京航空航天大学孙国瑞教授和中国人民大学万勇教授也在论文答辩过程中敏锐地发现了文章中存在的明显不足之处，进而有针对性地给出了完善建议。还要感谢张浩然博士为论文写作提供了有价值的外文文献，指出论文中存在的疏漏，帮助我梳理研究思路。

再者，也要感谢我的同门师兄崔宁、师弟张传磊，以及名义上的"师妹"、现实生活中的"知心姐姐"吕亚妹，你们给了我家人般的温暖，每每与你们探讨论文相关问题时，总能收获新的灵感。感谢中国社会科学院大学法学院"2018级学术硕博班"的班主任张秀台老师在我一边撰写毕业论文一边找工作期间，对于我的大力支持和帮助。张老师总是在我遇到困难时，第一时间提出切实可行的解决方案。感谢班级中的任蕾、李振民、刘舟祺、王晟迪等所有博士同学，大家为了顺利毕业这一共同的目标，三年来一直关系融洽、互相帮助，共享信息资源使许多工作事半功倍。对于博士学习期间的每一个关键节点，都会收到来自法学院办公室的赵晓莉老师和于宜平老师的督促与指导，尤其是申报优秀博士学位论文的程序性工作均在二位老师的帮助下完成，感谢她们的辛苦工作。

感谢我的父亲郑广胜先生、母亲王京梅女士，从小父母便给了我优渥的生活条件、高质量的教育环境。2015年我毅然决定辞去在很多人看来十分安稳的工作，前往英国留学深造，而后又报考博士学位，我的父亲和母亲自始至终支持我的选择。我想告诉他们：你们的爱是我不断前行的动力，谨以此书的出版作为你们对我无私付出的一点回报。当然，在博士论文的撰写过程中，我的爱人李赐先生包容了我的坏脾气，小心安抚着我由于压力而敏感脆弱的情绪，因为有他的陪伴我才得以在一次一次彻底崩溃、放肆哭泣之后，再一次振作精神投入到写作之中，感谢他的付出。

中国社会科学院大学科研处的董金玲老师为论文的顺利出版作

出了大量工作,感谢董老师对我的帮助。中国社会科学出版社的许琳编辑在本书的审校出版过程中提供了不可或缺的指导与建议,在此表示诚挚的谢意。

郑悦迪

2022 年 6 月 20 日

中国社会科学院大学优秀博士学位论文出版资助项目书目

- 元代刑部研究
- 杨绛的人格与风格
- 与时俱化：庄子时间观研究
- 广告法上的民事责任
- 葛颇彝语形态句法研究
- 计算机实施的发明的可专利性比较研究
  越南海洋战略与中越海洋合作研究
  唐宋诗歌与园林植物审美
  美国阿拉斯加北坡石油开发与管道建设的争议及影响（1968—1980）
  《西夏文〈解释道果语录金刚句记·卷一〉整理与研究》
  中国共产党"以史育人"的历史进程及基本经验研究